# 管理信息系统教程

高学东　武　森　喻　斌　等编著

经济管理出版社

**责任编辑** 卢小生
**版式设计** 陈 力
**责任校对** 郭虹生

**图书在版编目（CIP）数据**

管理信息系统教程/高学东，武森，喻斌等编著．—北京：经济管理出版社，2002
ISBN 978-7-80162-359-1

Ⅰ．管… Ⅱ．①高… ②武… ③喻… Ⅲ．管理信息系统—教材 Ⅳ．C931．6

中国版本图书馆CIP数据核字（2002）第014110号

**管理信息系统教程**

高学东 武 森 喻 斌 等编著

---

**出版**：经济管理出版社
（北京市海淀区北蜂窝8号中雅大厦11层 邮编：100038）
**发行**：经济管理出版社总发行 全国各地新华书店经销
**印刷**：世界知识印刷厂

---

850×1168毫米 1/32 8.5印张 209千字
2002年3月第1版 2009年1月 北京第6次印刷
印数:15001－18000册

---

ISBN 978-7-80162-359-1/F·343
定价：18.00元

---


通讯地址：北京阜外月坛北小街2号 邮编：100836
联系电话：（010）68022974

# 前　　言

信息时代对企业的信息管理和应用提出了更高的要求，这主要体现在两个方面：一是由于我们所处的这个世界已经成为一个信息的海洋，企业必须具备从企业环境中获取、处理和应用这些信息的能力；二是企业还必须具备管理和应用企业本身不断产生的反映企业状态的数据信息和描述管理活动的控制信息。

管理信息系统就是应用计算机及其网络技术，融合现代化的管理方法，辅助管理人员完成信息管理和应用的系统。

正是管理信息系统在企业管理中所发挥的巨大作用，使《管理信息系统》这门课程成为大多数管理类本科专业和工商管理硕士专业的主干课程。

本教程是作者在北京科技大学本科生和工商管理硕士研究生《管理信息系统》课程讲义的基础上编写而成的。全书共分为9章，包括管理信息系统概论、管理信息系统的计算机网络技术基础、企业计算模式、管理信息系统的系统规划、管理信息系统的系统分析、管理信息系统的系统设计、管理信息系统的实施、管理信息系统的运行维护与评价、管理信息系统的项目管理等。

本教程第四至第八章讲述管理信息系统开发过程及开发方法。在讲述这部分内容时，我们应用情景案例以帮助学生了解管理信息系统的开发过程，并从中总结归纳出相应的工作内容、需要解决的问题及采用的方法和工具。

本教程既可作为高等院校管理类本科专业及工商管理硕士专

业（MBA）《管理信息系统》课程的教材，也可作为计算机应用系统开发人员的参考书。作为MBA及非信息管理与信息系统专业本科生教材时，教师可以适当增加计算机及网络硬件、系统软件、开发工具、已开发完成的管理信息系统应用软件的认识性实验；作为信息管理与信息系统本科专业教材时，建议增加30个学时管理信息系统的模拟开发性实验。

在本教程的编写过程中，参阅了许多管理信息系统、计算机及其网络、企业流程再造、计算机程序设计等方面的教材和著作，在书后的参考文献中主要列出了管理信息系统方面的参考文献。

本教程主要由高学东、武森、喻斌编写，魏桂英参与了案例及计算机网络有关章节的编写和校对工作。

编著者

2002年2月

# 目　录



* 章前有星号者，非信息管理与信息系统专业可以选择阅读。

# 第一章　管理信息系统概论

**提要：** 本章介绍管理信息系统的基本概念，讲述管理信息系统的结构以及管理信息系统的两种开发方法：结构化的生命周期法和快速原型法。通过本章的学习，读者应充分认识到管理信息系统的功能结构、软件结构、硬件结构是管理信息系统规划、分析、设计的主要对象，并重点理解和掌握结构化的生命周期法和快速原型法的特点和适用情况。

## 第一节　管理信息系统的概念及其发展

企业的每一项管理工作都是借助信息处理的方式完成的，企业员工每天用大量的时间用于记录、查找、汇总和使用信息。

计算机现在已成为了信息处理的重要工具。一方面，计算机网络及互联网的出现和相关技术的发展，扩大和提高了计算机信息管理工作的范围和系统性；另一方面，信息管理进一步的应用需求也导致了管理信息系统的产生与发展。

管理信息系统是对一个组织进行系统化管理的人机结合系统，它综合运用计算机及网络通讯技术、管理和决策方法，融合现代化的管理思想和手段，辅助管理人员进行数据管理和决策。

管理信息系统的发展与计算机技术和管理科学的发展紧密相关。在三者的关系中，管理科学总是不断地提出新的管理方法和新的企业运行方式，而计算机技术为上述管理方法提供技术手段，管理信息系统通过技术手段成为先进管理方法的载体，帮助管理人员通过信息处理的方式应用这些先进的管理方法完成管理工作。

自1946年世界上第一台电子计算机出现以来，信息处理方式从功能上经历了电子数据处理系统（Electronic Data Processing System—EDPS）、管理信息系统（Management Information System—MIS）和决策支持系统（Decision Support System—DSS）三个阶段。

## 一、电子数据处理系统

电子数据处理系统的特点是数据处理的计算机化，其目的是提高数据处理速度。按数据的综合处理程度分，电子数据处理系统又分为单项数据处理阶段（20世纪50年代中期到60年代中期）和综合数据处理阶段（20世纪60年代中期到70年代初期）。其中，单项数据处理阶段是用计算机实现某个单项处理的手工操作，如工资计算、报表统计打印等，这个阶段的应用系统的功能由单机完成。在综合数据处理阶段，计算机的运算能力有了很大提高，通过带动多个终端，对多个业务过程进行综合处理，但此时的数据处理方式仍然为集中式数据处理方式。

## 二、管理信息系统

计算机管理信息系统是随着数据库技术和网络技术发展而产生并成熟起来的一种企业计算机应用系统，它能系统地组织、保存、处理企业的信息，以达到辅助企业管理的目的。从技术角度来看，管理信息系统的外在标志是应用了数据库管理系统及计算机网络技术而使系统本身具备了分布式数据处理能力，从而实现了真正意义上的信息管理的系统化。

管理信息系统不仅用于企业内部的各组织及部门，还可通过计算机网络把分散在不同地区的计算机互连，如通过互连网络与企业的供应商、客户建立数据联系，将供应商和客户也作为企业的一种资源进行管理，形成了企业资源规划系统（Enterprise Resource Planning System—ERP 系统）。

**三、决策支持系统**

决策支持系统，从其功能来讲是通过人和计算机交互帮助决策者探索和评价可能的方案，为管理者决策提供所需的信息，由于这类系统只能通过信息服务辅助决策者进行决策，因此，称为决策支持系统。

由于决策支持是管理信息系统的功能之一，因此，决策支持系统无疑是管理信息系统的重要组成部分。同时决策支持系统以管理信息系统所产生的信息为基础，应用模型或其他方法和手段［如数据仓库（Data Warehouse）技术、知识发现方法、经济管理数学模型等］实现辅助决策和预测功能。从这个意义上讲，也可以认为决策支持系统是管理信息系统发展的新阶段。

应当指出的是，自美国学者 Michael S. Scott Marton 首次提出了决策支持系统的概念后，虽经多年的努力，但我们对决策支持系统的真正内涵、构架及具体实现方式仍未形成统一认识。当然有一点是明确的，即决策支持系统与管理信息系统在数据处理方式上有着本质的区别。管理信息系统中的数据处理主要是企业管理中具体业务处理的事务型数据处理，而决策支持系统中的数据处理是面向决策分析主题的分析型数据处理。由于决策支持系统与管理信息系统在数据处理方面的差异，导致了决策支持系统与管理信息系统在数据组织上的巨大差异，并出现了专门用于分析型数据处理的数据组织与存贮技术。

## 第二节　管理信息系统的作用与结构

**一、管理信息系统的作用**

管理信息系统作为企业管理的重要手段，从企业信息管理的角度对企业管理有如下主要作用：

（一）准备和提供统一的信息

对企业的管理人员来讲，统一的信息格式无论从组织机构的全局还是从某个局部来讲都是非常重要的，这直接影响到信息的处理效率及应用的正确性和有效性。

例如，在我们日常生活中有许多事物可能有不同的称谓，如“北京科技大学”、“科技大学”、“北科大”等指的是同一所高校，而这却可能对相关的信息管理造成歧义。假如北京科技大学的上级主管部门在统计各大学相关的数据时，有可能将“北京科技大学”、“科技大学”及“北科大”误认为是三个不同的单位。

管理信息系统通过采用相关的方法及技术手段统一这些局部的和整体的信息格式，避免由于信息格式的不统一而造成信息处理及使用上的问题。

（二）全面系统地组织和保存企业的信息

通过合理地分析企业信息管理的需求，管理信息系统可全面系统地组织企业的信息并通过相应的技术手段（如数据库管理系统及大容量高速度的存贮设备等）保存企业的信息，为有效地处理和应用这些企业信息奠定数据基础。

（三）及时、准确地提供不同要求和不同详细程度的信息

基于对企业信息的合理组织和保存，管理信息系统可向企业的管理人员提供（或管理人员通过管理信息系统获取）不同要求及不同详细程度的信息以达到完成某项管理业务的目的。例如，企业的地区销售经理可通过管理信息系统的客户管理子系统获取客户按地区分布的情况等。

## 二、管理信息系统的结构

管理信息系统的结构，是指组成管理信息系统各部件的构成框架。对部件的不同理解，就产生了管理信息系统的各种结构，其中最重要的有概念结构、功能结构、硬件结构和软件结构。

（一）管理信息系统的概念结构

从概念上看，管理信息系统由信息源、信息处理器、信息用户和信息管理者四大部件组成（见图 1－1）。

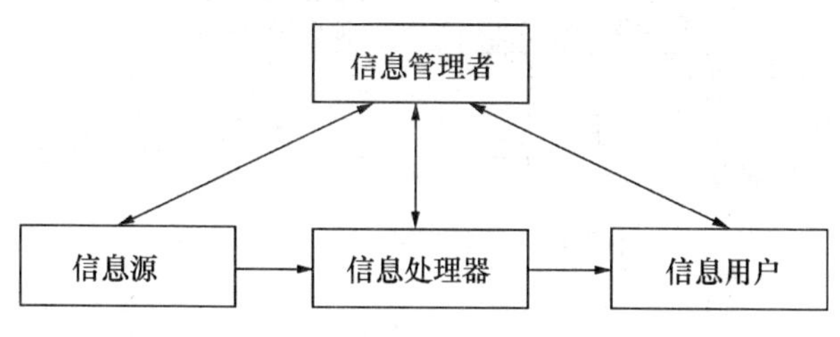


**图 1－1　管理信息系统的概念结构**

这里，信息源是信息产生地，信息处理器担负信息的保存、处理任务。信息用户是信息的使用者，他应用信息进行管理和决策工作。信息管理者负责信息系统的设计实现，尝在实现以后负责信息系统的运行和协调。

信息系统的概念结构是对信息系统的一种全息性的功能抽象，这在我们对管理信息系统的每一局部组成部分深入了解之后就会有升华性的认识。在后面的章节中，我们可以看到管理信息系统的每一项具体功能都是由概念结构中的主要结构（输入—处理—输出）构成的。

（二）管理信息系统的功能结构

一个管理信息系统从使用者的角度看，它总是由多种功能组成的，这些功能通过信息的使用和产生形成联系，并构成一个有机的整体，表现出系统的特征。在这个整体中，功能之间的组成方式就称为管理信息系统的功能结构（见图 1－2）。

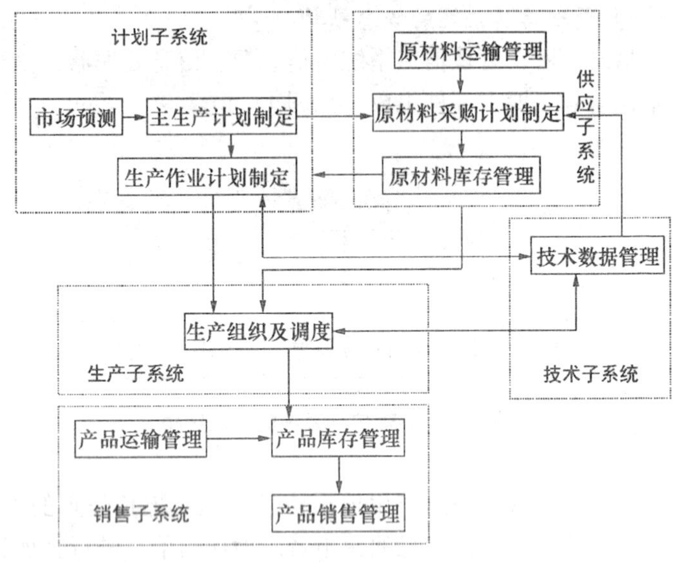


图 1－2　管理信息系统功能结构

在管理信息系统的功能结构中，标明了管理信息系统各功能子系统及各功能模块之间的联系方式。如图 1－2 中“原材料采购计划制定”这个功能模块是参考“主生产计划制定”产生的“主生产计划”与技术子系统中“技术数据管理”模块提供的“产品/原材料消耗指标”通过综合平衡完成的。

管理信息系统的功能结构是企业各种管理过程的一个缩影。在图 1－2 给出的管理信息系统功能结构中描述的管理过程为：计划子系统中的“市场预测”模块通过市场预测制定主生产计划（有时称为产品产量的总量计划），并进一步制定生产作业计划。供应子系统的“原料采购计划制定”模块依据主生产计划及技术子系统的“技术数据管理”模块产生的产品/原材料消耗指标数据（包含生产单位产品所需要某些原材料的数量指标）计算并汇总整个企业在计划期间内所需的全部原材料的数量，并以此为参考制定出整个企业的原材料采购计划，且据此进行原材料库存管理。

生产子系统依据计划子系统提供的“生产作业计划”、供应子系统提供的“原材料库存数据”及技术子系统的技术数据（如“能源及材料消耗指标”、“技术标准”）组织生产。销售子系统负责产品的库存管理、运输管理和销售管理。

由于管理信息系统的功能结构描述的是管理信息系统的功能构成及功能联系，因此它是管理信息系统开发过程中的重要关注对象。对现有管理系统的分析及对未来系统的设计都离不开管理信息系统功能结构的描述工作，可以说，管理信息系统的功能结构是管理信息系统规划、分析和设计的主线。

（三）管理信息系统的硬件结构

管理信息系统的硬件结构描述的是管理信息系统所依托的计算机及其网络系统的硬件设备组成及其联结方式、各硬件设备的功能和技术参数。管理信息系统的硬件结构一般以硬件设备的物理位置安排、拓扑结构等方式给出（见图 1－3）。

（四）管理信息系统的软件结构

用于构建管理信息系统而在管理信息系统的硬件设备上（主要是计算机上）安装的系统软件，及由管理信息系统开发人员开发的应用软件模块所组成的系统结构，称为管理信息系统的软件结构。

管理信息系统的软件结构包括两个方面：一方面是依附于硬件结构的管理信息系统的系统软件结构，在这个结构中描述了硬件设备中（主要是计算机中）所安装的系统软件分布，如所采用的操作系统、数据库管理系统、各种服务器软件、应用开发工具等。由于系统软件分布同硬件设备密切相关，管理信息系统的系统软件结构一般和硬件结构一同给出。另一方面，描述管理信息

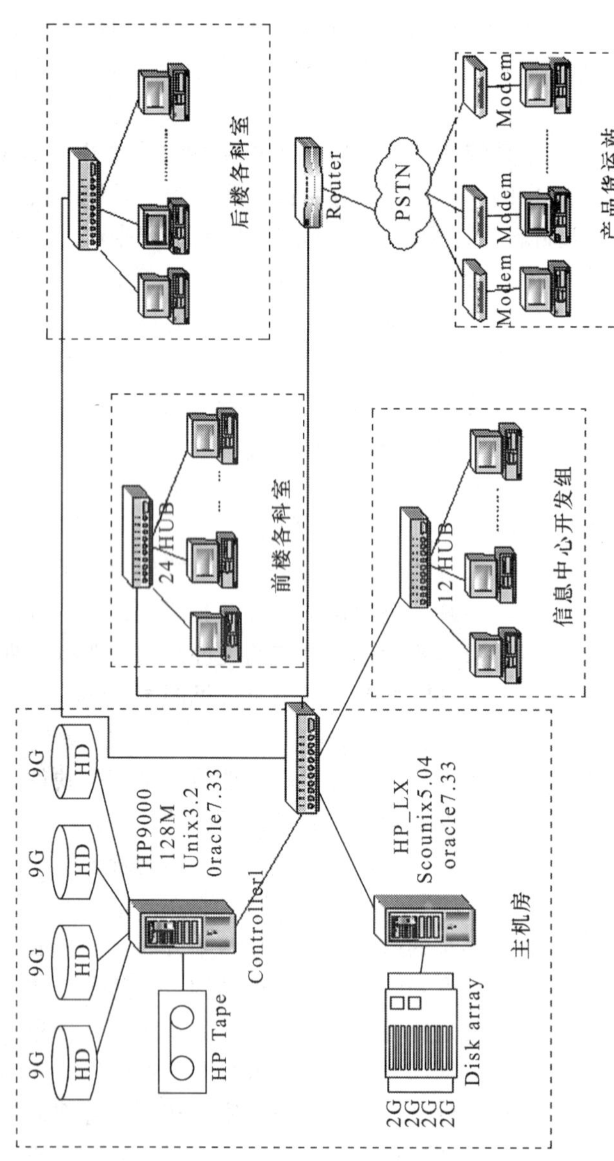


图 1－3　管理信息系统的硬件结构示例

系统各应用软件功能模块组成的应用软件系统结构。管理信息系统的应用软件结构一般用分层的树状结构图来表示（见图 1－4 和图 1－5），直到所有模块不可再分解为止。

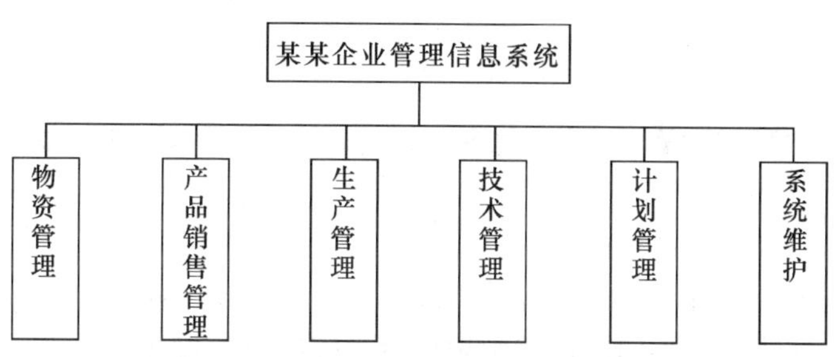


**图 1－4　管理信息系统应用软件结构示例（一）**

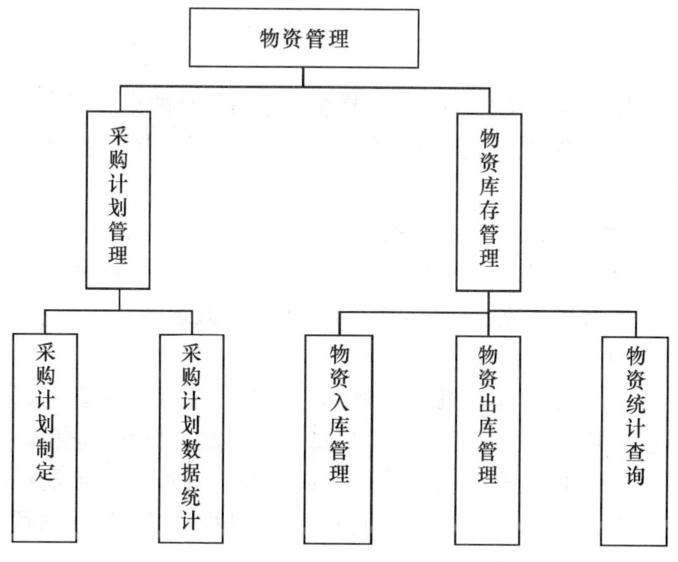


**图 1－5　管理信息系统应用软件结构示例（二）**

管理信息系统的功能结构（见图1－2）有时也采用树状结构图的形式来描述，但此时为了说明各模块间、各子系统间的联系方式，一般增加文字说明。

一般情况下，在描述现有系统（旧系统）时采用功能结构，而在描述目标系统（新系统）时采用应用软件结构。

## 第三节　管理信息系统的开发方法

管理信息系统的开发工作过程是一项复杂的系统工程。本节首先介绍管理信息系统开发所涉及的工作内容，针对这些工作内容的完成方式不同，讲述管理信息系统的两大类开发方法。

### 一、管理信息系统开发工作的内容

管理信息系统开发工作的内容包括系统规划、系统分析、系统设计、系统实施、系统运行维护与评价五个方面。

#### （一）系统规划

管理信息系统的系统规划是企业战略规划的组成部分，是关于管理信息系统的长远发展规划。系统规划工作一般包括如下内容：

1. 确定管理信息系统的目标及总体功能结构。其中：管理信息系统的目标决定了管理信息系统的关键功能及关键信息需求。管理信息系统的总体功能结构给出了系统的总体功能划分，即系统的子系统组成。

2. 了解企业计算机应用现状，包括计算机等设备资源及人员情况，从而进一步规划管理信息系统开发的费用及进度。

3. 从整体上研究企业管理（或业务）流程的现状及存在的问题，以便在管理信息系统的整个开发过程中解决这些问题。

#### （二）系统分析

管理信息系统系统分析的任务，是在对现有信息系统进行详细调研的基础上，通过各种可能的方式充分描述现有系统的业务流程及所需处理的数据，并分析这些处理过程及数据结构的逻辑合理性，最后给出新系统的逻辑方案。

新系统逻辑方案主要描述目标系统的功能结构，如新系统的子系统及进一步的功能分解，这其中也包括新系统中的管理模型，即具体管理业务中采用的管理模型和处理方法。

系统分析的本质，是通过分析现有系统业务和数据处理要求而达到确定新系统的逻辑功能及信息需求的目的。

（三）系统设计

系统设计的任务是依据系统分析工作得到的系统功能和信息需求设计新系统的处理流程及相关数据类，确定新系统的应用软件结构。依据新系统的功能需求及信息需求设计系统的硬件结构及系统软件结构。对构成新系统应用软件结构的每一功能模块给出其实现的输入、输出及处理过程的设计。

（四）系统实施

系统实施的主要任务包括硬件设备的购置、安装，依据系统设计的要求完成每一应用模块的程序设计、组装调试、系统测试、系统切换等工作。

（五）系统运行维护与评价

系统运行与评价的主要工作包括新系统运行后的系统运行维护、运行管理和对新系统从目标、功能、性能及经济效益方面的评价。

## 二、管理信息系统的两种开发方法

对管理信息系统开发的上述五项工作的不同完成方式，形成了管理信息系统开发的两种开发方法，即结构化的生命周期法和快速原型法。

（一）结构化的生命周期法

结构化的生命周期法，是把管理信息系统的生命周期分为系统规划、系统分析、系统设计、系统实施、系统运行维护与评价五个阶段（见图1－6），强调用系统的思想、系统工程的方法严格区分上述工作阶段来完成信息系统的整个开发过程，在整个开发过程中强调文档的规范化与标准化。

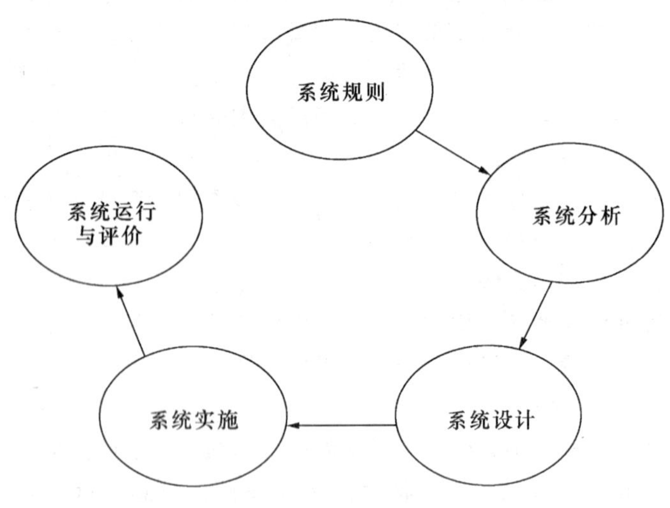


**图1－6　管理信息系统的生命周期**

结构化的生命周期法的开发策略是“自顶向下”地完成管理信息系统的规划、分析与设计工作，然后“自底向上”地实现。结构化的生命周期法注重开发过程的整体性和全局性，适合开发大型的信息系统。该方法强调区分每个工作阶段，尽量避免各阶段工作的重叠，即在没有进行系统规划之前，不允许进行系统的详细调查研究；没有进行详细的调查研究与分析之前，就不允许进行系统设计工作；在没有完成系统详细设计之前，就不急于编程序。另外，结构化的生命周期法还注意充分预料可能发生的管理过程变化。

正是由于生命周期法的上述特点，使得应用结构化生命周期法进行管理信息系统开发所需的周期较长。另一方面，因为用结构化的生命周期法开发管理信息系统，只有到系统实施阶段后才能让用户看到实实在在的系统，而在这之前的很长时间内，开发人员只能通过技术文档与用户交流，造成与用户交流较为困难。

（二）快速原型法

相对于结构化生命周期法开发管理信息系统周期较长，且难以与用户进行交流的缺点，原型法是随着开发工具软件不断强大及人们希望克服上述不足的背景下产生的，是与结构化生命周期法思路完全不同的信息系统开发方法。

与传统的结构化的生命周期法相比，快速原型法摒弃了严格区分管理信息系统生命周期各个阶段的方式，而是一开始就凭借开发人员对用户需求的理解，利用强有力的开发工具，实现一个实实在在的系统模型（称为原型），即开发一个不太完善、也不一定完全符合用户需求的管理信息系统（或整个系统的一部分），这个模型表达开发人员对用户需求的理解和他认为系统实现后的形式。然后开发人员和用户一起对这个模型进行评价，并以用户为主对这个模型的不足之处提出改进意见。根据评价结果，开发人员对模型进行修改。如此反复，直到用户完全满意为止。

快速原型法从原理到流程都十分简单，但它却克服了结构化生命周期法的大部分缺点（如过程复杂，开发周期长，与用户交流困难）。

快速原型法的上述特点使其在实际应用中得到了巨大成功，分析其原因，大致有如下几个方面：

（1）可通过原型系统与用户更好地交流，获取用户的真正需求。虽然管理人员每天都在自己相应的岗位上工作，但却很难指望他们能系统、完备且一次性地描述他们的业务流程。原型法正是顺应了人们认识事物的自然规律，通过开发人员与用户共同对系统原型的不断修改而实现最后的系统。在这个过程中，用户往往通过对系统原型批评指责的方式对系统原型提出改进意见，这要比空洞的描述自己的设想容易得多，改进工作要比创造工作容易做得多。

(2) 在快速原型法中，系统原型是对真实系统或目标系统的一种模拟，这种方式能使系统开发人员和使用人员较早地发现系统实现后潜在的问题，并且对这些问题的解决方案是双方共同讨论确认的。

(3) 用快速原型法开发企业管理信息系统，加强了用户的参与程度。这就使系统实施后系统的切换与运行维护较为容易和自然。

应用快速原型法进行管理信息系统开发工作也必须具有适合的条件，主要有：

(1) 需要具有能够快速生成系统原型和方便修改系统原型的开发工具。这方面由于近年来出现了大量的面向对象的开发工具，使得开发者不需要通过编制一行行难以读懂的程序来完成开发工作，而是通过简单的屏幕操作即可生成系统原型，因而系统原型的生成和修改变得越来越容易。

(2) 需要用户参与整个管理信息系统开发的全过程。

我们也应看到，用快速原型法进行管理信息系统开发也有一定的局限性，这体现在：

(1) 对于规模巨大的管理信息系统，不经过系统性的规划、分析、设计很难保证系统的全局性能，因此对于大型管理信息系统的开发不适于应用快速原型法。

(2) 由于快速原型法强调用户从局部细节之处对原型提出修改意见，很难走出自己原有的工作习惯，因此容易使开发人员走上机械地模拟原手工系统的轨道。

通过上面对结构化的生命周期法和快速原型法的论述和分

析，我们看到在实际管理信息系统的开发过程中，只有将上述两种方法有机地结合起来，才能更好地完成管理信息系统的开发工作。

为了系统地讲述管理信息系统开发过程中涉及到的方法与技术，本教程将按照结构化的生命周期法中管理信息系统的阶段划分，论述管理信息系统开发的各项工作内容、方法和技术。实际上，应用快速原型法进行管理信息系统的开发，也要进行系统规划、系统分析、系统设计、系统实施、系统运行维护与评价等方面的工作，只不过是将这些工作分解，且在不断重复的过程中完成而已。

---

**习题**

1. 信息处理方式从功能上经历了哪几个阶段？各个阶段的特点是什么？

2. 管理信息系统有哪几种结构？为什么说管理信息系统的功能结构是管理信息系统规划、分析和设计的主要对象？

3. 试论管理信息系统两种开发方法——结构化的生命周期法和快速原型法的特点和适应范围。

4. 用快速原型法进行管理信息系统开发时，还需要完成系统规划、系统分析、系统设计、系统实施、系统运行维护与评价的工作吗？

5. 用快速原型法进行管理信息系统开发应具备哪些条件？

6. 论述管理信息系统对企业信息管理的作用。

7. 指出下列英文缩写的中文含义：

EDPS，MIS，DSS，ERP

# 第二章　管理信息系统的计算机网络技术基础

**提要：** 为了理解和掌握管理信息系统的规划、分析与设计，以及管理信息系统的实施与运行管理方面的方法和技术，需要具备一定的计算机网络及数据库管理方面的基础知识。本章介绍计算机网络及相关方面的技术内容，关于数据库管理方面的技术基础将在以后的章节中介绍。

本章分 6 个部分，分别讲述计算机局域网、计算机网络的组成部分、计算机远程连接技术、计算机网络协议、Internet 和 Intranet。

## 第一节　计算机局域网

管理信息系统的硬件结构是以计算机为主的网络系统，其中基本组成结构为计算机局域网。那么，什么是计算机局域网？它们有什么样的结构？有哪些主要类型？在计算机网络中有哪些主要组成部分？这是本节要回答的问题。

简单地说，计算机网络是由两台或两台以上的计算机通过其他设备连接起来组成的一个系统。在这个系统中，计算机与计算机之间可以进行数据通讯、数据共享及协同完成某些数据处理工作。

计算机网络按其分布的地理范围分为局域网（LAN）和广域网（WAN）。局域网一般指互连起来的计算机所分布的地理范围较小的网络，例如，某一实验室内、一栋建筑物内或一个校园内等。而广域网则分布的地理范围较大，大的企业网络可将位于不同城市的计算机连在一起成为一个广域网。

在计算机网络中，计算机及网络设备在空间上的排列形式称为计算机网络的拓扑结构。目前，最常用的网络拓扑结构有星型、总线型和环型三种。依据这三种网络拓扑结构，计算机网络分为星型网络、总线型网络和环型网络三种类型。

由于改变网络拓扑结构的难度较大，因此，在组建计算机网络时，选择合适的拓扑结构非常重要。

## 一、总线型网络

总线型拓扑结构是一种比较简单的计算机网络结构，它采用一条称为公共总线的传输介质，各计算机直接与总线连接，信息沿总线介质逐个节点广播传送，其结构如图 2－1 所示。

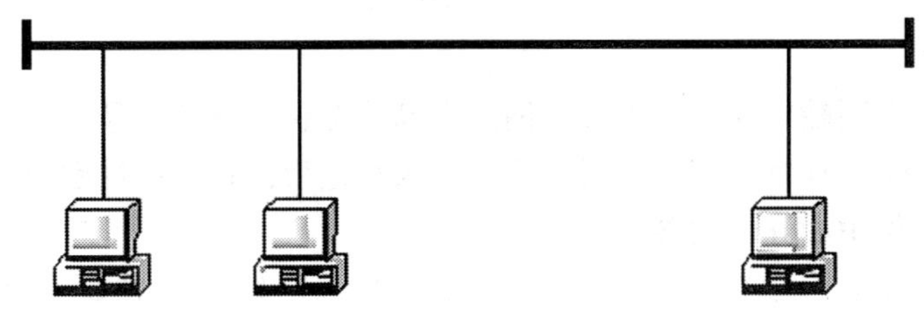

**图 2－1　总线型网络**

总线型网络的组建较为容易，本节以使用细同轴电缆（Coaxial Cable）的 10Base2 总线型网络为例，直观地介绍总线型网络的组建技术。

10Base2 总线型网络使用的传输介质为细同轴电缆，由于它采用铜芯的同轴结构而得名，其结构如图 2－2 所示。

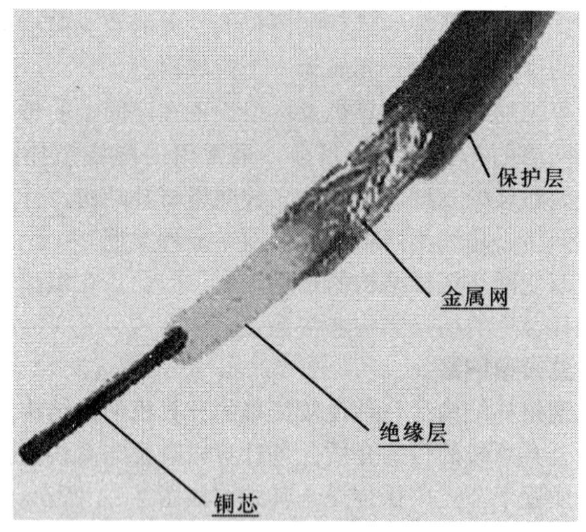


**图 2－2　同轴电缆**

在同轴电缆中，铜芯是网络上高速变化的电子信号传递的主要介质。环绕铜芯的一层金属网作为接地用，在传输过程中用它来当做中心导体的参考电压。

除了同轴电缆外，用于组建总线型网络的其他配件还有“T”型头、BNC 接头（Bayonet Neill－Concelman，Connector used with coaxial cable invented by Mr. Neill Concelman）、50Ω 端结器和网卡。

“T”型头（见图 2－3）有 3 个头，其中两个分别连接做好的同轴电缆线或 50Ω 端结器，另一个连接网卡上的 BNC 接头。

BNC 接头（见图 2－4）安装在一段同轴电缆线两端，使电缆线能连接上“T”型头，图 2－5 是做好的电缆线与“T”型头连接的照片。

图 2－3　“T”型头

图 2－4　BNC 接头

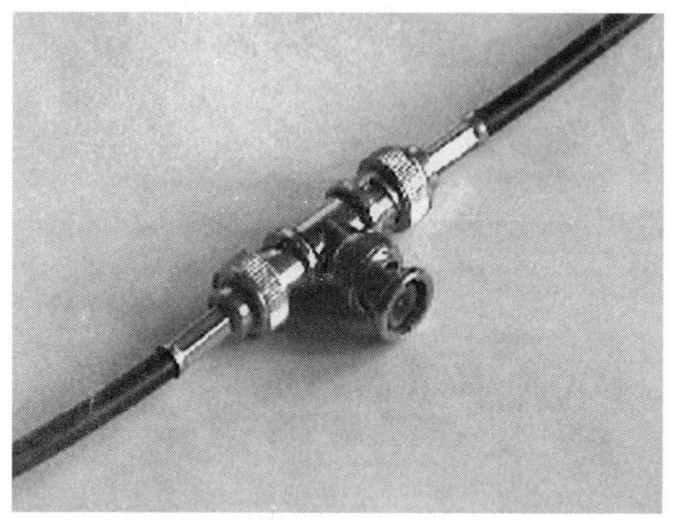

图 2-5　“T”型头与做好的电缆的连接

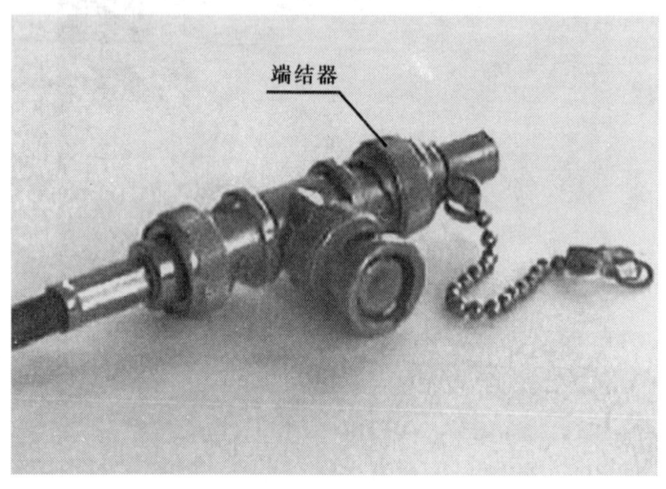


图 2-6　总线型网络两端“T”型头的连接

50Ω端结器安装在10Base2总线型网络总线的两端，即总线型网络两端“T”型头的一头连接做好的同轴电缆线，另一头连接50Ω端结器（见图2－6）。

网卡是计算机与网络电缆的桥梁，它担负着计算机之间数据通讯的信号发送和接收工作。网卡是可以插到计算机主板上的一种板卡（见图2－7），有些网卡直接被集成在计算机的主板上。

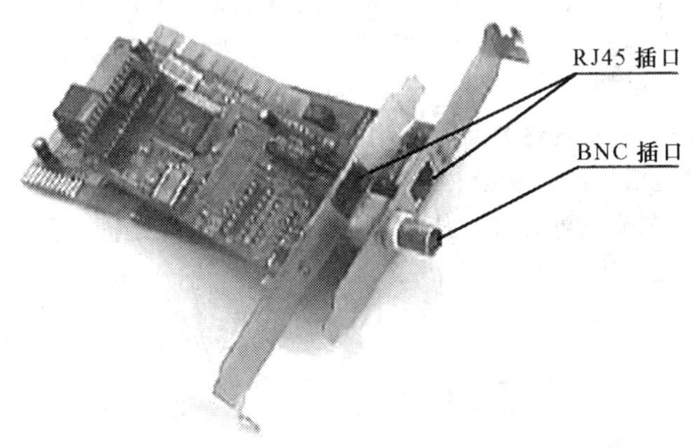


**图2－7 计算机网卡**

计算机网卡上的接口一般有两种选择（两种同时有或只有其一）：BNC插口和RJ45插口。

其中BNC接口用于连接BNC接头以建立总线型网络。其连接方法是直接把T型头的BNC接头与网卡上的BNC接口插接起来即可。RJ45插口用于建立星型网络。

通过上述介绍，我们已直观地了解了10Base2总线型网络的组建方法及所需的网络配件。

每种网络都有其限制，如线缆的长度及可连入的计算机数量等。10Base2 总线型网络两个端结器间的长度为网络全长，按照信号的衰减率与信号的传输速度来推算，全长不能超过 185 米，而且所连接的计算机（或其他外设）不能超过 30 台。如果想突破这些限制，就必须借助中继器（Repeater）的帮助（详见后面章节）。

10Base2 总线型网络的组建虽然容易，所需网络配件成本也较低，但是由于其中各连接部分容易氧化造成网络中断，因此，可靠性较差。另外，由于其结构上的特性决定了其在线扩展不太方便，因为要在网络中增加新的计算机必须断开总线电缆。

## 二、星型网络

### （一）星型网络的拓扑结构及其组建

星型拓扑由主节点（或中心节点）和其他从节点组成（见图 2－8），主节点可直接与从节点通信，而从节点之间必须通过主节点才能通信。

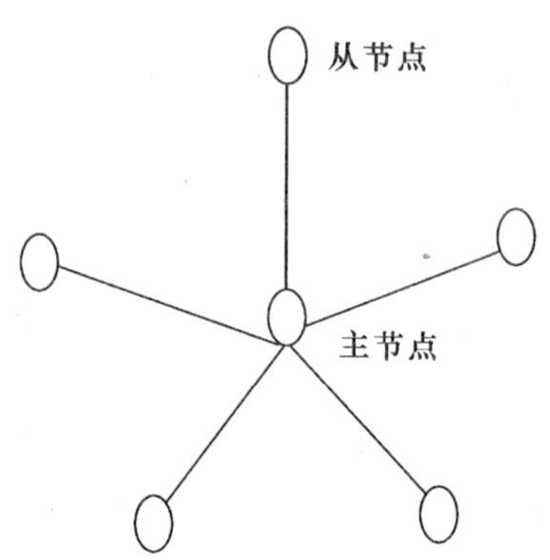


**图 2－8　星型网络的拓扑结构**

在星型网络中，主节点通常由一种称为集线器（Hub）的设备充当，因此网络上的计算机之间是通过集线器来相互通信的(见图2-9)。

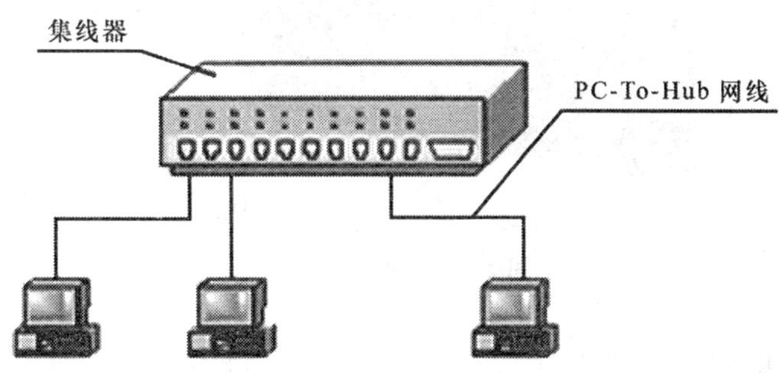


图2-9　星型网络实物图

由一个中心节点组成的星型网络的计算机数量，由集线器上的端口数决定。星型网络的优点是配置灵活（增加或减少连网的计算机不影响其他计算机的正常网络连接），任何计算机的故障不会影响其他计算机。

由于星型网络过分依赖于中心节点，因此，集线器的故障将导致整个网络的瘫痪，而且每台计算机都要利用单独的电缆与集线器连接，需要的网线较多。但总的来说，上述缺点较其优点相比是微不足道的，因此星型网络现在已成为构建局域网的主流拓扑结构。

在星型网络建设中，目前以 10BaseT 和 100BaseT 使用最多。下面就 10BaseT 和 100BaseT 网络组建所需的电缆、接头和集线器及其连接做一简单叙述。10BaseT 和 100BaseT 的各种组件一样，只是其某些技术参数不同。

星型网络中的主节点一般采用集线器（有时也采用与之类似的其他设备如交换机，有关内容详见以后章节），它是一种多端口的网络连接设备（见图 2－10），其端口与网卡上的 RJ45 口一样。

**图 2－10　集线器外观**

集线器除了用端口数区分之外，另一项非常重要的考虑因素是所使用的带宽。集线器分为 10Mbs、100Mbs、10/100Mbs（10M 与 100M 自适应）和 1000Mbs 几种。其中 10Mbs 用于建立 10BaseT 网络。要想建立 100BaseT 网络，就得用 100Mbs 或 10/100Mbs 的集线器。

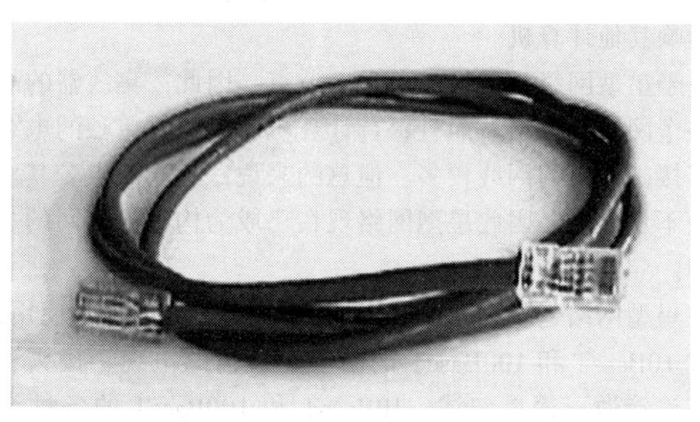

**图 2－11　PC-to-Hub 网线**

有了集线器且计算机上已安装了有RJ45口的网卡后，我们就可以制做用于连接集线器与网卡的网线了。用于连接计算机（上的网卡）与集线器（Hub）的网线称为PC-to-Hub网线（见图2－11）。

10BaseT和100BaseT网络采用的网线称为双绞线，它由8根（4对）有外皮的铜线组成，最外部环绕一层塑料外皮，其中每对细线绞在一起并因此而得名（见图2－12）。双绞线从整体结构上又分为非屏蔽双绞线（Unshielded Twisted－Pair，UTP）和屏蔽双绞线（Shielded Twisted－Pair，STP）两种，它们的主要区别是屏蔽双绞线在绞线和外皮之间有一层金属网（或金属薄膜）屏蔽，因此能抑制外来的干扰，传输信号质量好，但价格也较高。如无特殊需要，一般使用非屏蔽双绞线来组建星型网络。

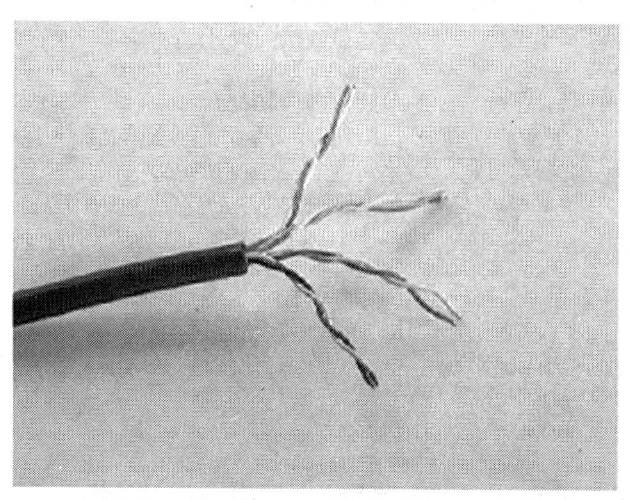

**图2－12　双绞线**

双绞线分为5类，分别称为CAT1～CAT5，但CAT1和CAT2双绞线（即1类和2类双绞线）仅适用于低速通信和传输语音数据，不适合局域网使用。以往CAT3、CAT4多用于10BaseT网络的组建，而CAT5用于100BaseT网络。不过为了日后升级，现在一般采用CAT5（即5类）双绞线。

为了制作用于组建星型网络的PC-to-Hub网线，除了双绞线外，还需要一种称为RJ45头的“8P（Position）”插头（见图2－13），由于其材质看似水晶，故俗称水晶头。用于组建星型网络的PC-to-Hub网线是一段双绞线，两端分别接上一个RJ45头而成，其特点是两端RJ45头的接线方式一致（双绞线的8根线都有各自的颜色，在制作时两端的颜色一致即可。当然，为使网线具有较好的传输特性，还有一些其他的小技巧，这里就不提及了。另外，网线的制作需要专用的压线钳）。

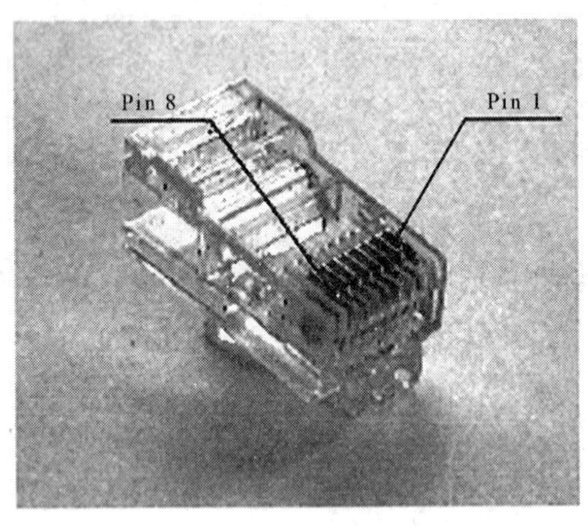


**图2－13　RJ45头示意图**

最后，将制作好的 PC-to-Hub 网线两端的 RJ45 头分别插入集线器和计算机网卡上的 RJ45 口，就把一台计算机连入到了星型网络。

在星型网络中，用于连接计算机和集线器之间的网线不得超过 100 米。

表 2－1 给出了 10BaseT 和 100BaseT 星型网络中集线器 RJ45 口中 8 根脚位的作用，网卡上 RJ45 口各脚位作用刚好与之相反。

**表 2－1　　集线器上 RJ45 口各脚位的作用**

| 脚位 | 功　能 | 简称 |
| --- | --- | --- |
| 1 | 接收数据正极 | $Rx^+$ |
| 2 | 接收数据负极 | $Rx^-$ |
| 3 | 传输（发送）数据正极 | $Tx^+$ |
| 4 | 不使用 | |
| 5 | 不使用 | |
| 6 | 传输数据负极 | $Tx^-$ |
| 7 | 不使用 | |
| 8 | 不使用 | |

依据上述各脚位的作用，我们可制作用于直接连接两台计算机（不用集线器！）的 PC-to-PC 网线，其制做方法是按图 2－14 的连接方式分别连接网线两端的 RJ45 头。

这样，我们就可把两台计算机直接连在一起，构成一个最简单的计算机网络了（见图 2－15）。

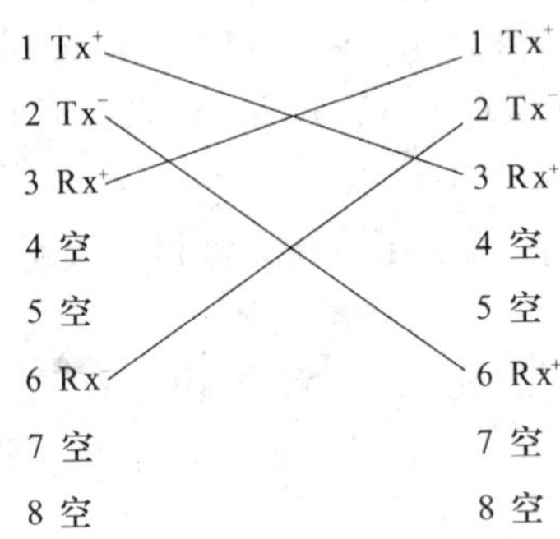


图 2－14　PC-to-PC 网线两端 RJ45 头的连接方式

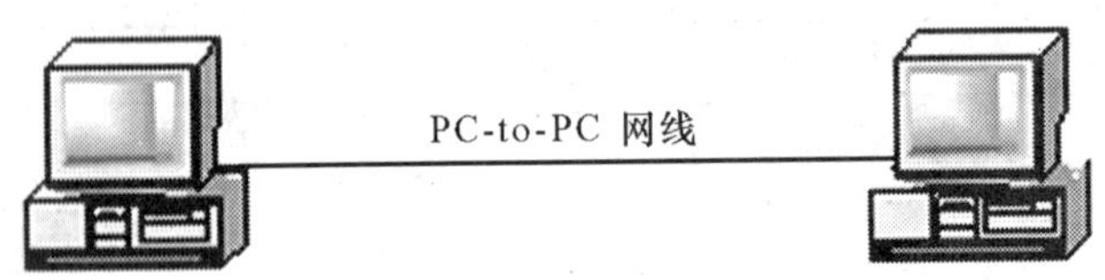


图 2－15　用 PC-to-PC 网线建立最简单的网络

（二）星型网络的扩展

由一台集线器构成的星型网络中计算机的数量，由集线器的端口数决定，而企业计算机系统往往要求连入网络的计算机数量较多，因此，有必要介绍一下星型网络规模的扩展问题。

星型网络的扩展方式有两种，分别称为级连式和堆叠式扩展。

1. 星型网络的级连式扩展。星型网络扩展的第一种方式称为级连。它将两台（或多台）集线器串联而成，如图 2－16 所示。

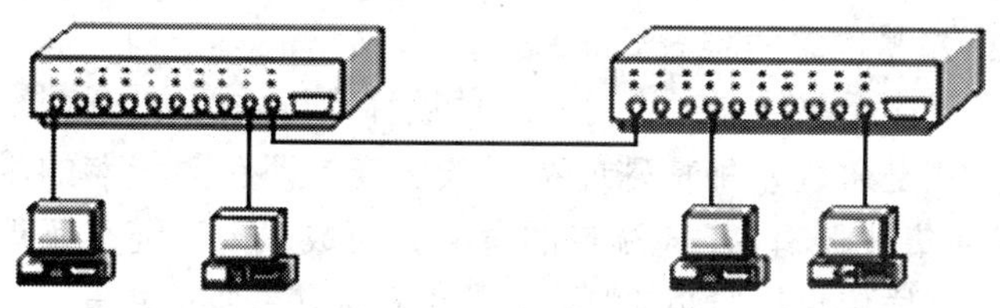

图 2－16　集线器的级连

通过级连方式形成的网络结构通常称为“菊花链”。一般集线器上都有一个特殊的端口用于与其他集线器的级连，这个端口称为级连口，将这个级连口与另一台集线器的一个普通端口通过一条 PC-to-Hub 的网线连接起来，即可实现两台集线器的级连。

用级连的方式扩展星型网络的方式是有限制的，星型网络的这种扩展方式中串联的集线器个数一般不允许超过 4 台，而用于连接两台集线器的网线长度不应超过 5 米。

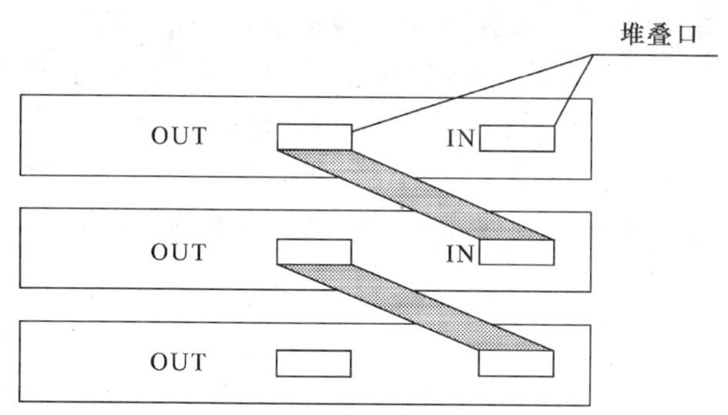


图 2－17　集线器的堆叠

2. 星型网络的堆叠式扩展。星型网络的另一种扩展方式是将两个或多个集线器，用另外一种被称为堆叠的方式连接起来。这种方式是通过一种特殊的缆线分别连接两台集线器的堆叠口（一般在集线器有 RJ45 端口的背面）而成，由于缆线不能做得很长，这样使集线器必须紧密相叠而称为集线器的堆叠。

两台或多台集线器被堆叠在一起后，这些集线器从逻辑上就被认为是一台集线器了。

显然，通过集线器堆叠和级连两种方式的综合应用，可以更大地增强星型网络的扩展能力。

## 三、环型网络

顾名思义，环型网络是将计算机连成一个环（Ring），每台计算机按位置不同有一个顺序编号（见图 2－18）。在环型网络中，信号按计算机编号顺序以“接力”方式传输。如图 2－18 中，若计算机 A 欲将数据传输给计算机 D 时，必须先传送给计算机 B，计算机 B 收到信号后发现不是给自己的，于是再传给计算机 C，这样直到传送到计算机 D。

根据网络的拓扑结构形式，我们可以看出，总线型网络和星型网络在多于两台计算机进行数据传输时，会因信号发生冲突而导致整个网络暂时不能工作，但环型网络不会有这个问题。

由于环型网络的技术被 IBM 公司垄断，所以，大部分软件和硬件都得向该公司购买，使其价格居高不下，影响了其普及程度。

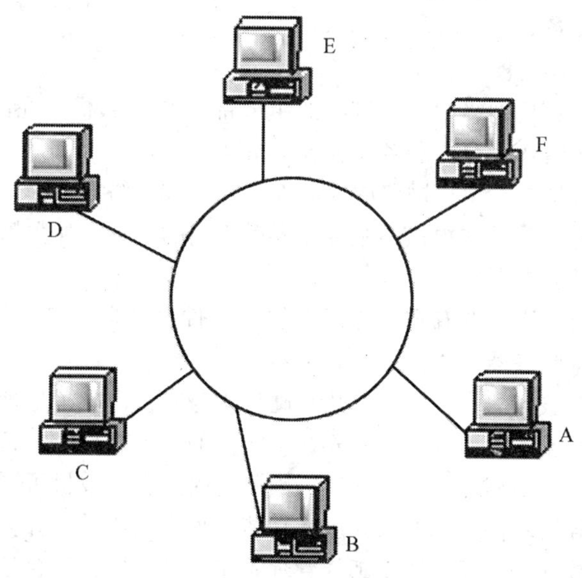


图 2-18　环型网络

## 第二节　计算机网络的组成部分

在上一节中，我们讲述了计算机局域网的三种基本网络结构。在实际应用中，上述三种结构经常被综合应用，并形成互联(连）网。

所谓互联网，是指将两个或两个以上的计算机网络连接而成的更大的计算机网络。现在渗透到全球所有角落的 Internet 就是世界上最大的互联网络（详见本章第五节)。

本节介绍计算机网络或互联网络的组成部分：计算机及其网络连接设备。

## 一、服务器（Server）

在计算机网络中，最核心的组成部分是计算机。在网络中，计算机按其作用分为服务器和客户机两大类。

服务器是计算机网络中向其他计算机或网络设备提供某种服务的计算机，并按提供的服务被冠以不同的名称，如数据库服务器、邮件服务器等。

常用的服务器有数据库服务器、邮件服务器、打印服务器、信息浏览服务器、文件下载服务器等。

用做服务器的计算机，从其硬件本身来讲，除了处理能力较强之外并无本质区别，只是安装了相应的服务软件才具备了向其他计算机提供相应服务的功能，因此有时一台计算机可同时装有多种服务器软件而具有多种服务功能。如网络中某台计算机，同时装有数据库管理系统及邮件管理系统软件，因此这台计算机在网络中既是数据库服务器也是邮件服务器。

## 二、客户机（Client）

客户机是与服务器相对的一个概念。在计算机网络中，享受其他计算机提供的某种服务的计算机就称为客户机。

服务器与客户机由于其处理数据的要求不同，因此，档次一般也不同。由于服务器一般情况下要向多个客户机提供服务，要求有较强的数据处理能力，因此一般用较高档次的计算机担当，并由此出现了称为专用服务器的计算机，这种计算机一般比较耐用，内存和主板采用特殊的技术，有较强的校验功能而防止意外死机。为了防止偶然的停电等问题，一般配备不间断电源系统（UPS）提供后备保护。

服务器与客户机的另一个重要区别，在于在服务器和客户机上安装的系统软件的差异。在服务器上安装的操作系统，一般能够管理和控制网络上的其他计算机，如 Windows NT、Unix 和 VMS 等。在客户机上一般安装 Windows9X、DOS 等操作系统。当然，客户机上的操作系统必须被服务器上的操作系统所认可，才能实现相互的服务提供与服务享受。

在有些计算机网络中，计算机之间互为客户机与服务器，即它们互相提供类似的服务和享受这些服务，这种计算机网络称为对等网络。一般情况下，对等网络中的计算机都装有相同（或相似）的操作系统，如 Windows9X，Windows For Workgroup 等。

**三、网络连接设备**

在计算机网络和互联网中，除了计算机外，还有大量的用于计算机之间、网络与网络之间的连接设备，这些设备称为网络连接设备。在这里，我们介绍企业建设计算机应用系统时常用的网络连接设备。这些设备包括：网络适配器、网络传输介质、中继器、网桥、路由器和交换机。其中，网络适配器（一般指网卡）在计算机网络中负责计算机间的数据接收和发送。网络传输介质一般分为 3 种，即同轴电缆、双绞线和光纤。这些内容在前一节中我们已建立了直观概念，这里不再赘述。

（一）中继器（Repeater）

在计算机网络中，信号在传输介质中传递时，由于传输介质的阻抗会使信号愈来愈弱，导致信号衰减失真，当网线的长度超过一定限度后，若想再继续传递下去，必须将信号整理放大，恢复成原来的强度和形状。中继器的主要功能就是将收到的信号重新整理，使其恢复原来的波形和强度，然后继续传递下去，以实现更远距离的信号传输。

中继器是最简单的网络连接设备，它连接同一个网络的两个或多个网段。如用同轴电缆建立的总线型网络每段长度最大为 185 米，最多可有 5 段，因此增加中继器后，总线型网络的地理范围可扩展到 185×5＝925 米（见图 2－19）。

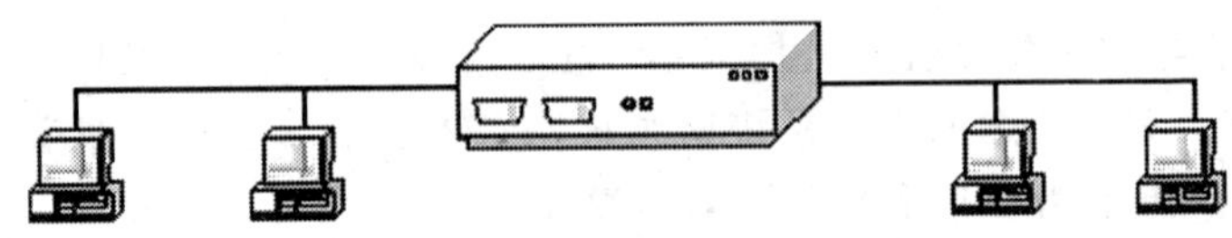

**图 2-19 用中继器扩展网络**

在上面的叙述中，我们遇到“网段”的概念。用网络连接设备将网络连接起来的互联网中，大多可分成若干个网段（Segment）或者子网（Subnet）。网段和子网都是通过互连设备隔开的一部分。网段可以不具备独立网络的特性，但子网必须能够成为一个独立的网络。一个基本的局域网可以只有一个网段，也可由多个网段构成。网段如果具有独立网络的功能，就可称为子网。图 2-19 中，经过中继器延展的网络，中继器两端的网络部分是网段，但不是子网。

前面我们介绍的用于构建星型网络的集线器也具备中继器的功能，因为集线器可级连起来用于扩展星型网络。

实际上，许多网络连接设备都附带中继器的信号放大功能。

（二）网桥（Bridge）

网桥是用于两个相似网络连接的设备，并可对网络的数据流进行简单管理，即它不但能扩展网络的距离和范围，而且可使网络具有一定的可靠性和安全性。

我们有时希望信号在计算机网络中传输时，某些信号只需要在网络的某个区域内传递，传递到不必要的区域，一是会徒增干扰，影响整体效率；二是对数据的安全性也不易保证。为了合理限制网络信号的传送，我们可使用网桥适当地分割网络。其原理是，当数据送达到网桥后，网桥会判断信号该不该传到另一端，假如不需要就把它拦截下来，以减少网络的负载，只有当数据需要穿过它送到另一端的计算机时，网桥才会放行。例如，在图 2-20 的网络中，当网络中的计算机 A 要传数据给计算机 B 时，网桥发现 A，B 计算机在同一区中，因此，网桥将阻止信号传送到网络 2 中。若 A 计算机要传送数据给计算机 C，网桥便让信号通过。

通过上面论述，我们可以看出网桥具有简单的过滤功能。当然，为了利用好网桥的这种特性，我们就必须设计好网桥的位置。

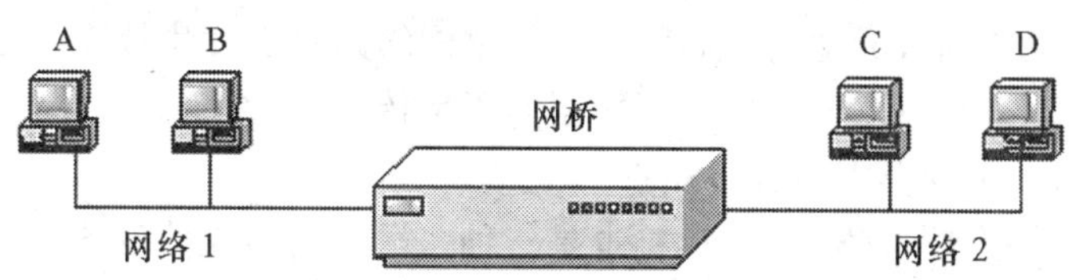


图 2－20　用网桥连接的网络

（三）路由器（Router）

路由器是用于连接不同技术网络的网络连接设备（见图 2－21），它为不同网络之间的用户提供最佳的通信路径。因此，路由器有时俗称为“路径选择器”。

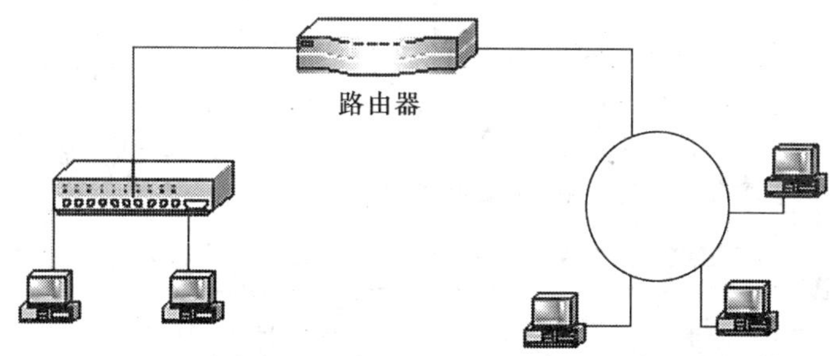


图 2－21　用路由器连接两个不同类型的网络

网桥具有的功能，路由器都有。在计算机网络中，路由器有自己的网络地址，而网桥没有，路由器实际上是一台具有特殊用途的计算机。

在大型的互联网上，为了管理网络，一般要利用路由器将大型网络划分成多个子网。全球最大的互联网 Internet 由各种各样的网络组成，路由器是一种非常重要的组成部分。

在互联网络中，路由器通过它保存的路由表查找数据确定从当前位置到目的地的正确路径，如果网络路径上发生故障，路由器可选择另一路径，以保证数据的正常传输。

（四）交换机（Switch）

和集线器类似，交换机也是一种多端口网络连接设备，其外观和接口与集线器一样，但交换机却更智能。交换机的这种智能体现在它会记忆哪些地址接在哪个端口上，并决定将数据送往何处，而不会送到其他不相关的端口。因此，这些未受影响的端口可以同时向其他端口传送数据。

交换机采用上述技术突破了集线器同时只能有一对端口工作的限制，可缓解局域网中网络流量的瓶颈问题。

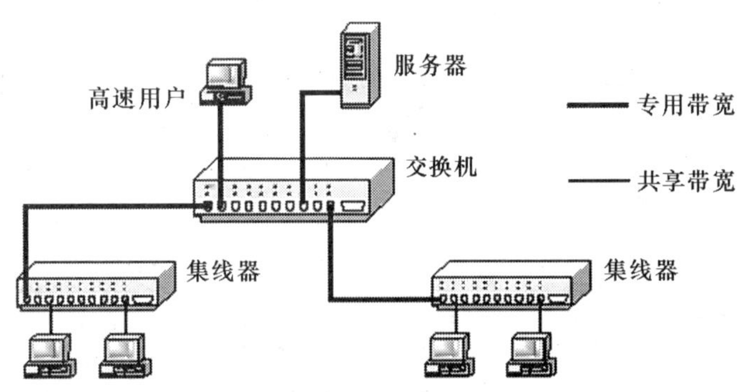


**图 2－22　用交换机连接共享带宽的网络**

在实际应用中，常用的方式是将网络划分成多个小的共享式网络，主要连接部分用交换机实现独享带宽，为每一节点提供尽可能大的带宽（见图 2－22）。

除了上面介绍的网络连接设备外，还有一些其他常用的网络连接设备（如调制解调器），将在以后遇到的地方具体说明。

## 第三节　计算机远程连接技术

在我们建设企业计算机应用系统时，经常遇到一些部门或机构（如货场、仓库）距厂区中心位置比较远的情况。同时，随着企业计算机应用范围的不断扩大，要求更多的与企业相关的组织（如客户、供应商）进入到我们企业网络中来，这就要求我们在建立企业计算机应用系统时不得不考虑远程连接的技术问题。远程连接最早是为建立广域网而提出的，因此远程连接技术在某种程度上就是广域网技术。广域网是相对于局域网而提出的，广域网中的计算机分布的地理位置相对较远，如整个国家的网络或洲际网络等。

### 一、普通电话拨号技术

普通电话拨号技术是历史最久的远程连接技术，同时也是目前很多企业建立远程连接用得最多的一种方式。其基本方式是在两个计算机之间分别安装一种称为调制解调器（Modem）的网络连接设备，通过电话拨号的形式建立计算机之间的远程连接（见图 2－23），计算机之间的数据通过公共电话网（Public Switched Telephone Network—PSTN）来传输，传输速率较低，受电话线质量及相关技术限制。目前这种方式的最快传输速率为 56Kbs，适合以文本为主、持续使用时间短的数据通信。

调制解调器是一种可实现数字信号与模拟信号之间转换的网络连接设备。在一般情况下，公用电话网只能传输模拟信号，而

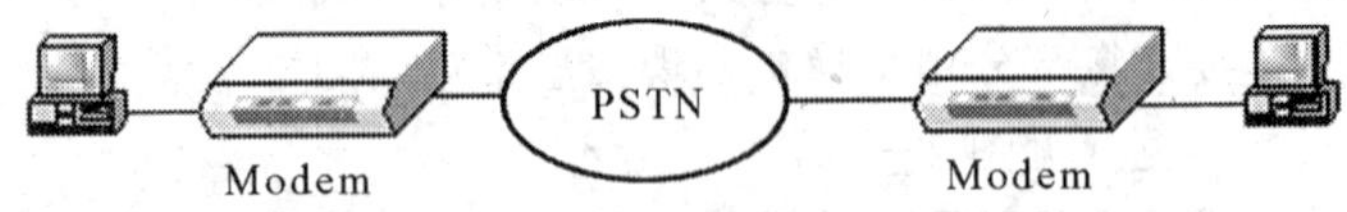


图 2-23 用调制解调器和公共电话网建立两台计算机之间的远程连接

计算机只能处理数字信号。如果通过公用电话网建立计算机之间的远程连接，就必须首先将计算机发出的数字信号转换为模拟信号（这个过程称为“调制”），通过公共电话网将模拟信号传送到另一端时，再将模拟信号转换为数字信号（这个过程称为“解调”）送交计算机处理，这样就可实现计算机之间的数据交换。

在企业计算机应用系统中，一般不是简单地建立两台计算机之间的互连，而是要将企业的某些部门（如仓库、货场）的多台计算机通过公用电话网应用电话拨号的方式连入到企业计算机系统的局域网上，而成为这个网络中的客户机。在这种情况下，就需要在局域网一端安装被称为“拨号接入设备”的网络连接设备，而在要连入的计算机这一端安装调制解调器，这样即可通过公共电话网，利用拨号的形式将计算机连入到局域网上了（见图 2-24）。

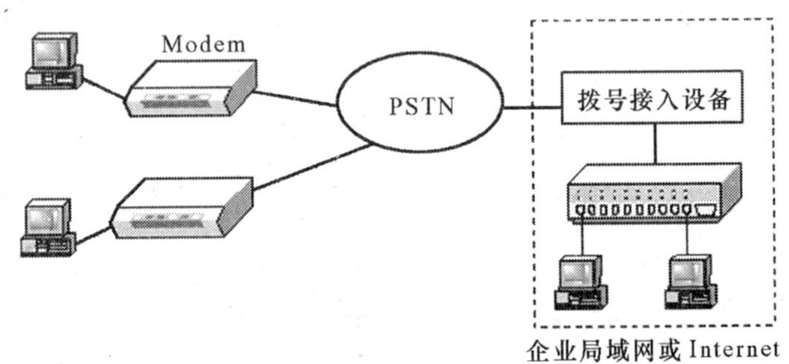


图 2-24 用拨号方式建立与企业局域网的远程连接

常用的电话拨号接入设备有 Modem 池（Modem pool）和具有拨号接入功能的路由器等。

计算机一旦利用电话拨号方式与局域网建立了远程连接，它就与局域网上的其他计算机一样可以与其他计算机进行数据通信，享受网络上的各种服务了。只是数据传输速度要比直接连入到局域网上慢得多。

## 二、综合业务数字网

综合业务数字网（Integrated Service Digital Network—ISDN），俗称“一线通”，在世界上已越来越受到关注，在欧美国家已发展得相当成熟，它作为一种新的上网方式，正在逐步取代使用 Modem 的普通拨号上网方式。

早期普通电话网只能传输模拟语言信号，而 ISDN 是在用户和电话局程控交换设备两端加上相应的端口设备，使通过公共电话网能够以较高的速率提供语言、图形、图像等多种综合数字服务，因此称为综合业务数字网。

ISDN 使用的是传统的电话线，但在用户端需加装端口设备（终端适配器（TA）或智能终端（$NT^+$）），而且必须到当地电信局申请开通这种服务，其连接方式见图 2－25。

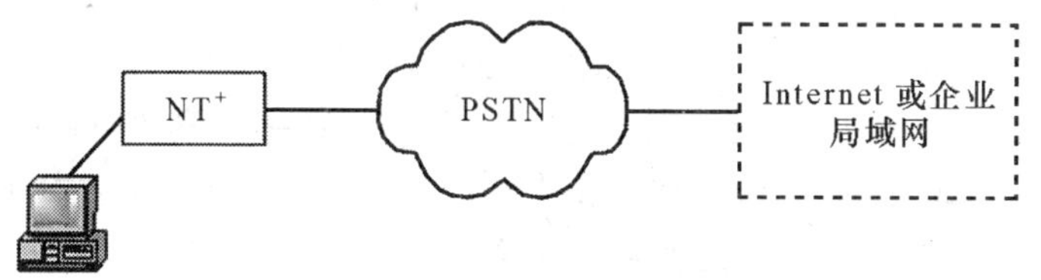


**图 2－25　用 ISDN 建立远程连接**

采用 ISDN 与 Internet 或企业局域网建立远程连接时，信道建立时间缩短，用户的使用效率和访问速度提高。

ISDN 的核心技术是将带宽分成多个信道，同时提供多信道综合服务。现在 ISDN 以 2B + D 的形式，即 2 个基本数据信道（即 B 信道）和一个控制信道（即 D 信道）向用户提供服务。其中每个 B 信道的速率为 64Kbs，D 信道的速率为 16Kbs，一般用于传输控制信号。ISDN 也是通过拨号的形式建立连接，适用于多种形式的数据传输。

图 2－26 是 ISDN 用户端常用端口设备——智能终端示意图。

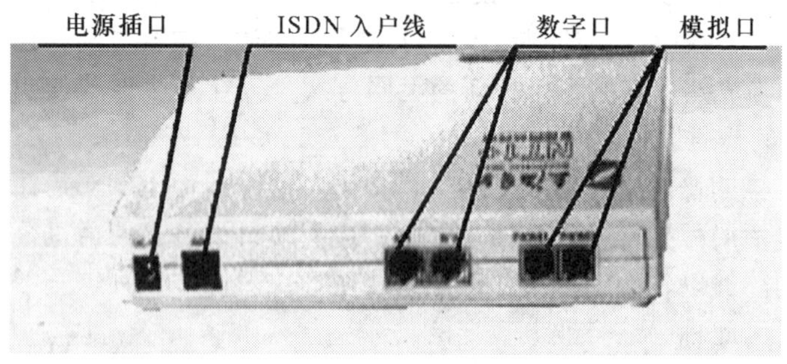


**图 2－26　ISDN 用户端常用端口设备——智能终端**

智能终端一般提供两个模拟接口和两个数字接口。其中模拟接口可接模拟通讯设备，比如普通电话机、传真机等。而数字接口可接数字通讯设备，比如数字电话机、数字传真机（G4 类传真机）或 ISDN PC 卡等。通过 ISDN PC 卡（安装到计算机上）以拨号方式建立远程连接，可获得 128Kbs（2 个 B 信道）或 64Kbs（一个 B 信道）的连接速度。

当然，用 ISDN 建立远程连接，也要求企业局域网安装 ISDN 拨号接入设备。

**三、不对称数字线路**

不对称数字线路（Asymmetrical Digital Subscribe Line—

ADSL）是一种较新的远程连接技术，它利用普通的电话线路，理论上可提供高达34Mbs的传输速率，而且ADSL对现有电话线路不需进行任何改造，因此可以节省许多费用。这里的不对称，指不同方向（发送或接收）数据传输速率不一样。

ADSL一般分为3个信道：一个高速下载信道（1.5Mbs～8Mbs）、一个中速双工信道（640Kbs用于上载）和一个标准电话服务信道。

ADSL非常适合用于连接Internet来下载浏览大容量信息。现在ADSL技术已经成熟，我国许多城市已开通ADSL服务，专家预测ADSL将很快取代ISDN。

图2－27是ADSL实现远程连接示意图。

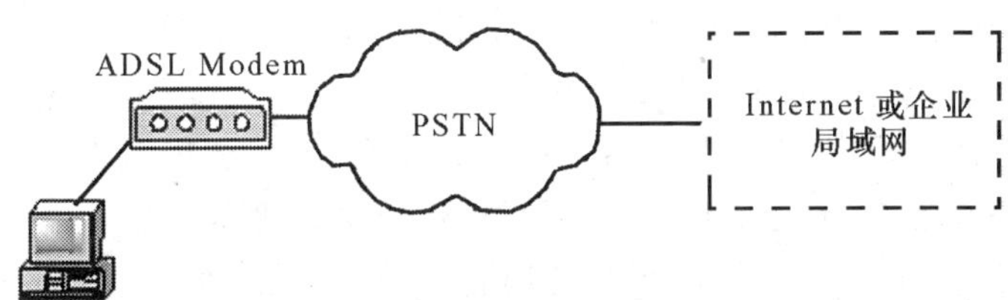


**图2－27　用ADSL建立远程连接**

## 四、数字租用线路

数字租用线路，是指从经营通信业务的电信部门租用的专用通信线路。与前面三种拨号方式建立远程连接不同，专门租用的数字线路适于建立高速、永久性的远程连接（见图2－28），例如，将整个企业的内部网络上的计算机都作为Internet上的固定节点连入Internet。

专用的数字线路，可提供较大的带宽和很好的传输质量，但费用昂贵。常用的数字租用线路有T1和T3两类。T1线路最高速率为1.544Mbs，包括24个64Kbs的信道。T3线路最高传输速率可达274Mbs，但租用费用很高。

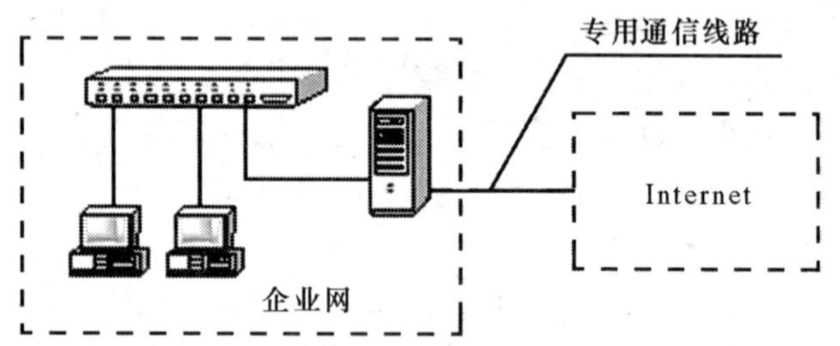


图2－28　用数字租用线路将企业网络连入Internet

## 五、X.25专线

X.25专线是一种用于公共分组交换的信息传输线路。理论上X.25专线可提供64Kbs的传输速率，但由于其完善的错误检测机制，导致实际速率的下降。目前所有国家几乎都有支持X.25的公共分组交换网络。通过X.25可实现跨市、跨国的网络互联，连接的两端需要X.25路由器及X.25网卡。X.25适用于需长途连接，对数据传输可靠性要求高，数据传输量不太大的远程连接，如用于银行、保险机构等的网络互联。

## 六、虚拟专用网

虚拟专用网（Visual Private Network—VPN）是建立在Internet上的专用网，说它虚拟，是因为它不提供物理上的端到端专用连接；说它专用，是因为它确实可以在局域网和广域网用户间建立虚拟专用通道实现端到端的信息传输。在VPN中，采用一种称为“通道”的技术，通过公共路由网络传送数据分组，在Internet中建立一个数据通道，以实现点到点的连接。

我们可以通过网络设备或软件来实现通道功能。例如，一台PC计算机配有Modem和VPN拨号软件，通过Internet服务商

（Internet Service Provider—ISP）建立一个通道，同时有 VPN 功能的企业局域网也可启动通道，从而实现 PC 机与企业网的远程连接，如图 2－29 所示。

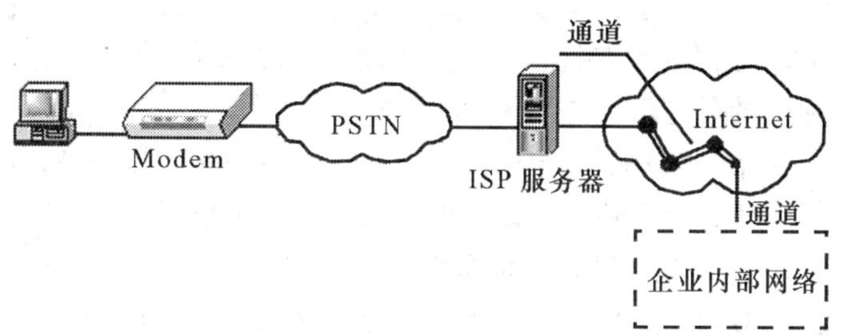


图 2－29　利用 VPN 建立远程连接

## 第四节　计算机网络协议及相关概念

通过网络连接的计算机之间在通信中必须遵守一定的约定和规程，以保证能够相互连接和正确交换信息，这些约定和规程是事先制定的，并以标准的形式固定下来，这就是网络协议。

在计算机网络发展过程中，曾提出过各种各样的网络协议。为了把网络协议的制定纳入规范化轨道，国际标准化组织 ISO（International Standards Organization）提出了开放系统互联参考模型 OSI/RM（Open System Interconnection/ Reference Model），作为提出各种计算机网络系统网络协议时建议遵守的基本模型。

OSI/RM 模型构成计算机网络系统通信规则的一个框架，在网络中也称为体系结构。

OSI/RM 模型把计算机网络通信的组织与实现按功能划分为若干个层次，即从一个计算机系统发出通信请求起，到信息经过实际物理线路传送到另一个目标计算机系统为止，把通信功能从高到低划分为应用层、表示层、会话层、传输层、网络层、数据链路层和物理链路层。

网络通信协议按层次组织，也是为了减少协议的复杂性。每一层协议建立在它的下层协议的基础上，每一层又为其上层提供服务，完成上层提交的任务。至于在一层内如何进行服务的细节，对上层则是隐蔽的。

一台计算机的某指定层同另一台计算机的相应层对话，对话的全部规则和约定就构成该层的协议。当然，信息（数据和控制信息）并不是从一台计算机系统的第 N 层直接传到另一台计算机系统的第 N 层，而是从一台计算机的某一层传送至直接下层，最后经过物理介质到达另一台计算机，然后再由底层逐层向上传送（见图 2－30）。

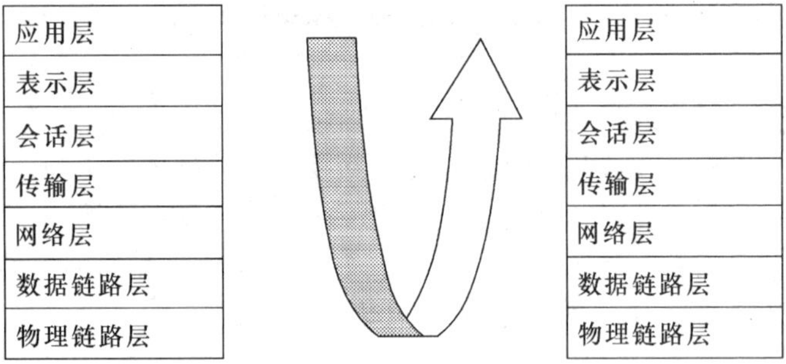

| 应用层 | | 应用层 |
|---|---|---|
| 表示层 | | 表示层 |
| 会话层 | | 会话层 |
| 传输层 | | 传输层 |
| 网络层 | | 网络层 |
| 数据链路层 | | 数据链路层 |
| 物理链路层 | | 物理链路层 |

**图 2－30　两台计算机间的数据传输示意图**

应用层协议规定用户级别的对话规则，包括事务服务、文件传送、远程作业、电子邮件、网络管理、终端输入及屏幕管理这样一些通信任务的处理规则。

表示层协议所约定的是传输信息时的表达形式，也就是信息的语法（数据格式）与语义（解释规则、控制信息和错误处理等），包括对各种数据类型和数据结构的表示方法、数据编码、数据传输以及数据的加密和压缩等。

会话层协议处理不同机器上用户之间的会话连接，包括会话的建立、对会话的控制（例如允许信息双向传输或某一时刻只能单向传输），以及结束会话连接等。

传输层协议涉及通信中数据从一端到另一端的透明传送，以及在出现错误时的恢复处理。传输层要保证信息传送的正确无误，并且使会话层不受硬件技术变化的影响。会话层每对传输层请求一个传输连接，传输层就建立一个独立的网络连接。如果传输连接需要较高的信息吞吐量，也可能创建多个网络连接（分流），或者反过来将几个传输连接合并成一个网络连接。

网络层协议包含对数据的分组、从源端机到目端机的路径选择、拥挤控制等，以及跨网络传送信息中可能出现的不同寻址方式、不同分组长度和不同协议的处理。

数据链路层协议解决数据的正确传送问题。发送方把送出的信息分装成数据帧，然后依序传送各帧，提供错误检测手段，接收和处理回执帧，重发噪声干扰破坏后的数据帧，解决传输速度的匹配。数据链路层把一条可能不可靠的传输通道变成可靠的传输通道。

物理链路层协议规定物理链路的参数，如信号的幅度、宽度、链路的电气和机械特性等。

## 第五节　Internet

### 一、Internet 的产生与发展

网络使用户不受地域的分隔和局限，在网络达到的范围内实现资源的共享。不管用户在什么地方，都可以使用网络上的程

序、数据与设备。

为了在网络之间交换信息，需要在不同范围内实现网络的相互连接，从而形成了由多个网络组成的互联网。Internet 就是全球最大的互联网，大量的各种计算机网络正在源源不断地加入到 Internet 中。通过 Internet，用户访问千里之外的计算机，就像用本地计算机一样。

计算机网络在结构上包括两个部分，一部分是连接于网络上的供网络用户使用的计算机的集合，这些计算机称为主机(Host)，用来运行用户的应用程序或为用户提供资源和服务，网络上的主机也称为结点。计算机网络的另一部分是用来把主机连接在一起并在主机之间传送信息的设施，称为通信子网。

ARPA 网（Advanced Research Project Agency）可以作为计算机网络的最早和最著名的例子，由美国国防部高级研究计划署创建。当时建立这个网络的目的是为了在战争中保障计算机系统工作的不间断性。最初（1969 年底）只有 4 个实验性结点，但不久就扩展到几百台计算机。后来，与 ARPA 网连接的有卫星网 SATnet，以及和 ARPA 签约的学校和政府机构各自的局域网等，共达到数千台主机，10 万个以上用户，形成了整个 ARPA 互联网络。

USENET（世界性新闻组网络系统）是另一个著名的、也许可以算是最大的计算机网络，这个网络中的计算机都使用 U-NIX 操作系统。UNIX 系统使用 UUCP（Unix to Unix Copy）程序，能够在两台相连的计算机之间拷贝文件，USENET 就是以这种通信方式为基础发展起来的，加入该网只需用一台运行 U-NIX 系统的计算机和一个用于建立拨号连接的 Modem。由于西方大学几乎都有这样的设备，所以，USENET 得以迅速发展。USENET 中每一台机器都能与另一台直接通信，它没有集中的管理与控制，处于某种“无政府状态”之下，但受到数以百万计的用户的支持，运行非常成功。USENET 在很多国家形成了分支网，如它在欧洲的部分称为 EUnet。

与 Internet 关系最为直接的计算机网络是 NSFnet。美国国家科学基金会（NSF）在建立著名的计算机科学网（CSnet）之后，又转向建立横跨全美的国家科学基金会网 NSFnet，这个网络可以说是走向 Internet 的真正起点。NSFnet 后来成为 Internet 基干网，Internet 起初就是以它为基础并连接其他几个网络而发展起来的。同 ARPA 网一样，NSFnet 也采用 TCP/IP 网络通信协议，这形成了 Internet 的标准协议。

网络的出现，改变了计算机的工作方式；而 Internet 的出现又改变了网络的工作方式。

对用户来说，Internet 不仅使它们进行数据处理时不再被局限于分散的计算机上，同时也使它们脱离特定网络的约束。任何人只要进入 Internet，他就可以利用其中各个网络和各种计算机上难以数计的资源，同世界各地的人们自由通信和交换信息，以及去做通过计算机能做的各种事情。Internet 一经出现，在短短几年时间里，就遍及美国大陆，并延伸到世界各大洲。

中国科学院高能物理所从 1987 年起，通过国际连网线路进入 Internet 使用电子邮件，1991 年以专线方式实现同 Internet 的连接，并开始为全国科学技术与教育界的专家提供服务。自 1994 年以来，高能物理网、中科院教育与科研示范网、国家教委科研教育网、国家公共数据网以及其他一些计算机网，先后完成同 Internet 的连接。

综观 Internet 的形成过程，我们很难给 Internet 下一个确切的定义，只能通过说明其特点的方法来描述什么是 Internet，即 Internet 是采用 TCP/IP 协议（详见下一小节）为其标准网络协议的世界上最大的互联网络。

人们用各种名称来称呼 Internet，如互联网络，交互网，网际网，全球信息资源网等。Internet 实际上是由世界范围内众多计算机网络连接而成的一个逻辑网络，它并非是一个具有独立形态的网络，而是由计算机网络汇合成的一个网络集合体。

## 二、Internet 的网络协议

我们已经知道，Internet 是由众多的计算机网络交错连接而形成的网际网，作为其成员的各种网络在通信中分别执行自己的协议。所谓 Internet 的网络协议，是指在 Internet 的网络之间以及各成员网内部交换信息时要求遵循的通信协议。TCP/IP 是 Internet 使用的网络协议的统称。

事实上，TCP/IP 是在 Internet 出现之前制定的网络协议，其结构与 OSI 参考模型（见图 2－30）略有区别。其中：传输控制协议 TCP（Transfer Control Protocol）对应于 OSI 参考模型的传输层协议，网络连接协议 IP（Internet Protocol）对应于 OSI 参考模型的网络层协议。所以，确切地说，“TCP 和 IP”分别是 Internet 在传输层和网络层执行的协议。

起初，Internet 最主要的和最早的成员网 NSFnet 等采用的是 TCP/IP 协议。同 Internet 连接的其他网络，如果也执行 TCP/IP 协议，就能方便地实现连接。但是，有许多网络并不采用 TCP/IP，例如，ESnet 采用 DECnet 协议，IBM 的网络采用 SNA（System Network Architecture）协议。当这些执行不同协议的网络同 Internet 连接时，就要在实现网络连接的“网关”中进行协议转换。网关把 Internet 上来自非 TCP/IP 网络协议的信息形式转变为 TCP/IP 协议的信息形式；或者反过来，把 TCP/IP 网络协议的信息形式转变为其他协议的信息形式。这样，就能完成与 Internet 相连接的异型网络之间的通信任务。

在实际的网络连接中，常常用网络通信软件进行不同网络之间的协议转换。例如，当 DECnet 上的计算机系统同 Internet 连接时，在系统运行的 DECnet 网络软件之外增加一层协议转换的软件，它的作用也是实现 DECnet 和 TCP/IP 的协议转换。

Internet 各成员网络内部以及网络之间在进行通信时，除采用 TCP 和 IP 协议之外，还要采用各种其他协议，如在传输层和网络层之下的数据链路层和物理链路层，不同的网络可能用不同的协议完成实际的信息交换。例如，在这两层常用的有 Ethernet（以太网），Token Ring（令牌环）等协议。Internet 在传输层和网络层之上的各个高层，使用了许多和应用领域有关的协议。对于 Internet 的所有高层，统称为应用层或应用服务层。

人们习惯把 Internet 的通信协议笼统地称为 TCP/IP 协议，也有人把 Internet 称为 TCP/IP 网或 TCP/IP Internet 网。在这种意义下，Internet 的 TCP/IP 协议可以说是基于四层模型的协议，即应用层、传输层、网络层和网络访问层。网络访问层又分为网络接口层（即数据链路层）和最基础的物理链路层。所以，也可以说 Internet 协议是基于五层模型的协议，如图 2－31 所示。

| | |
|---|---|
| 应用层协议 | Application（应用） |
| TCP/用户数据报协议 | Transfer（传输） |
| IP/Internet 控制报文协议 | Internet（网络） |
| 数据链路层协议 | Data Link（数据链路） |
| 物理链路层协议 | Physics Link（物理链路） |

**图 2－31　Internet 的网络协议模型**

Internet 在用户应用程序级别上遵守的所有协议都属于应用层协议。如文件传输协议 FTP（File Transfer Protocol），简单邮件传输协议 SMTP（Simple Mail Transfer Protocol）、远程连接协议 Telnet（Telnet Protocol），以及 WWW 系统使用的超文本传输协议 HTTP（Hyper Text Transfer Protocol）等都是常用的应用层协议。

### 三、Internet 的网络地址和域名

在 Internet 中为了定位每一台计算机，需要给每台计算机分配或指定一个确定的“地址”，其称为 Internet 的网络地址。

Internet 的网络地址是指连入 Internet 的结点计算机的网络互联地址（称为 IP 地址）。IP 地址是包含 4 个字节，共 32 位的二进制数，它逻辑上分成两个部分：一部分标识主机所属的网络（网络标识），另一部分标识主机本身（主机标识）（见图 2－32）。

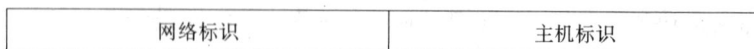

| 网络标识 | 主机标识 |
|---|---|

**图 2－32　IP 地址的结构**

常见的 IP 地址分为 A、B、C 三类，与它对应的网络有时被称为 A 类、B 类、C 类网络。

A 类网络用第一组数字（即第一个字节）标识网络本身，后面三组数字作为连接于网络上的主机的地址，并且规定第一个字节的第一位必须为 0，其结构为：

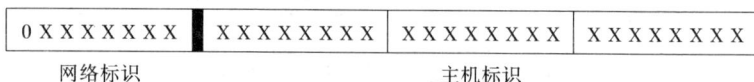

| 0XXXXXXX | XXXXXXXX | XXXXXXXX | XXXXXXXX |
|---|---|---|---|
| 网络标识 | 主机标识 | | |

**图 2－33　A 类 IP 地址结构**

A 类 IP 地址一般分配给国家级网络。

B类网络用第一、二组数字表示网络的地址，后面两组数字代表网络上的主机地址，且第一个字节的前两位为10（见图2－34）。

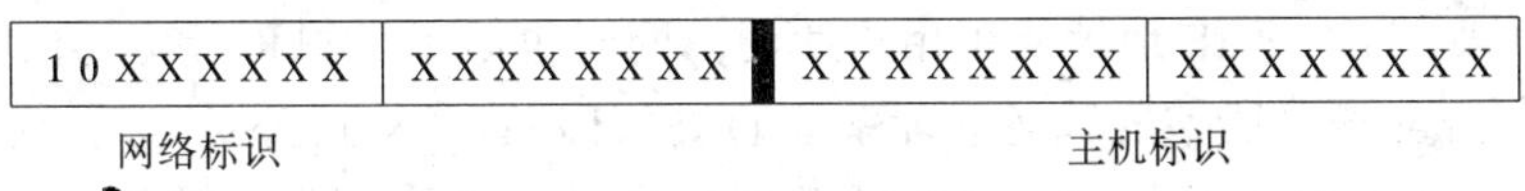


**图2－34　B类IP地址结构**

B类地址一般分配给大型网络，如跨国公司的大型网络。

C类网络用前三组数字表示网络的地址，最后一组数字作为网络上的主机地址，且第一个字节的前三位为110（见图2－35）。C类地址分配给小型网络，如大量的局域网和校园网。

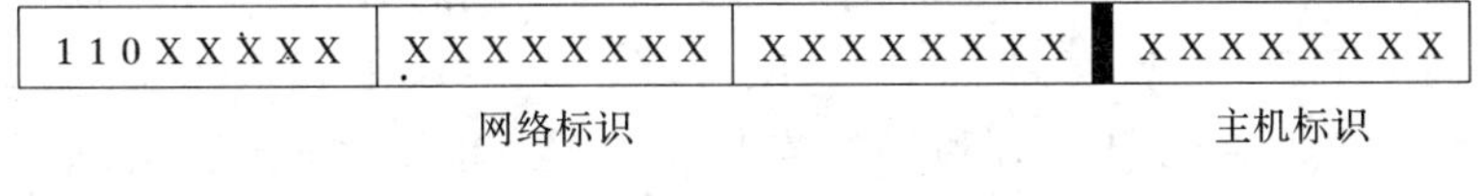


**图2－35　C类IP地址结构**

为了方便起见，IP地址一般用圆点隔开的4个十进制数表示，如某个C类IP地址为：192.168.0.81，其中每个十进制数都是0～255间的整数。

与IP地址有关的另一个术语为子网掩码，其结构与IP地址一样，也由4个字节的32位二进制数组成，一般也用由圆点隔开的4个十进制数表示。在同一个子网中子网掩码相同，它的作用是能够帮助我们方便地获得某台计算机所处的网络标识和主机标识。

设b为某一子网的子网掩码，a为该子网的某台计算机的IP地址（这里a，b分别为32位的二进制数）。a与b的关系为：

①$a \wedge b$ 为该子网的网络标识。

②$a \wedge \overline{b}$为该台计算机的主机标识。

实际上，对于 A，B，C 类网络来讲，它们最简单的子网掩码分别为：255.0.0.0，255.255.0.0，255.255.255.0。

为了使 IP 地址便于用户使用，同时也易于维护和管理，Internet 通过所谓的域名管理系统 DNS（Domain Name System）对每一个 IP 地址指定一个（或几个）容易识别的名称，该名称就是域名。通过这个域名与 IP 地址的对照表可比较直观、容易记忆地识别网络上的计算机。

DNS 用分层的命名方法，对网络上的每台计算机赋予一个直观的惟一性域名，其结构如下：

计算机名 . 组织机构名 . 网络名 . 最高层域名

最高层域名代表建立网络的部门、机构或网络所隶属的国家、地区。例如，常见的网络名或最高层域名有 EDU（教育机构）、GOV（政府部门）、MIL（军队）、COM（商业系统）、NET（网络信息中心和网络操作中心）、ORG（非营利组织）、INT（国际上的组织）、AU（澳大利亚）、CN（中国）、UK（英国），等等。

例如，IP 地址 202.204.60.11 对应的域名 WWW. USTB. EDU. CN 为中国（CN）教育网（EDU）上北京科技大学（USTB）的一台名为 WWW 的计算机，它实际上是北京科技大学校园网的 WWW 服务器。

**四、Internet 的基本功能**

我们通过 Internet 可获得各式各样的服务，这些服务都是通过 Internet 的基本功能来实现的。一般认为，Internet 的基本功能有：网络通信、计算机远程登录、文件传输和网络信息服务。

（一）网络通信

在 Internet 上，电子邮件（E－mail）系统是使用非常方便和用户最多的网络通信工具。E-mail 已成为备受欢迎的通信方式。你可以通过 E-mail 系统同世界上任何地方的朋友交换电子邮件，只要对方也是 Internet 的用户，或者是同 Internet 相连的其他网络上的电子邮件用户。

如果你是 Internet 的用户，在你使用的计算机系统账号下设有一个电子邮箱，用来接收所有发给你的邮件。当你登录进入系统后，第一件事通常是检查邮箱中新到的邮件，以及做出必要的处理。

Internet 为用户提供完善的电子邮件传递与管理服务。

基于电子邮件服务，在 Internet 上还可以建立各种专题兴趣讨论小组，用户可以寻求兴趣相投的人们通过电子邮件互相讨论共同关心的问题。当你加入一个小组后，可以收到其中任何人发出的信息，自然你也可以把信息发送给小组的每个成员。

(二) 远程登录

远程登录是通过 Internet 进入和使用远距离的计算机系统，就像使用本地计算机一样。远端的计算机可以在同一间屋子里或同一校园内，也可以在数千公里之外的其他地方。

远程登录使用的工具是 Telnet，它在接到远程登录的请求后，就试图把你所在的计算机同远端计算机连接起来。一旦连通，你的计算机就成为远端计算机的终端。你通过远程登录的方式进入远端计算机系统后，就可以执行操作命令，提交作业，使用系统资源。在完成操作任务以后，通过注销（logout）退出远端计算机系统，同时也退出 Telnet，回到本地系统。

Telnet 的使用方法为，在命令行下键入：telnet 202.204.60.8↙（这里 202.204.60.8 是你要登录的计算机的 IP 地址）。系统会询问用户名（Username）和口令（Password），如果回答正确，你的计算机实际上就成了远端计算机（上例中 IP 地址是 202.204.60.8 的计算机）的终端了。如果你登录的用户对远端计算机来说有足够的权限，那么你甚至可以对远端计算机进行一些危险的操作，如删除远端计算机上的某些重要文件等。

（三）文件传输

在科学技术交流中，经常需要传输大量的数据。这也是Internet使用初期的主要用途之一。用Internet传输实验与观测数据、科技文献、数据处理和科学计算软件，是对外进行科技合作与交流的重要手段。

FTP是Internet上最早使用的文件传输程序。它同Telnet一样，使用户能够登录到Internet的一台远程计算机，把其中的文件传送回自己的计算机系统，或者反过来，把本地计算机上的文件传送到远方的计算机系统。

FTP与Telnet的不同之处在于，Telnet把用户的计算机模拟成远端计算机的一台终端，用户在完成远程登录后，具有远端计算机上的本地用户一样的权限。然而FTP没有给予用户这种地位，它只允许用户对远端计算机上的文件进行有限的操作，包括查看文件、交换文件以及改变文件目录等。

FTP的使用方式为：ftp 202.204.60.8↙

这时系统会询问用户名和口令。输入正确用户名和口令后，即可在FTP命令符下使用FTP的子命令进行文件传输操作了。如put a.txt是把本地当前目录下的名为a.txt的文件传送到IP地址为202.204.60.8的计算机的当前子目录。而get b.txt是将远端计算机当前子目录下名为b.txt的文件取到本地计算机的当前子目录下。

用FTP传输文件，用户事先应在远端系统注册。不过Internet上有许多FTP服务器允许用户以“anonymous”（隐名）为用户名和以电子邮件地址为口令进行连接。这种FTP服务器为未注册用户设定特别的子目录，其中的内容对访问者完全开放。

（四）网络信息服务

网络信息服务是 Internet 独具特色和最富有吸引力的功能。信息服务包含信息查询服务（即我们常说的上网浏览）以及信息资源发布服务。

在 Internet 上开发了许多信息查询工具，例如，WWW 浏览器（后面将具体介绍其工作原理）、Gopher 等。这些工具一般都有友好的用户界面，使用非常方便。

Internet 是人们索取信息的场所，也就是发布和储存信息的地方。Internet 的信息被分布在各种信息服务器上。过去，Internet 信息资源的开发与提供，主要由专门的机构和人员去完成。随着 Internet 的普遍使用和开始商业应用，发布与提供信息同检索信息一样，也成为一种用户需求，这种服务由一定的工具支持。

Gopher 是菜单式的信息查询系统，提供面向文本的信息查询服务。有的 Gopher 也具有图形接口，在屏幕上显示图标与图像。Gopher 服务器对用户提供树型结构的菜单索引，引导用户查询信息，不过现在 Gopher 这种字符界面的查询工具已很少有人使用了。

**五、Internet 的用户与连接**

如果你的计算机是孤立的系统，或者是在同 Internet 没有连接关系的网络上，首先需要将你的计算机同 Internet 连接，才能使你进入 Internet 并享受 Internet 的服务。

在 Internet 中，用户主要有如下两种类型：

1. 最终用户。最终用户可使用各种 Internet 服务，一般称为上网用户。

2. Internet 服务商（ISP）。ISP 通过高档计算机系统和通讯设施与 Internet 相连，为最终用户提供多种 Internet 服务，收取服务费用。如 ChinaNet 就是一个比较大的 ISP。有些公司连入

ChinaNet，成为规模较小的 ISP，如 Fhnet。

无论是单位还是个人用户，要连入 Internet，必须选择 ISP。根据需要，用户可以单机或以局域网的方式连入 Internet。

另外，无论是以单机还是以局域网方式连入 Internet，由于其使用的线路不同可以分为：①通过普通电话线用 Modem 连入 Internet；②通过 ISDN 或 ASDL 连入 Internet；③通过其他专线（如 X.25，DDN 等）连入 Internet。

图 2－36 是通过普通电话线用 Modem 拨号上网的方式：

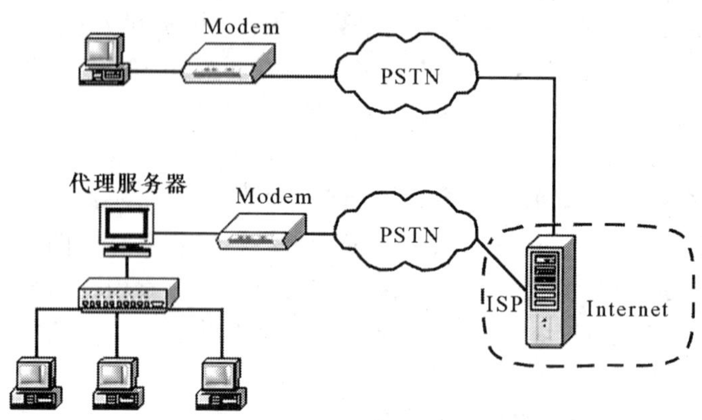


图 2－36　普通电话拨号将单个计算机或局域网连入 Internet 示意图

## 六、全球网络信息发布与查询系统

由于 Internet 将数量如此巨大的计算机及用户连接在一起，它便很自然地成为一种交流信息的方便手段，在 Internet 上先后出现了许多信息查询的工具。

基于 Internet 建立的全球网络信息发布与查询系统称为 WWW（World－Wide Web）系统，可译为“环球网”，或音译为“万维网”。

WWW 系统由信息发布和信息查询两大部分组成。

WWW 系统的信息发布通过 Internet 的 WWW 服务器完成，它是 Internet 上的信息资源和服务的提供者。一个 WWW 服务器在物理上是一台主机系统以及在它之上运行的服务器软件和可供用户访问的数据的总和。数据的管理、操纵以及对数据的查询服务，是在服务器软件支持下完成的。例如，北京科技大学的 WWW 系统服务器，安装了 WWW 服务器软件，存入了一些有关我校介绍、专业设置等信息，可供世界各处的用户访问。

在 WWW 系统中，用户查询信息时借助一个被称为浏览器 (Browser) 的客户端程序，现在常用的有微软公司的 IE 和网景公司的 Netscape。WWW 的客户程序和服务器程序之间通过超文本传输协议 HTTP（Hyper Text Transfer Protocol）进行通信。HTTP 提供的功能包括实现客户机同 WWW 服务器的连接，发出带文件名的访问请求，接收文件，以及关闭连接等。

为了能使客户程序找到全 Internet 范围内的某种信息资源，WWW 系统使用称为“统一资源定位器（Uniform Resource Locator —URL)”的一种地址标准（俗称网址)，客户程序就是凭借 URL 找到相应的服务器并与之建立联系和获得信息的。

服务器提供的信息一般是超文本标识语言 HTML（Hyper Text Markup Language）写成的信息文件（一般以 . htm 或 . html 为文件扩展名)，有时也称为 WWW 网页或 Web 网页。

由于 HTML 是一种统一的标准语言，不管服务器程序如何不同，或服务器所在结点机的操作系统如何不同，HTML 文件提供的信息最终都能由客户程序所解释和显示。

WWW 系统可查询的信息，不仅包括用 HTML 语言写成的文件，也包括其他已经存在的某种格式的信息，如由 FTP 服务器提供的信息文件，或现成的数据库。

WWW的基本技术是超文本，它可使您从同一文档的某一位置跳转到另一个位置，或者完全跳转到另一个文档，甚至跳转到驻留在数万里以外的某个服务器上的文档中。由于图像也可以用于链接到其他文档，所以“超文本”这个术语在大部分情况下已被“超级链接”的说法所替代。单击超级链接时，实际上激活的是一系列交互操作，单击动作所产生的请求（其作用和在浏览器地址栏内键入相应的URL是一样的），将被发往该Web页所在的服务器。如果您通过拨号访问Internet，您的访问请求通过连接线路（如电话线或ISDN线路）从您的计算机传送给Internet服务提供商，从那里再通过Internet到达超级链接（或URL）指向的远程服务器，远程服务器处理该请求并做出适当的答复，该答复通常沿原路径返回，最终通过浏览器显示在您的计算机屏幕上。

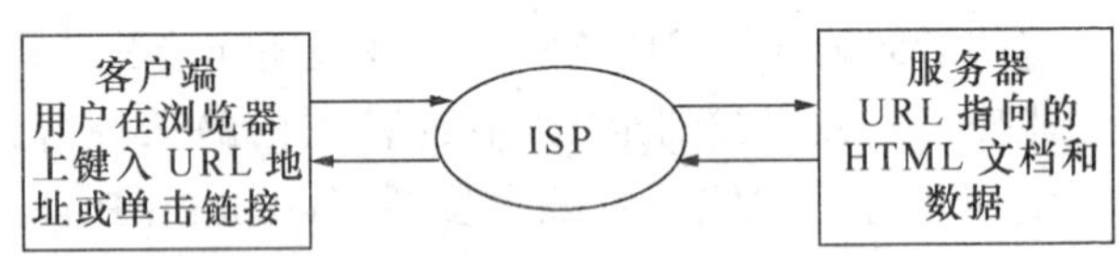


**图2-37　用户使用WWW系统的工作原理**

## 七、统一资源定位器（网址）

统一资源定位器（Uniform Resource Locator—URL）是一种地址寻址方式。对于每个服务器的信息资源，规定一个相应的地址（俗称“网址”），它就是URL。

我们不妨把URL理解为网络信息资源的定位标识，它是计算机系统文件名概念在网络环境下的扩展。用这种方式标识信息资源时，不仅要指明信息文件所在的目录和文件名本身，而且要指明它存在于网络上的哪一个结点计算机，以及它可以通过何种方式进行访问等。

URL 有两种类型：绝对 URL 和相对 URL。

（一）绝对 URL

绝对 URL 指明网络信息资源所在的绝对位置，它的句法为：

access－method：//server－name［：port］/directory/file－name

其中：第一字段 access－method 指定信息服务的提供或访问方式。在 WWW 系统中，最普遍采用的方式是执行 HTTP 协议。除 HTTP 以外，这个字段可能的取值包括 file，FTP，Gopher，Telnet 等，分别表示相应的服务方式。

在"：//"之后的第二字段 server－name 是服务器所在网络结点在 Internet 上的域名或 IP 地址。

第三字段［：port］指明所用服务的端口号，用数字标识。不同的端口号代表不同种类的服务。［　］表示端口号是可选择项，如果缺省，表示使用与相应服务方式对应的标准端口号。几种常用服务方式的标准端口号为：

| 服务方式 | 标准（缺省）端口号 |
|---|---|
| FTP | 21 |
| Telnet | 23 |
| Gopher | 70 |
| HTTP | 80 |

服务器的管理员可以指定不同于缺省值的端口号，表示在同一种服务方式下的某种特殊的服务。在［：port］之后的字段是标准的包括完全路径在内的文件名。下面是 URL 的一个例子：

http：//www．ihep．ac．cn/china．html

该 URL 表示采用 HTTP 协议，信息资源存放于服务器域名为 www．ihep．ac．cn 的计算机上，这是中国科学院高能物理研究所计算机网上的一台计算机，信息文件名为 china. html，它提供服务时使用缺省端口号，缺省值等于 80。

(二) 相对 URL

相对 URL 指明网络信息资源所在服务器的相对位置。当客户正在阅读位于网络服务器上的某个文件（例如，http：//www. yoyodyne. com/pub/nfile. html）时，可以使用相对 URL 来指向位于同一目录下的另外一个文件。相对 URL 也称为部分 URL。如果用户访问上面的文件后，接着访问 http：//www. yoyodyne. com/pub/之下的另外一个文件 anotherfile. html，则不必使用 http：//www. yoyodyne. com/pub/anotherfile. html，只需给出 anotherfile. html 即可。

相对 URL 为存放一组相关文件提供了一种便利的手段，即把它们置于同一个服务器的公共目录之下。在一个文件被访问后接着访问另一个文件时，只需用文件名做 URL。

对于本地的信息源来说，全部采用相对 URL 是合适的，这样做的好处是在把服务器上的信息全部移到另一台服务器时，不需要对每个 URL 进行修改，对移植工作十分方便。

**八、超文本标识语言**（HTML）

本小节对超文本标识语言 HTML（Hyper Text Markup Language）做一简单介绍。

所有 WWW 的信息文件都用 HTML 这种格式语言写成。用 HTML 标签语言写成的 ASCII 文本，在 UNIX 系统上，一般以 . html为扩展名，在 Windows 系统上一般以.htm为扩展名。

表 2－2 是一个使用 HTML 语言编写的信息文件（为下文描述方便，在代码前加注行号，行号并非 HTML 语言内容）。

**表 2－2　　HTML 信息文件示例**

| 行号 | HTML 代码 | 注解 |
|---|---|---|
| 1 | <html> | |
| 2 | <head> | |
| 3 | <title>北京科技大学</title> | 标题栏 |
| 4 | </head> | |
| 5 | <body bgcolor=“#FFFFFF” > | |
| 6 | <div id=“Layer1” style=“position:absolute; | |
| 7 | Left:175px;top:10px;width:600px;height:90px;z-index:“2”> | |
| 8 | <table width=“590” border=“0” height=“90” cellpadding=“0” cellspacing=“0”> | |
| 9 | <tr> | |
| 10 | <td colspan=“2” height=“20” > <font size = 2> | |
| 11 | <div align=“center”> | |
| 12 | <a href=“index.htm”>首页</a> <a href=“xxgk.htm”>学校概况</a> | |
| 13 | <a href=“xsgz.htm”>学生工作</a> <a href=“jyzd.htm”>就业指导</a> | 窗口顶端导航栏 |
| 14 | <a href=“xxhj.htm”>信息环境</a> <a href=“zsxx.htm”>招生信息</a> | |
| 15 | <a href=“xydt.htm”>校园 BBS</a> <a href=“yxsz.htm”>院系设置</a></div> | |
| 16 | </font></td></tr> | |
| 17 | <tr> | |
| 18 | <td width=“500”> <div align=“center”> | |
| 19 | <img src=“images/title.jpg” width=“468” height=“60”></div> </td> | |
| 20 | <td width=“100”><font size = 2> <div align=“left”> | 窗口上部图片标题 |
| 21 | <img src=“images/new.gif” width=“28” height=“14”> | |
| 22 | <a href=“http://www.ustb.edu.cn/zyzt.htm”>重要通知</a><br><br></div> | |
| 23 | </td></tr> | |
| 24 | <tr><td><br></td></tr> | |
| 25 | <tr bgcolor=“#99CCFF”><td height=“5” colspan=“3”></td></tr> | |
| 26 | <tr bgcolor=“#ddeeFF”><td height=“5” colspan=“3”></td></tr> | 窗口中间蓝色水平分隔带 |
| 27 | <tr bgcolor=“#99CCFF”><td height=“10” colspan=“3”></td></tr> | |
| 28 | <tr bgcolor=“#ddeeFF”><td height=“20” colspan=“3”></td></tr> | |
| 29 | </table> | |
| 30 | </div> | |
| 31 | <div id=“Layer2” style=“position:absolute; | |
| 32 | Left:15px;top:25px;width:150px;height:370px;z-index:1;overflow:hidden”> | |
| 33 | <table width=“150” cellspacing=“0” cellpadding=“0” height=“270”> | |
| 34 | <tr><td width=“150” rowspan=“2”> <div align=“center”> | |
| 35 | <img src=“images/logo.gif” border=“0”usemap=“#Map”><map name=“Map”> | 窗口左边上部链接地图 |
| 36 | <area shape=“rect” coords=“1,41,119,59” href=“/english/index.htm”></map> | |
| 37 | </div> </td><tr> | |
| 38 | <tr><td><br></td></tr> | |
| 39 | <tr><td height=“30” bgcolor=“#99CCFF” width=“130”> <b> | |
| 40 | <div align=“center”><font color=“#660000” size= 2>学 校 概 况</font></div> | |
| 41 | </b> </td></tr> | |
| 42 | <tr><td colspan=“2” bgcolor=“#eeeFF”> <font size = 2> | |

续表

| HTML 代码 | 注解 |
|---|---|
| <p style=“line - height: 150%” align=“center”> | |
| <a href=“http://www.ustb.edu.cn/xiaoban/introduction.htm”>学校简介</a><br> | 窗口左边导航栏 |
| <a href=“http://www.ustb.edu.cn/xiaoban/everleader.htm”>领导简介</a><br> | |
| <a href=“http://www.ustb.edu.cn/renshi/yshindex.htm”>院士简介</a><br> | |
| <a href=“http://www.ustb.edu.cn/xzjg.htm”>机构设置</a><br> | |
| <a href=“http://www.ustb.edu.cn/xiaoban/cooperation.htm”>国际合作</a><br> | |
| <a href=“http://www.ustb.edu.cn/xiaoban/history.htm”>历史沿革</a><br> | |
| <a href=“http://www.ustb.edu.cn/xiaoban/schoolfellow.htm”>学子风采</a><br> | |
| <a href=“http://www.ustb.edu.cn/yjsy/yjsjyxsjg.htm”>学术机构</a><br> | |
| <a href=“http://www.ustb.edu.cn/xiaoban/contacttable.htm”>校友总会</a><br> | |
| <a href=“http://www.ustb.edu.cn/xiaoban/workphone.htm”>办公电话</a></p> | |
| </font> </td></tr> | |
| </table> | |
| </div> | |
| <div id=“Layer3” style = “ position: absolute; left:230px; top:150px; width:460px; | |
| Height:280px; z - index:11”> | |
| <table width=“500” border=“0” height=“160” cellpadding=“0” cellspacing=“0”> | |
| <tr> | |
| <td width=“220”> <div align = “left”> | 窗口中间两张大图片 |
| <img src=“images/ustb.jpg” width=“200” height=“150”></div></td> | |
| <td width=“220”> <div align=“right”> | |
| <img src=“images/birdview.jpg” width=“200” height=“150”></div></td> | |
| </tr> | |
| </table> | |
| <table> | |
| <tr> <td width = “30”> </td> | |
| <td width = “410”><p><font size = 2> | |
| 北京科技大学(原北京钢铁学院)于 1952 年由北洋大学等 5 所国内 | 窗口底部简介文字段 |
| 著名大学的部分系科组建而成,现已发展成为工、理、管、文相结合的 | |
| 多科性的全国重点大学,是全国正式成立研究生院的 33 所高等学校之一。 | |
| 1997 年 5 月首批进入国家“211 工程”建设。</font> </p> | |
| </td></tr></table> | |
| </div> | |
| <div id=“Layer4” style=“position:absolute; | |
| Left:15px;top:390px; width:750px; height:40px; z - index:10”> | |
| <table width=“750” cellspacing=“0” cellpadding=“0” height=“40” border=“0”> | |
| <tr bgcolor=“#99CCFF”> | 窗口底部导航栏 |
| <td height=“20”><font size=2> <div align=“center”> | |
| <a href=“index.htm”>首页</a> <a href=“xxgk.htm”>学校概况</a> | |
| <a href=“xsgz.htm”>学生工作</a> <a href=“jyzd.htm”>就业指导</a> | |
| <a href=“xxhj.htm”>信息环境</a> <a href=“zsxx.htm”>招生信息</a> | |
| <a href=“xydt.htm”>校园 BBS</a> <a href=“yxsz.htm”>院系设置</a></div> | |
| </font> </td> | |
| </tr> | |
| <tr> <td height=“20”> | 窗口 |

续表

| HTML 代码 | 注解 |
|---|---|
| <div align="center"> <font color="#666666" size = 2><b> | 底部 |
| <a href="mailto:xuanchuan@ustb.edu.cn">E-Mail:xuanchuan@ustb.edu.cn</a> | E-mail |
| 北京科技大学 2001.12</b></font></div> | 栏 |
| </td></tr> | |
| </table> | |
| </div> | |
| </body> | |
| </html> | |

用 HTML 格式写成的信息文件（有时称为网页）被存放在 WWW 服务器上供 Internet 的用户通过网址访问查询。上述这段 HTML 文件代码在浏览器上的显示结果为：

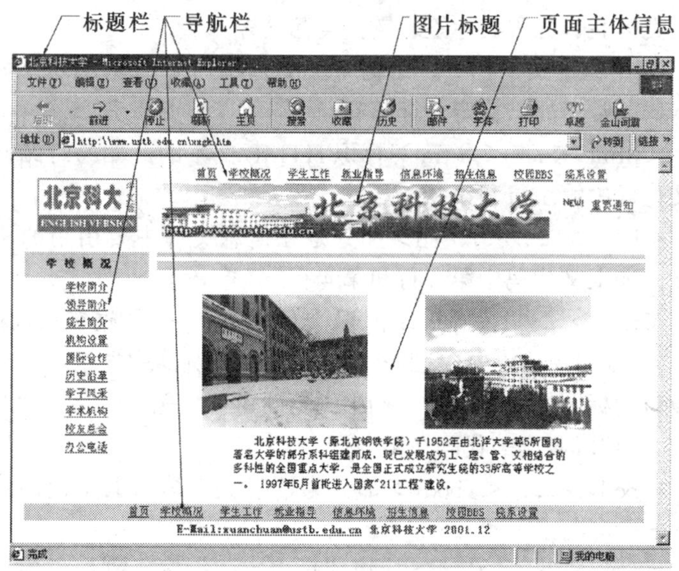


**图 2-38　HTML 文件显示效果图**

HTML 文件的结构一般为：

```
<html>
  <head>
      Head Elements
  </head>
  <body>
      Body Elements and Contents
  </body>
</html>
```

HTML 用 tag（标签）指明信息对象的类别，标签一般成对出现，分别以< >和</ >形式起始和终结，首尾呼应，允许嵌套，大小写不区分。HTML 的标签种类很多，大致可分为结构定义类标签、外观类标签、链接类标签等。

1. 结构定义类标签。结构定义类标签用于标识及划分页面的结构，常用的结构定义标签有：

<html>... </html>标识 HTML 文本的开始与终结，如上文代码中第 1 行和第 95 行。

<head>... </head>部分是在信息文件中要引用的格式定义，如上文代码中第 2 行和第 4 行。

<title>... </title>标识文件主题（必须放在<head>... </head>区块内），当该信息文件在浏览器中显示时，表现为窗口的标题栏文字。如上例中浏览器窗口标题栏文字为“北京科技大学”，对应的代码在第 3 行。

<body>... </body>部分为信息文件体，上文代码例中从第 5～94 行。

<h * >... </h * >标识信息内容的标题级别，* 为标题的级别号，取值可从 1～6。

2. 外观类标签。外观类标签是 HTML 中最常用的、也是最多的一类标签，它的作用是定义或改变页面中文字、图片、表格

等可显示对象的属性，比如，段落的布局安排，文本的字体、字号、颜色，图片的大小、位置、外框等。常用的外观相关标签有：

<p>... </p>定义一个段落，如上文代码中最后关于北京科技大学的概括性描述即被设置为一段（第69～73行）。

<b>... </b>的作用是使字体加粗，如示例窗口中最后一行的E-mail地址（代码第88～90行）。

<font size= * >... </font>用来定义字体的大小，*可从1～7，如上文示例代码中第80、10、42、69等行。

<font color= "# * * * * * *" >... </font>用来定义字体的颜色，* * * * * *是以RGB方式描述的颜色号，如上文示例代码中第88、40等行。

<img src= "* * ... *"> 指定显示图形，* * ... *为图形文件所在的位置。如上文示例效果图中窗口上部"重要通知"左边带有"北京科技大学"和"new"字样的图片分别是代码第19行和第21行的运行结果。

<img src= "* * ... *" align = top|bottom|middle|left|right> 指定图形对齐方式。上文示例中在窗口中间显示两张大照片的代码分别在第62行和第64行，其中一张图片左对齐，另一张图片右对齐。

<table>... </table>标识一个表格的开始和结束，表格数据和布局内容就包含在这两个标记之间。

<tr>... </tr>标识一个表格行，表格行中所有的内容都必须位于其间。一个行可由一个单元格或多个单元格组成。

<td>... </td>用于在表格中定义单元格。它必须位于<tr>和</tr>标识之间。

<div>... </div>定义一个分层（Layer）。分层实质上是网页内容的容器，它最主要的特点是可在网页内容之上（或之

下）浮动且可嵌套，故可实现精确定位。在上例中，整个网页被定义在四个大的分层中：第6～30行为“Layer1”，容纳窗口上部导航栏、图片标题及水平分隔带；第31～56行为“Layer2”，容纳了窗口左侧图片和导航栏；第57～75行为“Layer3”，容纳了页面主体信息内容；第76～93行为“Layer4”，容纳了页面底部导航栏及E－mail信息栏。

3. 链接标签。链接标签的结构为：＜a href＝“＊＊... ＊”＞... ＜/a＞。

链接标签定义一个链接，其中＊＊... ＊为目标地址URL，既可以是绝对URL（如上文示例代码中第44～53行），也可以是相对URL（如上文示例代码中第81～84行和第12～15行）。用户点击该链接的作用就和我们直接在浏览器地址栏内输入相应的URL一样。

链接标签内＊＊... ＊也可是一个E－mail地址，这样当用户在点击此链接时，浏览器将激活指定的邮件程序并建立发往该地址的邮件。如上例中，当用户点击窗口最下一行的E－mail地址时，将弹出系统指定的邮件程序新建邮件窗口，收件人处会自动填上“xuanchuan@ustb. edu. cn”，相应的代码见第89行。

另外，图片定义标签＜img src＝“＊＊... ＊”usemap＝“＃＃... ＃”＞和地图定义标签＜map name＝“＃＃... ＃”＞... ＜/map＞结合使用允许用户点击一张图的不同区域时指向不同的链接，故在HTML中形象地称其为“地图”。其中＊＊... ＊为要显示的图片的URL，＃＃... ＃为“地图”的名称。例如，代码＜img src＝“images/logo. gif”border＝“0”usemap＝“＃Map”＞定义了一个图片并在该图片上应用地图“Map”，而代码＜map name＝“Map”＞＜area shape＝“rect”coords＝“1，41，119，59”href＝“/english/ index. htm”＞＜/map＞给出了此地图的定义（上文代码第35、36行）。这两

段代码的显示结果就是：当用户在图片“images/logo. gif”的矩形区域“1，41，119，59”（表示矩形区域左上、右下两点的坐标）内点击时将链接到地址：/english/index. htm。

HTML 丰富的标签定义功能远不止这些，感兴趣的读者请参阅有关书籍。

另外需要指出的是，浏览器显示一个完整的主页，仅有 HTML 代码文件是不够的，还需要一些资源文件（如图片、动画、声音）的支持。为了便于管理，这些资源文件一般分门别类存放在不同的文件夹中（这些文件夹有时可能存放在远在千里之外的某台计算机上！），以供浏览器读取。

在上例中，所有需用到的图片均存放在该信息文件所在目录下 images 子目录中（见图 2－39）。

**图 2－39　images 子目录下图片及文件名称**

HTML 格式的信息文件可以简单地用一般的文字编辑工具来编写，但不具备直观性且难以修改。现在已经有了许多可视化的网页编辑制作工具，如 Frontpage、DreamWeaver 等，它们都提供了对 HTML 文件（WWW 页面）的图形化编辑、修改功能，能很方便、直观地建立、修改和维护 HTML 文档及其所需的资源文件。

# 第六节 Intranet

## 一、传统的企业网络与 Intranet

在短短的几年时间里，Internet 技术已发展为以 TCP/IP 和 WWW 技术为核心的信息技术。基于该技术，通过一个浏览器就可以方便地获取遍布全球的资源。而且浏览器的使用简单易学，一般只需要半个小时的培训就可以学会了。

十几年前，许多机构（或企业）在解决本单位的网络应用问题时不得不解决不同类型计算机的连接难题。人们从 Internet 的巨大成功中看到了一种全新的希望，将 Internet 技术引入企业内部网络，这样就产生了 Intranet。

可以说，Intranet 是基于 Internet 标准和协议的技术，或者说用这种技术组建的局域网和广域网就是 Intranet。Intranet 主要运行于企业内部，也可以连接到 Internet，并通过防火墙保护 Intranet。

Intranet 是在传统企业网络的基础上引入 Internet 技术发展起来的，与传统网络相比，它具有如下优点：

1. Intranet 的浏览器/服务器机制，改进了传统的客户机/服务器机制，极大地方便了用户操作（见图 2-40）。

2. Intranet 不仅可进行数据库服务，还实现了其他应用，如电子邮件、文件传输、远程登录、电子公告板等。

3. Intranet 组建容易，管理方便。在传统网络（见图 2-41）上组建 Intranet 只需增加 TCP/IP 协议，Web 服务器和浏览器软件。而 Web 服务器软件（如常用的 Internet Information Server—IIS）也很容易获得，Windows NT 中就集成了 IIS，而微软的浏览器软件 IE 是免费的。

如果将 Intranet 连入 Internet，一般还需增加防火墙和代理

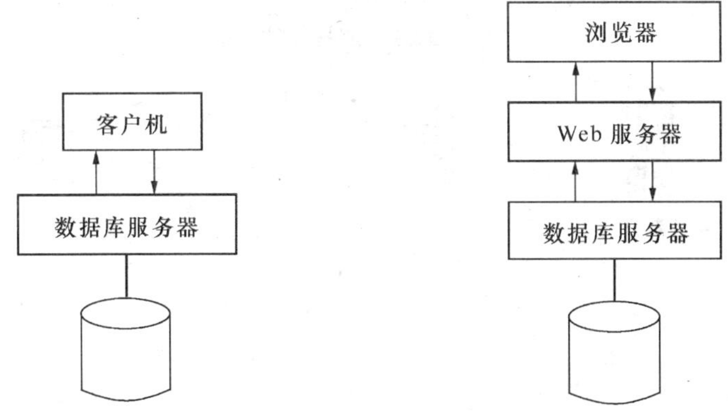


**图 2-40　传统企业网络与 Intranet 的服务机制对比**

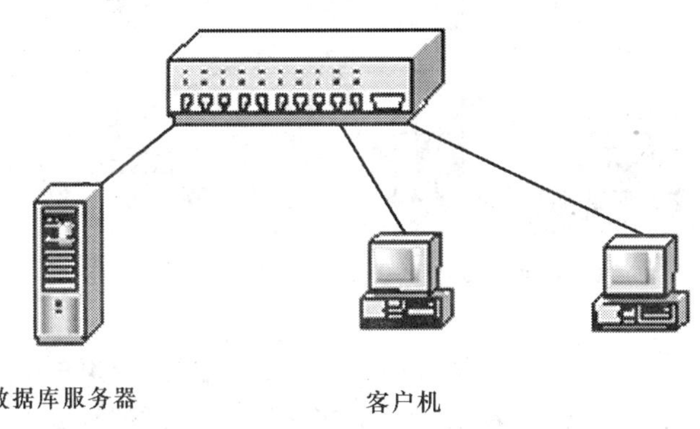


**图 2-41　传统企业网络示意图**

服务器。这样连入Internet的Intranet（见图2-43）一般由下列组件构成：①计算机网络设施；②支持 TCP/IP 协议的操作系统；③Intranet 服务器（Web 服务器）；④数据库服务器；⑤防火墙和代理服务器。

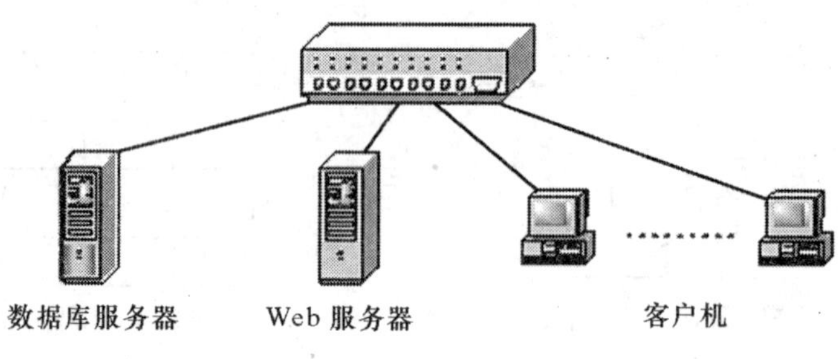


**图 2-42　Intranet 示意图**

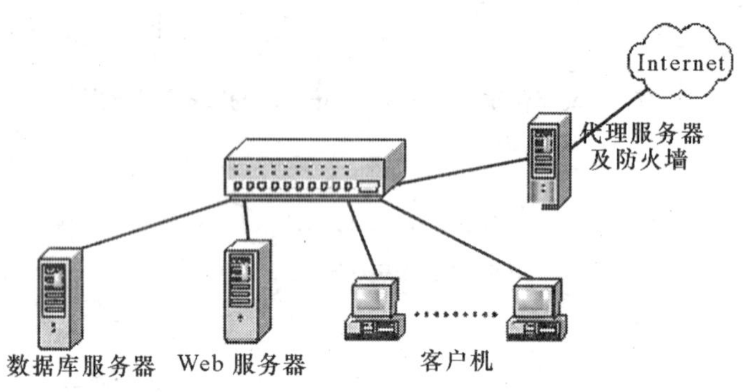


**图 2-43　连入 Internet 的 Intranet 组成**

在连入 Internet 的 Intranet 中，客户机上的用户通过浏览器启动并运行放在Web 服务器上的企业应用，（如有必要通过公共网关接口（Common Gateway Interface—CGI）或其他方式操纵数据库服务器上的企业数据）完成企业管理工作。客户机上的用户也可应用浏览器通过代理服务器访问 Internet 上的其他服务器，享受 Internet 的各种服务（如电子邮件、信息浏览等）。

**二、两种典型的 Intranet 方案**

组建 Intranet 之前，一般要先根据企业的具体需求进行科学规划。为了建立一种直观的认识，我们这里给出两种典型的 Intranet 方案，它们分别适用于规模较大的企业和规模较小的企业，因此，分别被称为企业级和工作组级的 Intranet 方案。

(一) 企业级的 Intranet

企业级的 Intranet 一般有如下配置：

1. 数据库服务器：采用 Oracle，Sybase，DB2，SQL Server 等。

2. 服务器操作系统：Windows NT Server。

3. 客户机操作系统：Windows NT Workstation 或 Windows9X。

4. Web 服务器：IIS3.0。

5. Web 浏览器：IE4.0。

6. 防火墙 (Firewall)。

7. 代理服务器：Proxy Server。

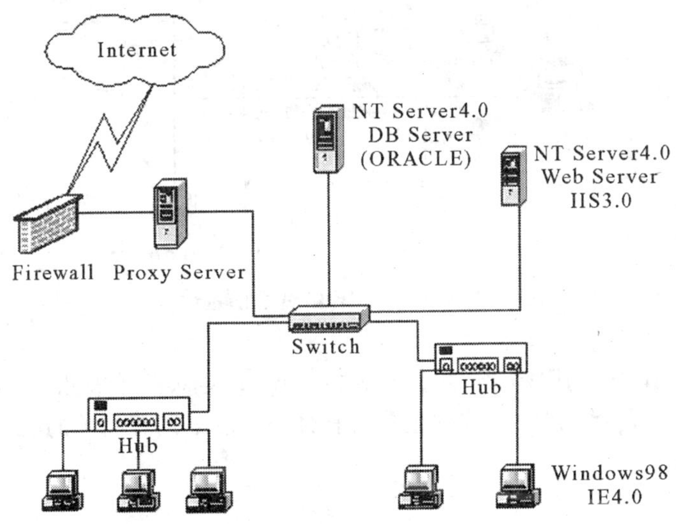


**图 2-44 企业级 Intranet 的配置示意图**

图2－44为企业级Intranet的配置示意图。企业级Intranet应对网络的效率和安全性给予充分考虑。在选择硬件设备和软件平台时，投资相对较大。除了选用高性能的服务器外，一般还需要配上专用防火墙。

（二）工作组级的Intranet

工作组级的Intranet一般配置为：

1. 各服务器和客户机的操作系统：Windows 9X。

2. Web服务器：Personal Web Server。

3. Web浏览器：IE4.0。

4. 代理服务器：WinGate4.0。

工作组级Intranet的配置如图2－45所示。

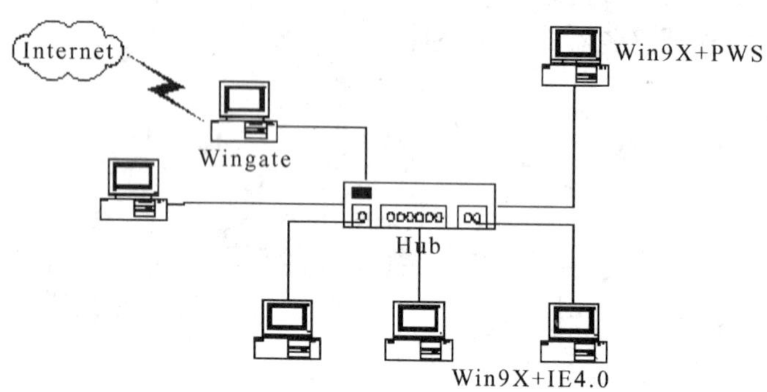


**图2－45　工作组级Intranet**

其Web服务器软件Personal Web Server可采用内置于Frontpage的PWS。代理服务器软件Wingate具有简单的防火墙功能。

## 习题

1. 解释下列概念：

计算机网络，计算机互联网，计算机网络的拓扑结构，服务器，计算机网络协议，Intranet

2. 计算机网络按其拓扑结构分为哪几种类型？

3. 请列举出4种网络连接设备，并指出其在网络中的作用。

4. Internet有哪些基本功能？

5. 给出IP地址的一般结构，并说明202.204.60.11属哪一类IP地址？

6. 指出统一资源定位器（俗称网址）的一般结构，并给出一个实际的例子。

7. 请给出Intranet的两种典型方案。

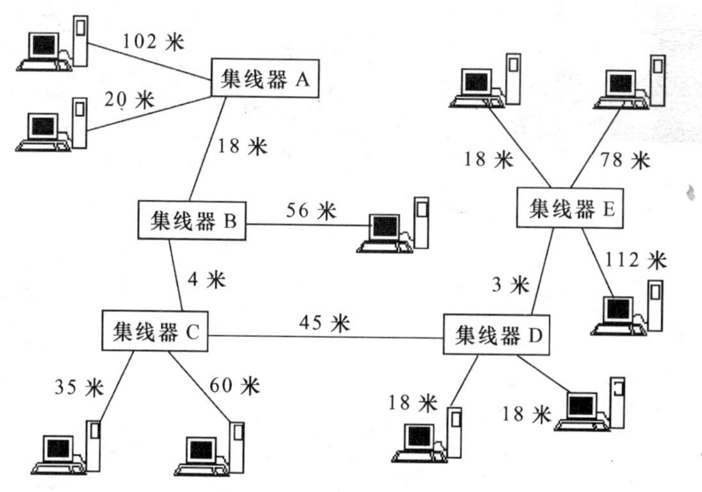


图 2-46　习题 8 图

8. 请指出图2－46给出的网络拓扑图中存在的错误，并说明原因。

9. 请给出下列英文及英文缩写的中文含义：

Hub，Router，Server，Repeater，Switch，Modem，PSTN，ISDN，ADSL，OSI/RM，ISP，VPN，TCP/IP，FTP，HTTP，HTML，URL，DNS，IIS，Firewall

# 第三章　企业计算模式

**提要：**本章介绍计算机应用系统的三种计算模式，即单主机计算模式、分布式客户/服务器计算模式和浏览器/服务器计算模式，讨论上述三种计算模式各自的结构特征及计算模式的变化对管理信息系统发展的影响。最后，讲述管理信息系统开发中常用的客户/服务器计算模式和浏览器/服务器计算模式的实现技术。

计算机应用系统中数据与应用（程序）的分布方式，称为企业计算机应用系统的计算模式，有时也称为企业计算模式。

自世界上第一台计算机诞生以来，计算机作为人类信息处理的工具已有半个多世纪了，在这个发展过程中计算机应用系统的模式发生了几次变革。

计算机应用系统已经历了三种计算模式，它们分别是：单主机计算模式、分布式客户/服务器计算模式（Client/Server—C/S）和浏览器/服务器计算模式（Browser/Server—B/S）。这三种计算模式的出现与计算机、网络及数据库技术的发展一脉相承，并决定了计算机应用系统的硬件、软件结构的特征。

## 第一节　单主机计算模式

1985年以前，计算机应用一般是以单台计算机构成的单主机计算模式。

单主机计算模式又可细分为两个阶段。单主机计算模式的早期阶段，计算机应用系统所用的操作系统为单用户操作系统，系统一般只有一个控制台（见图 3－1），限于单项应用，如劳资报表统计等。

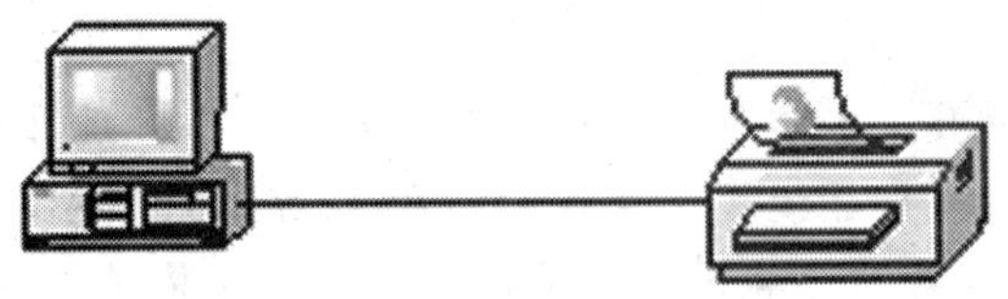

图 3－1　早期的单主机计算模式

分时多用户操作系统的研制成功，以及计算机终端的普及使早期的单主机计算模式发展成为单主机—多终端的计算模式（见图 3－2）。

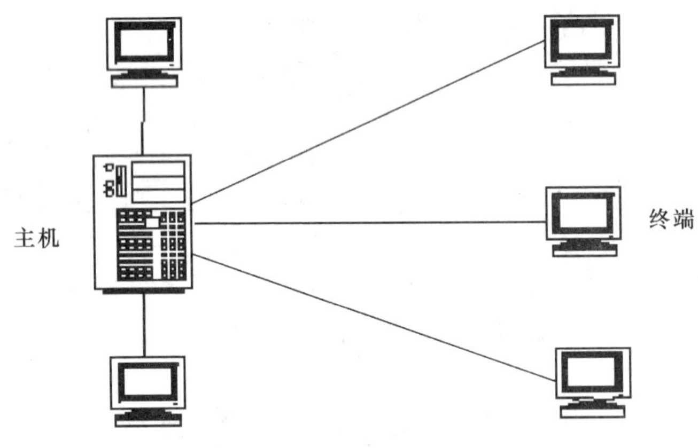


图 3－2　单主机—多终端计算模式

在单主机—多终端的计算模式中，用户通过终端使用计算机。每个用户都感觉好像是在独自享用计算机的资源，但实际上主机是在分时轮流为每个终端用户服务。

单主机—多终端的计算模式在我国当时一般称为“计算中心”，在单主机模式的这个阶段中，计算机应用系统中已可实现多个应用（如物资管理和财务管理）的联系，但由于硬件结构的限制，我们只能将数据和应用（程序）集中地放在主机上。因此，单主机—多终端计算模式有时也被称为集中式的企业计算模式。

## 第二节 客户/服务器计算模式

20 世纪 80 年代，个人计算机（PC）的蓬勃发展和局域网技术趋于成熟，使用户通过计算机网络共享计算机资源，计算机之间通过网络可协同完成某些数据处理工作。虽然 PC 机的资源有限，但在网络技术的支持下，应用程序不仅可利用本机资源，还可通过网络方便地共享网上其它计算机资源，在这种背景下形成了分布式客户/服务器（C/S）的计算模式。

在客户/服务器模式中，网络中的计算机被分为两大类：一是向其他计算机提供各种服务（主要有数据库服务，打印服务等）的计算机，称为服务器；二是享受服务器提供服务的计算机，称为客户机。

客户机一般由微机担当，运行客户应用程序模块（也就是说应用程序被分散地安装在每一台客户机上，这是 C/S 模式应用系统的重要特征）。部门级和企业级的计算机作为服务器运行服务器系统软件（如数据库服务器系统，文件服务器系统等），向客户机提供相应的服务。

客户/服务器模式的计算机应用系统的基本结构如图 3－3 所示。

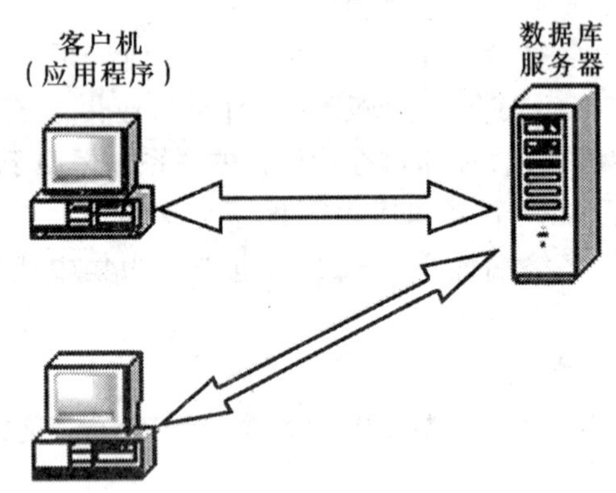


图 3-3　C/S 模式的计算机应用系统基本结构

在 C/S 模式中，数据库服务是最主要的服务，客户机将用户的数据处理请求通过客户端的应用程序发送到数据库服务器，数据库服务器分析用户请求，实施对数据库的访问与控制，并将处理结果返回给客户端。在这种模式下，网络上传送的只是数据处理请求和少量的结果数据，网络负担较小。

应当指出的是，在复杂 C/S 模式的应用系统中，数据库服务器一般情况下不只有一个，而是按数据的逻辑归属和整个系统的地理安排可能有多个数据库服务器（如各子系统的数据库服务器及整个企业级数据库服务器等），企业的数据与应用分布在不同的数据库服务器与客户机上。因此，C/S 模式有时也称为分布式客户/服务器计算模式。

C/S 模式是一种较为成熟且应用广泛的企业计算模式，其客户端应用程序的开发工具也较多，这些开发工具分两类：一类为针对某一种数据库管理系统的开发工具（如针对 Oracle 的 Developer 2000）；另一类为对大部分数据库系统都适用的前端开发工具（如 Power Builder，Visual Basic，Visual C，Delphi，C++ Builder，Java 等）。

## 第三节 浏览器/服务器计算模式

在采用 C/S 模式的企业计算机应用系统中，每一个客户机都必须安装并正确配置相应的数据库客户端驱动程序。这样，应用程序（也必须安装在客户机上）才能访问数据库。由于应用程序被分布在各个客户机上，这种形式使系统的维护困难且容易造成不一致性。

浏览器/服务器（B/S）模式是在 C/S 模式的基础上发展而来的。导致 B/S 模式产生的原动力来自不断增大的业务规模和不断复杂化的业务处理请求，解决这个问题的方法是在传统 C/S 模式的基础上，增加中间应用层（商业逻辑层），由原来的两层结构（客户/服务器）变成三层结构（见图 3－4）。

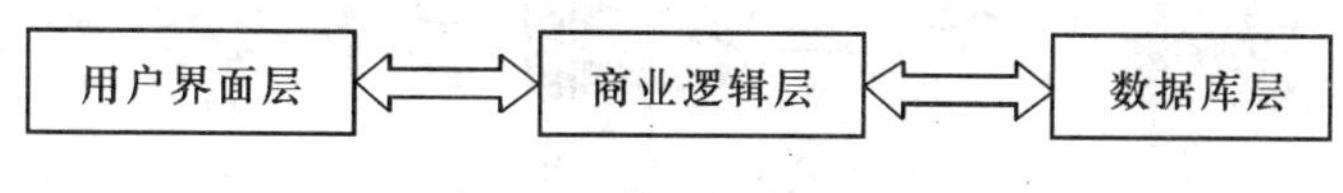


**图 3－4 三层结构示意图**

在三层应用结构中，用户界面（客户端）负责处理用户的输入和向客户的输出（出于效率的考虑，它可能在向上传输用户的输入前进行合法性验证）。商业逻辑层负责建立数据库的连接，根据用户的请求生成访问数据库的 SQL 语句，并把结果返回给客户端。数据库层负责实际的数据库存储和检索，响应中间层的数据处理请求，并将结果返回给中间层。

B/S 模式就是上述三层应用结构的一种实现方式，其具体结构为：浏览器/Web 服务器/数据库服务器。采用 B/S 模式的计算机应用系统的基本结构如图 3－5 所示。

由于 Internet 及企业 Intranet 的应用采用 B/S 模式，因此，B/S 模式也称为网络计算模式。

在 B/S 模式中，除了数据库服务器外，应用程序以网页形式（用超文本标识语言（HTML）编写）存放于 Web 服务器上，用户运行某个应用程序时，只需在客户端上的浏览器中键入相应的网址（URL），调用 Web 服务器上的应用程序，并对数据库进行操作完成相应的数据处理工作，最后将结果通过浏览器显示给用户。可以说，B/S 模式的计算机应用系统，其应用程序在一定程度上具有集中特征。

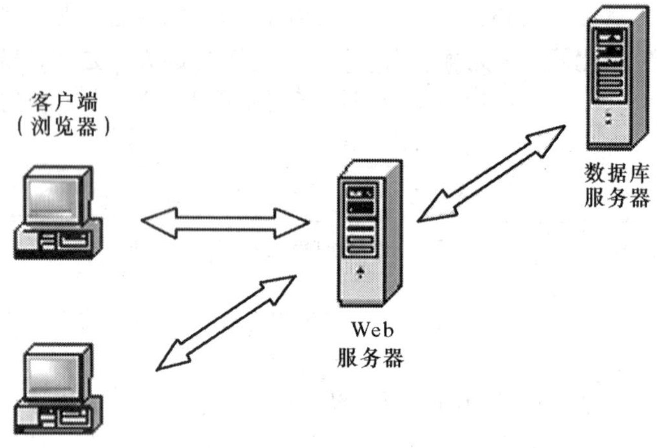


**图 3－5　B/S 模式的计算机应用系统结构**

由上述可以看出，按 B/S 模式建立的应用系统的特征是，客户端只需安装普遍使用的浏览器（如微软公司的 IE 或网景公司的 Netscape 等），而应用程序被相对集中地存放在 Web 服务器上。

以 B/S 模式开发企业管理信息系统，由于在客户端只需一个简单的浏览器，因此，减少了客户端的维护工作量，方便了用户使用。同时，也正是这样的“瘦”客户端，使我们能够方便地将任何一台计算机通过计算机网络或互联网连入到企业的计算机系统，成为企业管理信息系统的一台客户机。

上述表明，B/S 模式的出现，极大地扩大了管理信息系统的功能覆盖范围，从而革命性地改变了计算机应用系统面貌。

B/S 模式出现之前，管理信息系统的功能覆盖范围主要是企业内部。B/S 模式的“瘦”客户端方式，使企业的供应商和客户(这些供应商和客户有可能是潜在的，也就是说可能是事先未知的）的计算机方便地成为企业管理信息系统的客户端，进而在限定的功能范围内查询企业相关信息，完成与企业的各种业务往来的数据交换和处理工作（这是因为，只要这些潜在的供应商和客户知道企业管理信息系统的网址就可以了)。

B/S 模式的计算机应用系统，使企业能够把供应商和客户作为企业的资源来进行管理，从技术上保证了企业资源规划系统(Enterprise Resource Planning — ERP）的实现（见图 3－6)。

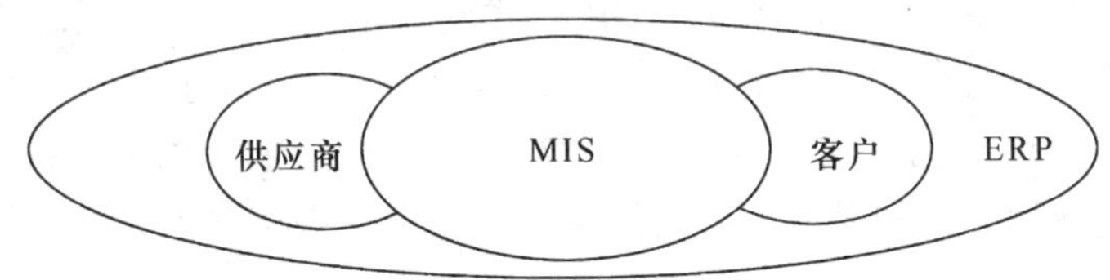


**图 3－6　ERP 与传统 MIS 的关系**

另外，B/S 模式的企业计算机应用系统与 Internet 的结合也使新近提出的一些新的企业计算机应用（如电子商务，客户关系管理）的实现成为可能。

在B/S模式中，存放在Web服务器上的应用程序是通过公共网关接口（Common Gateway Interface—CGI）实现对数据库操作的，但用CGI方式完成上述工作占用系统资源较大，因此，Web浏览器厂商和数据库厂商竞相出台中间件，如微软公司的Internet服务器应用程序接口（Internet Server Application Interface—ISAPI），以取代CGI，实现Web服务器上应用程序对数据库服务器的访问和操纵（见图3-7）。

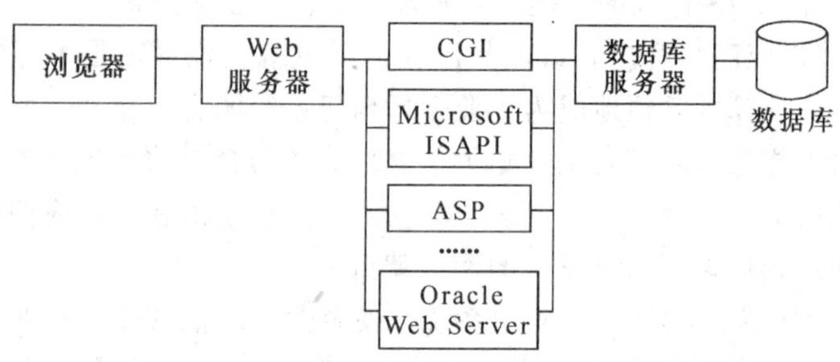


**图3-7　应用程序通过CGI或中间件访问数据库**

与C/S模式相比，以B/S模式建立的计算机应用系统中，客户端变得简单（只要安装浏览器即可），应用程序以网页的形式存放在Web服务器上，这不仅方便了企业内用户的应用，也使企业的客户和供应商方便地通过计算机网络与企业进行业务活动，扩大了企业计算机应用系统的功能覆盖范围，可以更加充分利用网络上的各种资源，同时应用程序维护的工作量也大大减少。

虽然B/S模式的计算机应用系统有如此多的优越性，但由于C/S模式的成熟性且C/S模式的计算机应用系统网络负载较小，因此，未来一段时间内，管理信息系统开发中企业计算模式将是B/S模式和C/S模式共存的情况。但是，很显然，企业计算机应用系统计算模式的发展趋势是向B/S模式转变。

## 第四节　客户/服务器模式的技术实现

从前文可知，客户/服务器模式是一种较成熟的计算模式，由于其网络开销低，目前仍应用非常广泛。

本节介绍客户/服务器模式在具体应用中的实现技术。

### 一、客户/服务器模式的工作原理

在客户/服务器模式下，应用的实现可划分为两大部分：客户端应用程序（也称为“前台”）和服务器程序（“后台”）。

前台应用程序提供用户界面，接收用户输入，并向服务器发出相应的请求；后台服务程序负责响应前台应用程序的请求，并将结果返回给前台（见图3－8）。

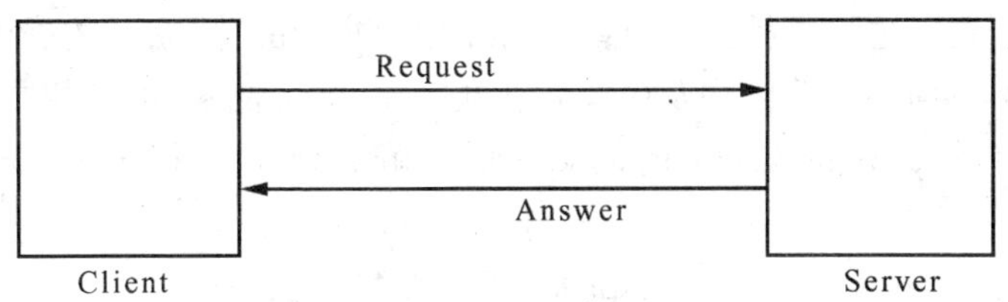


**图3－8　C/S模式下应用程序工作过程**

为了实现对客户端的响应，在服务器中必须启动相应的服务程序，这些程序一般在后台运行。

在客户/服务器的计算模式中，提出请求的一方称为Client，而对请求做出应答的一方称为Server。

一台服务器可运行多个服务程序，即可响应多种或多个请求，一台客户机也可能向多个不同的服务器发送不同的请求。也就是说，Client 和 Server 从概念上来讲是相对的：当一台计算机向另一台计算机发送请求时，该计算机（严格来讲是该计算机上运行的发出请求的那个程序）即为 Client，而响应该请求的那台计算机则为 Server。这里应当指出的是，大部分情况下客户端应用程序和后台服务程序在不同的计算机上，但有时它们也被放在同一台计算机上。

## 二、通过交互式查询工具实现数据库访问

数据库管理系统厂商一般都提供一种称为“交互式查询工具”的客户端软件，来实现对后台服务器端数据库中数据的访问。

下面以 Oracle 数据库厂商提供的交互式查询工具 SQL * Plus 为例，介绍 C/S 模式下的数据访问的实现技术。

假定我们具有的系统环境为：服务器上运行 Windows NT Server 4.0，服务器名为 NTSVR，网络协议为 TCP/IP，服务器 IP 地址为 192.168.63.12，数据库管理系统为 Oracle7.3。

在上述服务器上已创建了 Oracle 用户 stu，建立了数据库表 employeeinfo（其结构及内容分别见表 3－1 和表 3－2）。用户 stu 具有对表 employeeinfo 的记录添加、删除、修改的权限。

**表 3－1　　表 employeeinfo 的结构**

| 列名 | 含义 | 数据类型 | 数据宽度 | 说明 |
| --- | --- | --- | --- | --- |
| Employeeno | 员工编号 | 字符型 | 6 | 数字编码 |
| Empname | 姓名 | 字符型 | 10 | 5 个汉字宽度 |
| Birthdate | 生日 | 日期型 | 8 | |
| Sex | 性别 | 字符型 | 1 | M：男 F：女 |
| Salary | 薪水 | 数字型 | 5.2 | 单位：元（人民币） |

表 3-2　　表 employeeinfo 的内容

| Employeeno | Empname | Birthdate | Sex | Salary |
| --- | --- | --- | --- | --- |
| 277052 | 王伟怀 | 19-JUL-69 | M | 1117.29 |
| 279809 | 周　梦 | 08-SEP-70 | F | 1028.58 |
| 456789 | 廖卫东 | 18-DEC-79 | M | 856.76 |
| 576868 | 谢　敏 | 22-SEP-76 | F | 962.73 |
| 807956 | 徐瑞忠 | 24-MAY-62 | M | 1168.36 |
| 809139 | 黄建伟 | 11-JAN-67 | M | 1038.91 |
| 819999 | 李　华 | 23-FEB-63 | F | 1138.81 |
| 891212 | 孙　凯 | 15-MAY-71 | M | 1069.94 |
| 892207 | 叶卓辛 | 12-AUG-64 | M | 1235.88 |
| 893448 | 江文济 | 28-JUL-65 | M | 1043.18 |
| 897903 | 金　娜 | 27-DEC-65 | F | 1212.76 |
| 980931 | 向济辉 | 06-AUG-70 | M | 997.38 |

（一）本地访问

最简单的一种情况是用户从服务器本地直接访问数据库。Oracle 提供的查询工具 SQL * Plus（SQL 的含义为 Structured Query Language，结构化查询语言）是一种交互式的数据访问工具，用户可应用 SQL * Plus 提供的命令完成建立数据库连接，定义（创建）数据库表，向数据库表添加数据记录，修改数据库记录及对数据库表的统计查询等操作。

运行 SQL * Plus 后的登录界面如图 3-9 所示。

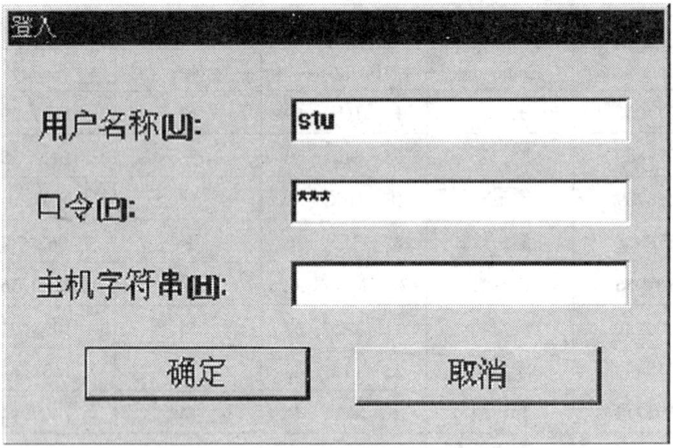

登入

用户名称(U): stu

口令(P): ***

主机字符串(H):

确定　　取消

图 3－9　本地访问 SQL＊Plus 的登录窗口

正确输入用户名和口令后，SQL＊Plus 显示版本信息及 SQL 命令提示符（见图 3－10）。

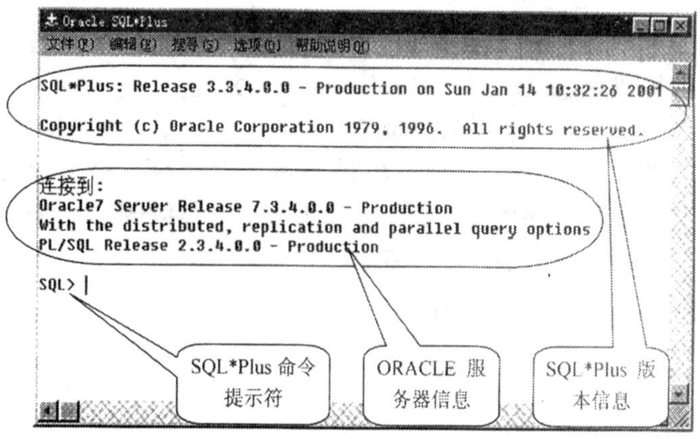
Oracle SQL*Plus
文件(F) 编辑(E) 搜寻(S) 选项(O) 帮助说明(H)
SQL*Plus: Release 3.3.4.0.0 - Production on Sun Jan 14 10:32:26 2001
Copyright (c) Oracle Corporation 1979, 1996. All rights reserved.
连接到:
Oracle7 Server Release 7.3.4.0.0 - Production
With the distributed, replication and parallel query options
PL/SQL Release 2.3.4.0.0 - Production
SQL>
SQL*Plus 命令提示符
ORACLE 服务器信息
SQL*Plus 版本信息

图 3－10　Oracle SQL＊Plus 版本信息

这表明用户已经正确登录到数据库，可以在 SQL 命令提示符下键入 SQL 命令来访问数据库。比如，用户想知道薪水在 1000 元（含）以上的女性员工的情况，可以键入：

SQL>select * from employeeinfo where sex= ‘F’ and salary >=1000;

上述 SQL 命令的运行结果见图 3－11。

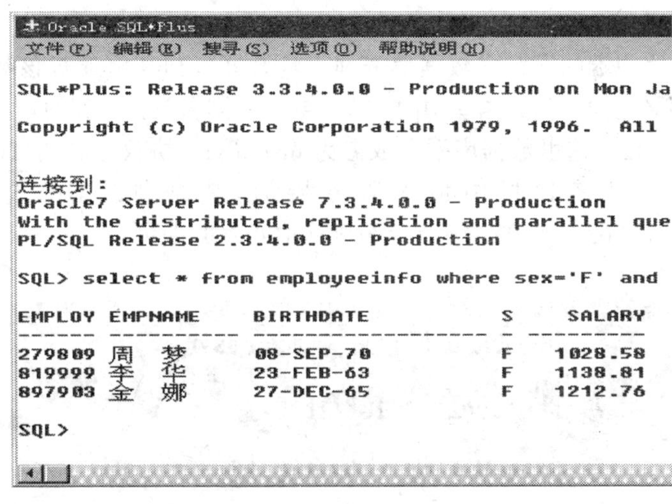
Oracle SQL*Plus
文件(F) 编辑(E) 搜寻(S) 选项(O) 帮助说明(H)
SQL*Plus: Release 3.3.4.0.0 - Production on Mon Ja
Copyright (c) Oracle Corporation 1979, 1996. All
连接到:
Oracle7 Server Release 7.3.4.0.0 - Production
With the distributed, replication and parallel que
PL/SQL Release 2.3.4.0.0 - Production
SQL> select * from employeeinfo where sex='F' and
EMPLOY EMPNAME BIRTHDATE S SALARY
279809 周 梦 08-SEP-70 F 1028.58
819999 李 华 23-FEB-63 F 1138.81
897903 金 娜 27-DEC-65 F 1212.76
SQL>

**图 3－11　SQL * Plus 的运行结果**

这里，Client 端和 Server 端是在同一台计算机中运行的两个不同的程序，应用程序（SQL * Plus）的请求和数据库应答均在本地完成，没有通过网络传输。

（二）远程访问

对数据库的远程访问，是指 Client 及 Server 不在同一台计算机上的 C/S 模式的实现。

假定用户想从局域网的另一台计算机 WS1 来访问服务器

NTSVR 上的数据库，计算机 WS1 的操作系统为 Windows98，已安装 TCP/IP 协议，并已正确连到服务器所在的局域网上。

实现从客户机 WS1 访问服务器 NTSVR 上数据的步骤为：

Step 1：在 WS1 上安装 Oracle 的客户端程序，包括 Oracle TCP/IP Protocol Adapter，SQL * Net Client，SQL * Plus。

Step 2：用 Oracle 客户端工具（SQL Net Easy Configure）在客户端计算机 WS1 上建立一个数据库别名（Database Alias），并对其进行参数配置。

客户端的交互式数据库查询工具 SQL * Plus 将通过该数据库别名定向访问数据库中的数据。数据库别名及其内容的定义见图 3-12，这里数据库别名取名为 myorasvr，协议选择为 TCP/IP，主机名称栏中填入服务器的 IP 地址，本例中为 192.168.63.12，数据库实例取默认值 ORCL 即可。

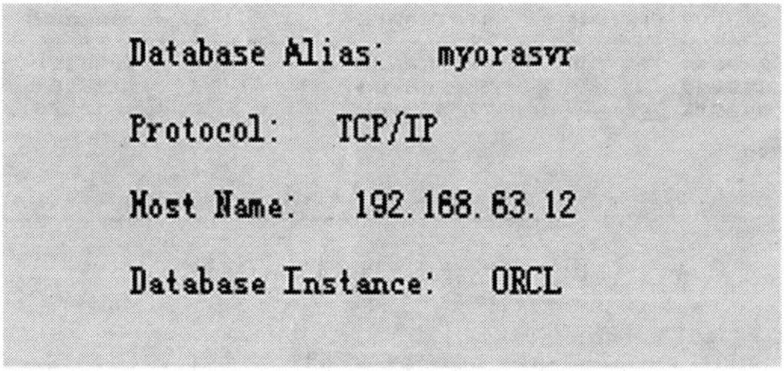

Database Alias:  myorasvr

Protocol:  TCP/IP

Host Name:  192.168.63.12

Database Instance:  ORCL

**图 3-12　通过 SQL * Net 建立数据库别名**

Step 3：运行 SQL * Plus。与本地访问不同的是，在“主机字符串”一栏须填入我们已定义的数据库别名 myorasvr（见图 3-13）。

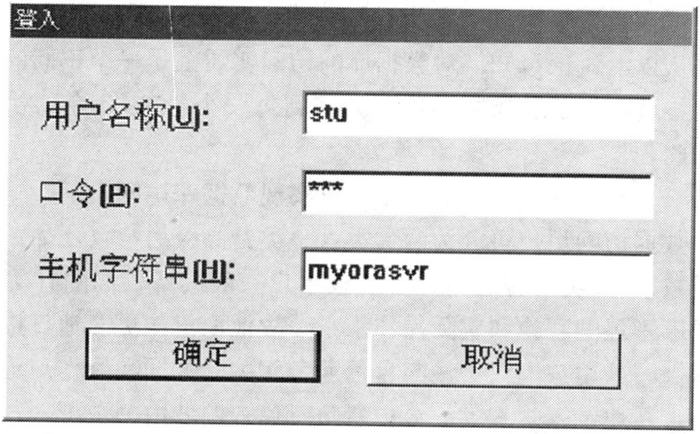

**图 3-13　远程访问的 SQL * Plus 登录窗口**

当我们确认后，SQL * Plus 将显示版本信息及 SQL 提示符，表明用户正确连接到数据库，可以访问数据库了。此时，若用户在 SQL 提示符后键入上文的 SQL 命令，将得到同样的结果。

显然，从服务器本地访问数据库和从网络中另一台计算机访问数据库，在建立客户端与服务器端的连接之后是一样的。

从服务器本地访问数据库时，因为数据库在本地，故所有针对数据库的请求均不需要网络传输，因此，不需要配置网络数据库别名（当然，也可以在服务器本地给自己配置一个别名，IP 地址一栏填写本机地址，效果是一样的）。

从网络中另一台计算机访问数据库时，客户程序须知道将数据访问请求发送给谁，即客户想查询的是 NTSVR 上的数据库，而不是其他服务器上的数据库。数据库别名的作用就是标识数据库访问路径，它通过指定协议、IP 地址和实例名来惟一识别一个远程的数据库，这样登录信息就会发送到指定的远程数据库上，登录成功后就会建立该数据库的连接。于是，在此之后，所有的基于此连接的 SQL 命令将被发送到该远程数据库上，并由该数据库负责响应。

从以上讨论可知，对数据库的访问实质上是一个不断的请求和应答过程，从登录数据库开始，到每一个 SQL 命令的执行均是如此。

## 三、通过开发工具的专用接口实现数据库访问

数据访问用户可分为两大类：一类是高级用户（比如系统管理员）；另一类是普通用户。高级用户一般具备较高的计算机及数据库管理的理论和实际操作水平，故他们可能更多地直接操纵数据。一般用户则仅关注与自己业务相关的数据和操作，希望能方便直观地录入、查询、维护所负责业务领域内的数据。

对于高级用户，一般采用交互式数据库访问工具（如前文所述的 SQL * Plus）进行数据库性能的调整、控制、维护等管理工作。

对普通用户，则由专用的应用程序来实现他们的需求，这些应用程序的开发，一般借助特定的开发工具来完成。

常见的应用程序开发工具有 Visual Basic（简称 VB）、Visual C++（简称 VC）、Power Builder（简称 PB）、Delphi 等。

这里以 PB6.0 为例，介绍前台程序与数据库的联接方式，至于其他不同的开发工具，从原理上是相同的，有兴趣的读者可自行参考有关书籍。

我们通过一个员工信息的查询及修改为例，介绍用 PB6.0 开发 C/S 模式应用的关键步骤。

PB6.0 中对数据操作都是通过数据窗口（Data Window）来实现的。对于上面的查询要求，我们可以按如下步骤给出其实现过程，读者可通过该过程了解 C/S 模式应用程序开发中的数据访问原理。

Step1：在 PB6.0 中，创建一个数据窗口（取名为 dw _ employeeinfo）（见图 3－14）。

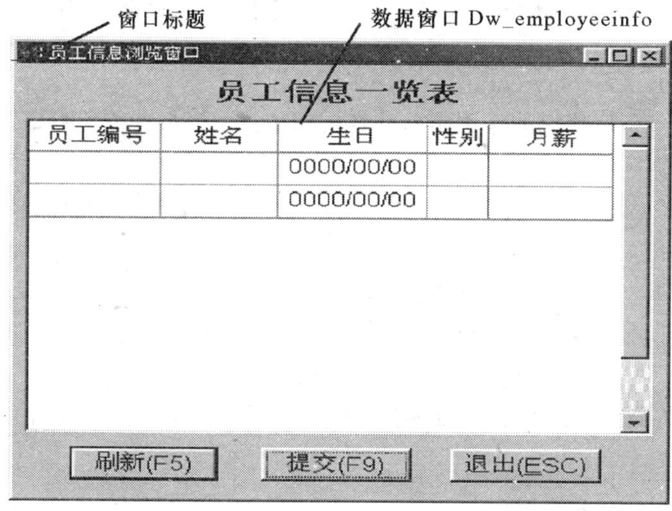


图 3－14　用 PB 建立前台应用程序窗口示意图

Step2：在窗口的 open 事件中，写入如下程序代码：

```
sqlca.dbms = 'O73' // dbms 为 Oracle 7.3  ┐
sqlca.logid = 'stu'                       │ 定义数据库连接
sqlca.logpass = 'stu'                     │
sqlca.servername = '@myorasvr'            ┘
connect ;                                 ┐ 与数据库建立连接
If sqlca. sqlcode <> 0     then           ┘
MessageBox（"错误"，"数据库联接            ┐
    错误"，+"程序将退出：~r~n" +            │ 出错时报告错误信
    sqlca. sqlerrtext）                    │ 息并关闭窗口
    close（this）                          ┘
    Else                                  ┐ 正确连接后为数据
    dw_employeeinfo. settransobject       │ 窗口指定该连接
（sqlca）End if                            ┘
```

Step3：在“刷新（F5)”按钮的 click 事件中添加如下程序代码：

**dw _ employeeinfo．retrieve ( )**

该程序代码的作用是：从数据库中读取数据并覆盖数据窗口中数据。

Step4：在“提交（F9)”按钮的 click 事件中添加如下程序代码：

**dw _ employeeinfo．update ( )**

该程序代码的作用是：将数据窗口中所做的修改写回数据库。

Step5：在“退出（ESC)”按钮的 click 事件中添加如下程序代码：

**close（parent)**

该程序代码的作用是关闭当前对象的“父”对象。

上述应用的运行过程为：

1. 打开主窗口，执行窗口“Open”事件中的程序代码，该段代码将建立与数据库的连接，并指定数据窗口 dw _ employeeinfo 使用该数据库连接访问数据库。此时数据窗口中还没有数据，因为此时仅仅连接了数据库，但并没有发出读取数据请求。

2. 当用户点击“刷新（F5)”按钮时，系统将运行“刷新（F5)”按钮的 click 事件中的程序代码，数据窗口 dw _ employeeinfo 的 retrieve 方法将自动生成相应的 SQL 命令并发送至数据库连接指定的数据库，服务器端返回结果显示在窗口上（见图 3－15)。

3. 若用户对数据进行了修改操作，当点击“提交（F9)”按钮后，系统将修改的结果保存到数据库中。

4. 当用户点击“退出（ESC)”按钮时，系统将切断与数据的连接并关闭窗口。

员工信息浏览窗口

员工信息一览表

| 员工编号 | 姓名 | 生日 | 性别 | 月薪 |
|---|---|---|---|---|
| 456789 | 廖卫东 | 1979/12/18 | M | 856.76 |
| 576868 | 谢　敏 | 1976/09/22 | F | 962.73 |
| 980931 | 向济辉 | 1970/08/06 | M | 997.38 |
| 279809 | 周　梦 | 1970/09/08 | F | 1028.58 |
| 809139 | 黄建伟 | 1967/01/11 | M | 1038.91 |
| 893448 | 江文济 | 1965/07/28 | M | 1043.18 |
| 891212 | 孙　凯 | 1971/05/15 | M | 1069.94 |
| 277052 | 王伟怀 | 1969/07/19 | M | 1117.29 |

刷新(F5)　提交(F9)　退出(ESC)

**图 3-15　示例程序运行窗口**

## 四、通过开放式数据库接口实现数据库访问

考虑到应用程序的通用性、可维护性、可扩充性等要求，有时同一程序必须处理与多种异质数据源的连接。

Microsoft 推出的开放式数据接口（Open Database Connectivity—ODBC）为异质数据库的访问提供了统一的接口。ODBC 基于 SQL 并将其作为访问数据库的标准。ODBC 提供了最大限度的操作弹性，一个应用程序可以通过一组通用的程序代码访问不同的数据库管理系统（见图 3-16）。这样，基于 C/S 模式的应用系统不会被限定在某个特定的数据库上。

从图 3-16 可以看出，ODBC 实质上是一个封装器，它将对各种不同数据库的访问定义为不同数据源，而应用程序对不同的数据源的处理是一致的，这样就屏蔽了不同驱动程序（Driver）之间的差异。

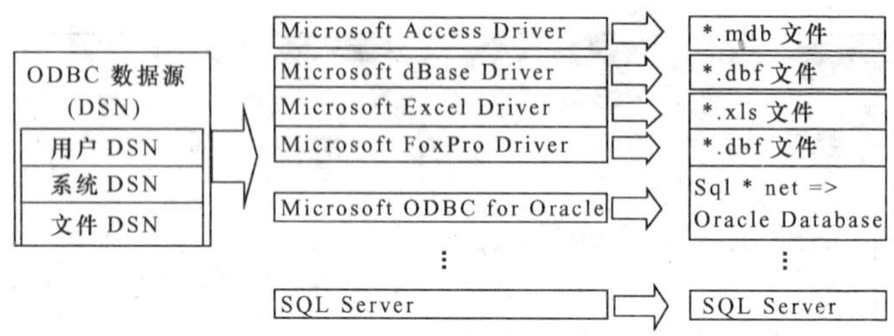


图 3－16 ODBC 工作原理示意图

应用 ODBC 实现对数据库的连接必须具备两个条件：①支持该数据库的 ODBC 驱动程序已经正确安装；②用户通过 ODBC 管理器正确配置了对该数据库的连接。

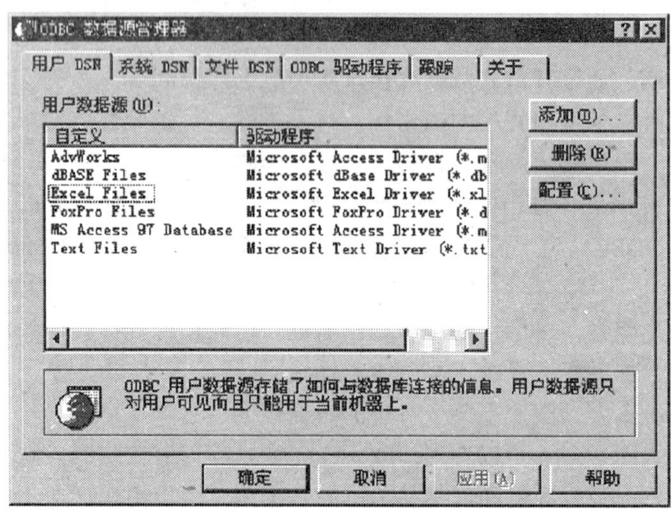


图 3－17 ODBC 数据源管理器窗口

只要具备了这两个条件，就可以在应用程序中通过 ODBC 来访问数据库。

关于第一个条件，大多数数据库管理系统在安装时均会自动装载其自身的 ODBC 驱动程序，而且很多专门的第三方的 ODBC 驱动程序可以从网上下载安装。

对于第二个条件，在 Windows NT 中，可通过控制面版中的 ODBC 数据源管理器创建及配置 ODBC 数据源。

如对 ORACLE 访问的 ODBC 配置可按如下步骤进行：在“用户 DSN”页面内，点击“添加”，在“创建新数据源”窗口（见图 3－18）中选择“Microsoft ODBC for Oracle”后单击“完成”按钮，然后在“Microsoft ODBC for Oracle 安装”窗口中设置好有关参数（见图 3－19，其中服务器一栏 myorasvr 是我们用 SQL * Net 定义的数据库别名）。

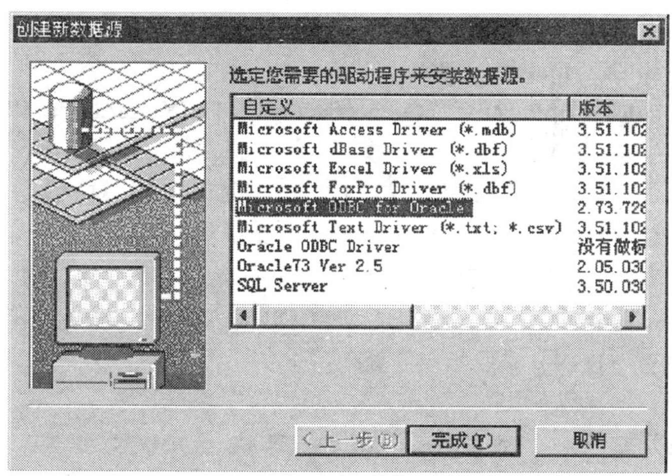


图 3－18 创建新数据源窗口

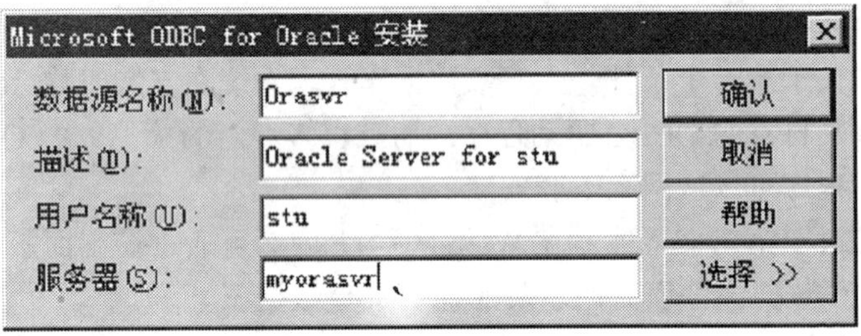

Microsoft ODBC for Oracle 安装

数据源名称(N): Orasvr　确认

描述(D): Oracle Server for stu　取消

用户名称(U): stu　帮助

服务器(S): myorasvr　选择 >>

**图 3-19　设置 Microsoft ODBC for Oracle 数据源窗口**

这样我们就为 myorasvr 建立了一个名为 Orasvr 的 ODBC 连接。

如果希望用 PB6.0 编写通过 ODBC 实现上例中对数据库访问的应用程序，只需修改 Open 事件程序代码中的数据库连接定义，其他程序代码不变。修改后的数据库联接定义如下：

**sqlca. dbms = 'odbc'**

**sqlca. DbParm = "Connectstring = 'DSN = orasvr; UID = stu; PWD = stu;'"**

与通过开发工具专用接口实现数据库访问不同的是，用 ODBC 访问数据库时，数据库连接定义中的 dbms 项为"odbc"，而不是"O73"。也就是说，数据库访问请求不是直接通过 SQL * Net 发给了服务器，而是先交给 ODBC，ODBC 再根据不同的数据源（DSN）采取相应的处理。

## 第五节　浏览器/服务器模式的技术实现

目前，在 Windows 环境中，B/S 模式应用的实现技术主要有：

——公共网关接口 CGI：CGI 是较早实现的技术，适用于多种服务器平台，如 UNIX、Windows 等。但用 CGI 开发 B/S 应用比较困难，占用服务器资源也比较多。

——Internet 数据库连接器 IDC（Internet Database Connector）：IDC 是集成在 Internet Server API（ISAPI）的应用，充分利用了 DLL（动态链接库）技术，易扩充，但编程较 CGI 更为复杂，只适用于小型数据库系统。另外，目前 ISAPI 还不具备跨平台的功能，只限于 Windows NT 平台。

——先进数据库连接器 ADC（Advanced Database Connector）：ADC 提供了 ActiveX Control 来访问数据库，其数据查询操作是在用户端的浏览器上执行的，为此，ADC 需要将服务器端数据库中部分记录先下载到用户端，故系统开销较大、响应慢，但对一些特别频繁且重复性的数据库查询操作具有很好的反应速度。

——JAVA/JDBC 语言编程：JAVA 语言是一种面向对象、易移植、多线程控制的语言，通过 JDBC 去连接数据库。用 JAVA/JDBC 编写的软件可移植性强，适用于多种操作系统，但其执行效率和执行速度还不太理想，不适于建立高效、高速的应用。

——Oracle WebServer：这是一种典型的由数据库厂商提供与 Web 服务器集成在一起的中间件。

——动态服务器页面（Active Server Page—ASP）：ASP 是微软公司最新推出的 Web 应用开发技术，主要用于动态网页和 Web 数据库访问的应用开发，编程灵活、简洁，具有较高的性能，是目前访问 Web 数据库比较好的选择。

限于篇幅，本节仅以 ASP 为例，简单介绍 B/S 模式的实现技术。

## 一、ASP 的工作原理

(一) ASP 的含义

从字面上说，ASP 包含如下 3 方面的含义：

1.Active：ASP 使用了 Microsoft 的 ActiveX 控件技术。ActiveX 控件技术是现在 Microsoft 软件的重要基础，它采用封装对象、程序调用对象的方式，简化编程，加强程序间合作。ASP 本身封装了一些基本组件和常用组件，有很多公司也开发了很多实用的第三方组件，只要在服务器上安装这些组件，就可以方便快速地建立 B/S 应用。

2.Server：ASP 可以运行在服务器端，这样就不必担心浏览器是否支持 ASP 所使用的编程语言。ASP 的编程语言可以是 VBScript 和 JavaScript，其中：VBScript 是 VB 的一个简集，会 VB 的人可以很方便地快速上手。虽然 Netscape 浏览器不支持客户端的 VBScript，但只要不在客户端使用 VBScript，就无需考虑浏览器的支持问题。

3.Pages：ASP 返回标准的 HTML 页面，可以正常地在常用的浏览器中显示。浏览者查看页面源文件时，看到的是 ASP 生成的 HTML 代码，而不是 ASP 程序代码，这样就可以防止别人抄袭程序。

目前，有如下三种常用的 ASP 运行环境：

——Windows NT Server4.0 + IIS3.0 及以上版本；

——Windows NT Workstation4.0 + Peer Web Services 3.0 及以上版本；

——Windows 95/98 + PWS（Personal Web Server）。

其中：以 Windows NT Server 上的 IIS 功能最强，提供了对 ASP 的全面支持，是创建高速、稳定的 B/S 模式应用的最佳选择。

（二）ASP的工作方式

B/S模式的技术实现包含两个方面：①前端浏览器与Web Server的交互；②Web Server对数据库的访问。

1.Web Server与客户端浏览器的交互。在本教程的第二章，我们曾简单介绍了用于网页编制的超文本标识语言（HTML），但用HTML编制的Web应用，其交互性较差，ASP弥补了标准HTML的这一不足。

图3－20是ASP响应浏览器的工作模式。

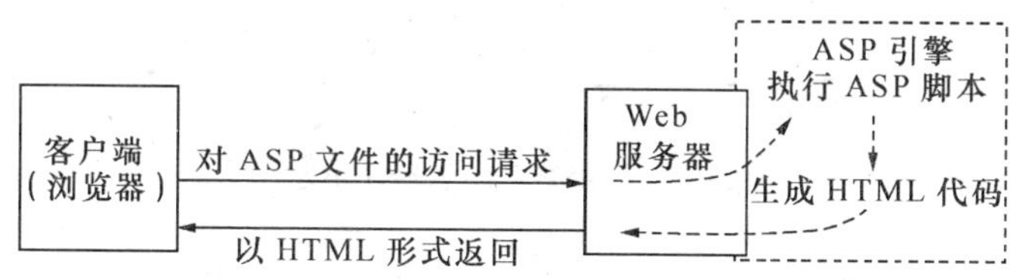


**图3－20　ASP响应客户端（浏览器）工作示意图**

当浏览器向Web服务器提出对ASP文件（扩展名为asp）的访问请求时（在浏览器的地址栏内键入该ASP文件的URL或通过HTML文件中的某个超级链接指令），一个ASP脚本就开始执行，这时Web服务器调用ASP，把该文件全部读入并执行每一条命令，然后将结果以HTML的页面形式送回浏览器。

2.WebServer对数据库的访问。在ASP中，用来存取数据库的对象统称为ADO对象（Active Data Objects），主要有Connection、Recordset和Command三种，其中：Connection负责打开或连接数据库，Recordset负责存取数据表，Command负责对数据库执行动态查询（Action Query）命令和执行数据库的存贮过程（Stored Procedure）。

只依靠上述三个对象还是无法存取数据库的，还必须具有数据库存取的驱动程序：OLE DB（对象链接嵌入数据库）驱动程序和 ODBC 驱动程序。

应用程序通过 ADO 对象及数据库存取的驱动对数据库进行存取（见图 3－21）。

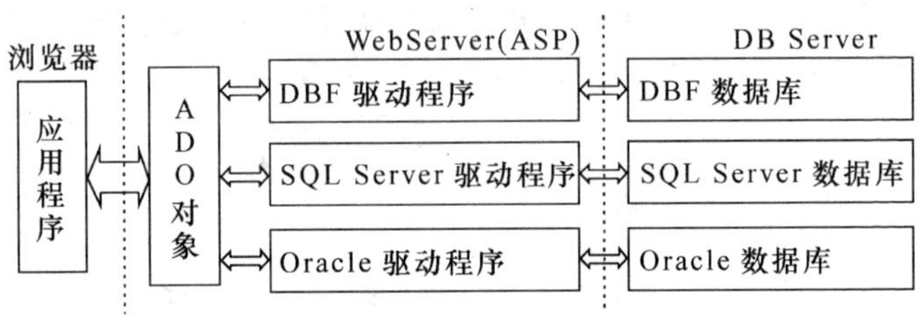


**图 3－21　ASP 访问数据库示意图**

## 二、用 ASP 实现与前端浏览器的交互

假定 WebServer 的 IP 地址为 192.168.63.30，在 WebServer 上建立一个虚拟目录 AspDemo，将文件 welcome. htm 和 welcome.asp 放在该目录下（文件内容分别见表 3－3 和表 3－4，为下文描述方便，在代码前加注行号，行号并非文件内容）。

本例描述的是 ASP 如何根据用户输入的不同信息而应答不同的页面内容，从这里我们可以了解 ASP 响应 Client 的一种常用技术，并体会 ASP 代码是如何同 HTML 完美结合在一起的。

**表 3－3** welcome. htm **文件内容**

| HTML 代码 | 注解 |
|---|---|
| <html> | |
| <head> | |
| <title> 欢迎来到 ASP 世界 </title> | HTML 页面标题栏 |
| </head> | |
| <body bgcolor = “＃cccc00” > | |
| <form action = “welcome. asp” method = “POST” > | 定义表单 |
| <table width = “280” border = “0” align= “center” > | |
| <tr> | |
| <td colspan = “2” >您的名字: | |
| <input type = “text” name = “name” > | 定义文本输入框 |
| </td> | |
| </tr> | |
| <tr> | |
| <td colspan= “2” > 您的性别: | |
| <input type= “radio” name= “sex” value=1>男 | 定义单选钮 |
| <input type= “radio” name= “sex” value=0>女 | |
| </td> | |
| </tr> | |
| <tr> | |
| <td align = “center” > | |
| <input type= “submit” name= “Submit” value = “进入” > | 定义 sumbit（提交）按钮 |
| </td> | (图 3－22 中“进入”按钮) |
| </tr> | |
| </table> | |
| </body> | |

**表 3－4　　　　welcome．asp 文件内容**

| HTML 代码 | 注解 |
| --- | --- |
| ＜html＞ | |
| ＜head＞ | |
| 　＜title＞本页 HTML 代码是由 ASP 程序产生的 ＜/title＞ | HTML 标题栏 |
| ＜/head＞ | |
| ＜body＞ | |
| ＜% | |
| 　Dim nErrFlag，sErrMsg，sName，nSex，sSex | 定义变量 |
| 　NErrFlag = 0 | |
| 　nSex＝1 | 变量初始化 |
| 　sSex＝ “先生” | |
| 　If Request．form （“name”）．Count＝ 0 Then nErrFlag＝1 | 判断表单是否为空 |
| 　If Request．form （“sex”）．Count = 0 Then nErrFlag＝nErrFlag＋2 | |
| 　If nErrFlag＝0 Then | |
| 　　sName = Request．form （“Name”） | 读取表单内容 |
| 　　nSex＝Request．form （“sex”） | |
| 　　If nSex＝ 0 Then sSex＝“女士” | |
| 　　Response．Write （“＜p＞＜b＞＜font size ＝‘5’color＝ ‘＄0000ff’ ＞”） | 根据表单内容 |
| 　　Response．Write （sName ＋ sSex ＋“：＜br＞”） | 生成相应的 HTML |
| 　　Response．Write （“＜font size＝ ‘4’color ＝‘＄000008’ ＞＜br＞”） | |
| 　　Response．Write （“　欢迎来到 ASP 世界，你将体验到一种＜br＞”） | |
| 　　Response．Write （“前所未有的交互式 B/S 模式应用的实现技术！”） | |
| 　　Response．Write （“＜/font＞＜/b＞＜/p＞”） | |
| 　Else | |
| 　　sErrMsg＝ “＜font color＝ ‘＄ff0000’ ＞输入错误：＜br＞＜br＞” ＋ _ | 表单内容有误时 |
| 　　　“＜font color＝ ‘＄0000ff’ ＞您未输入＜font color＝ ‘＄ff0000’ ＞” | 生成错误信息 |

续表

| HTML 代码 | 注解 |
|---|---|
| If nErrFlag mod 2 =1 then sErrMsg = sErrMsg + “姓名” | |
| If nErrFlag /2 >=1 then sErrMsg = sErrMsg + “性别” | |
| Response. Write (sErrMsg) | 显示错误信息 |
| Respone. Write ( “<br><br><ahref> = ‘welcome. htm’”) | 允许用户重新输入 |
| Response. Write ( “ 重新输入 </a>”) | |
| End If | |
| % > | |
| </body> | |

当在浏览器地址栏里输入 http：//192. 168. 63. 30/aspdemo/welcome. htm 时，屏幕显示如图 3－22 所示。

图 3－22　welcome.htm 页面效果

当用户输入相应的姓名和性别后，点击“进入”按钮，浏览器将显示如图 3－23 所示信息。

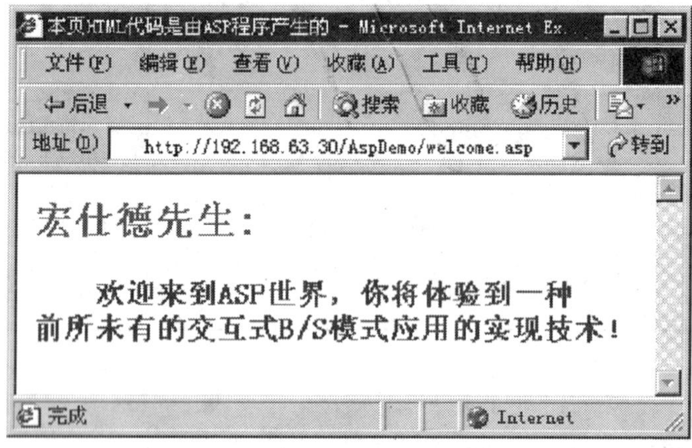


图 3－23　welcome.asp 页面效果（一）

若用户输入有误，则屏幕显示如图 3－24 所示：

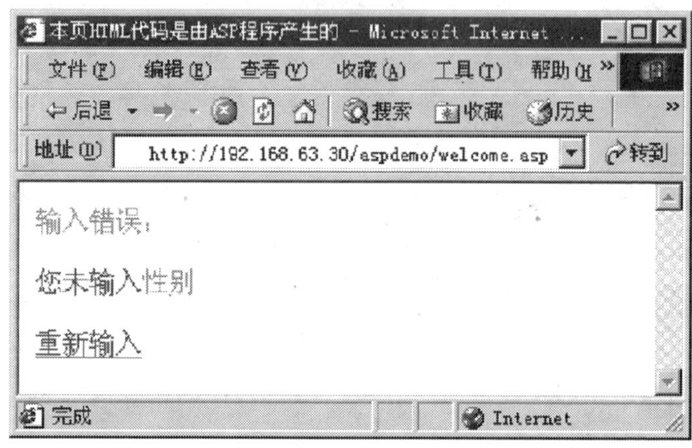


图 3－24　welcome.asp 页面效果（二）

这表明 WebServer 不但能接受客户端浏览器的输入，还能根据用户的输入信息生成不同的 HTML 代码返回给浏览器，也就是说 ASP 和 HTML 的结合使 B/S 模式应用的交互性、流程可控制性大大增强。

说明：

1. welcome. htm 的运行。在 welcome. htm 文件的第 6 行定义了一个表单：

**<form action = “welcome. asp” method = “POST” >**

选项 action 指定了一个 URL，用户在表单中输入的信息将发送至该 URL，本例中信息由同目录下的 welcome. asp 文件接收。

选项 method 标明信息到 action 指定 URL 文件的传送方式，有两种选择：“GET” 和 “POST”。本例中用 POST 方法，它表明在 ASP 中用 Request 组件提取表单信息。

在 HTML 中，可用<input>来定义 6 种不同的输入方式：text、password、radio、checkbox、reset 和 submit。本例中用到其中 3 种，其中 text 输入框（第 10 行）允许用户输入单行文本，radio 提供多个单选钮供用户选择（第 15、16 行），submit 表象为一个按钮（第 21 行），若用户按此按钮，表单将发送给指定的 URL。

在本例中，当用户输入完成后按“进入”按钮，表单将发送给 welcome. asp。WebServer 发现它的后缀为 . asp，于是就将这个文件交给专门的 ASP 处理程序，这个程序扫描 welcome. asp，把其中用<%和%>括起来的代码解释并执行，最后把执行结果再传回给 WebServer，WebServer 再把结果通过 HTTP 协议传回到前端浏览器。

2. welcome. asp 的运行。ASP 提供了 6 个内建对象，供用户直接调用，本例中用到两个，其中 Request 对象从客户端取得信息传递给 WebServer，是 ASP 读取用户输入的主要方法；Response 对象将 WebServer 输出内容发送到用户端。

Request 对象提供 QueryString、Form、Cookies、ClientCertificate 和 ServerVariables 共 5 个集合用于支持 ASP 程序收集客户端的信息，其中 Form 用于处理、收集客户提交的表单中所包括的数据。在本例 welcome. asp 文件中，第 11、12、14、15 行用该集合取出来自表单的数据并赋值给相应的变量，其中括号内为数据的名称，它与 welcome. htm 中定义输入的<input>语句中 name 选项对应。比如，在 welcome. htm 中第 15 、16 行定义的单选钮名为“sex”，用户在此的输入则由 welcome. asp 中第 12 、15 行读取。

比如 welcome. asp 中第 12 、15 行读取的数据来自用户在 welcome. htm 页面中由第 15 、16 行定义的单选钮输入。

Response 对象是 ASP 内建对象中直接对客户端发送数据的对象，动态生成返回页面就是通过该对象实现的。本例中用到其最简单但也是最常用的方法 Write，它可将需要发送给客户端的数据写入到 HTML 页面中。

文件 welcome. asp 中第 11～24 行生成了返回前端浏览器的<body> 部分，可以用浏览器的“查看源代码”功能查看（见图 3－25），文件中并没有发现＜％和％＞标记，因为它们已经在服务器端被处理掉了，浏览器所获得的仅仅是结果，是一些标准的 HTML，这些 HTML 一部分是文件中现成的，一部分是由＜％和％＞标记的代码中的 ASP 内建对象 Response 的 Write 方法写入的。

从上述可以看出，ASP 以 HTML 为基础，主体还是 HTML 代码，只是在需要动态响应的部分加入 ASP 代码，ASP 的最终显示结果也是 HTML 代码。

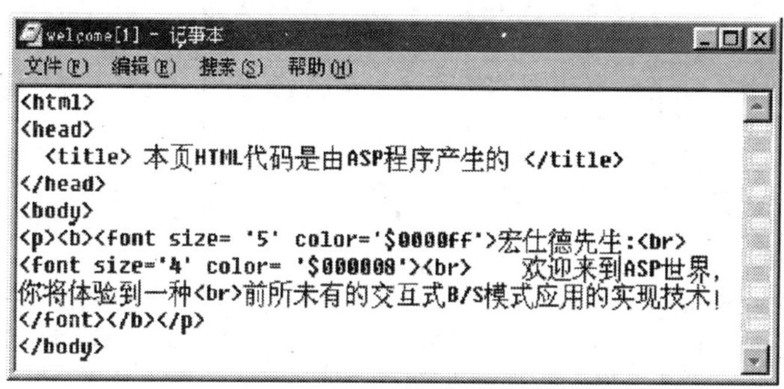
welcome[1] - 记事本
文件(F) 编辑(E) 搜索(S) 帮助(H)
<html>
<head>
<title> 本页HTML代码是由ASP程序产生的 </title>
</head>
<body>
<p><b><font size= '5' color='$0000ff'>宏仕德先生:<br>
<font size='4' color= '$000000'><br> 欢迎来到ASP世界,
你将体验到一种<br>前所未有的交互式B/S模式应用的实现技术!
</font></b></p>
</body>

**图 3－25　从浏览器看到的 welcome. asp 源文件的内容**

## 三、通过 ASP 实现对数据库的访问

用 ASP 访问 Web 数据库时，必须使用 ADO 组件，ADO 是 ASP 内置的 ActiveX 服务器组件（ActiveX Server Component），通过在 Web 服务器上建立并设置 ODBC 和 OLE DB 可连接多种数据库（如 SyBase、Oracle、Informix、SQL Server、Access、VFP 等）。

在 ASP 中，使用 ADO 组件访问远程数据库服务器，可通过以下步骤进行：

Step1：在 WebServer 上定义 ODBC 数据源 DSN。

Step2：创建数据库连接并打开数据库。

Step3：执行指定的 SQL 命令并暂存结果。

Step4：关闭数据库连接，释放有关资源。

仍以本章第五节中员工信息查询应用为例，下面我们将用 ASP 在 B/S 模式中实现。

这里，假定在 WebServer 上已创建了 ODBC 的数据源（DSN）orasvr。

程序文件 adodemo. asp（程序代码见表 3－5）存放在 WebServer 的虚拟目录 AspDemo 下。

**表 3－5　　　　adodemo. asp 文件内容**

| 行 | HTML 代码 | 注解 |
|---|---|---|
| 1 | < % | |
| 2 | Dim conn, sql , r, f | 定义变量 |
| 3 | Set conn = Server. CreateObject ( "ADODB. Connection") | 创建数据库连接 |
| 4 | Conn. ConnectionString = "DSN = orasvr; UID = stu; PWD = stu" | 设定连接参数 |
| 5 | Conn. open | 建立与数据库的连接 |
| 6 | Sql = "select * from employeeinfo " _ | 指定 SQL |
| 7 | & "where salary>1000 and sex = 'M'" | |
| 8 | Set r = Server. CreateObject ( "ADODB. Recordset") | 建立游标用来暂存数据 |
| 9 | r. open sql, conn | 打开游标 |
| 10 | Response. write "<html>" | |
| 11 | Response. write "<head>" | 生成 HTML 文件头 |
| 12 | Response. write "<title>用 ASP 访问 ORACLE 数据库示例" | |
| 13 | Response. write "</title> </head>" | |
| 14 | Response. write "<body>" | |
| 15 | Response. write "月薪高于 1000 元的男性员工清单" | HTML 页面表名 |
| 16 | Response. write "<table align = 'left' border = '1' >" | 建立 HTML 表格 |
| 17 | Response. write "<tr>" | |
| 18 | For each f in r. fields | |
| 19 | response. write "<td>" + f. name + "</td>" | HTML 表头行 |
| 20 | Next | |
| 21 | Response. write "</tr>" | |
| 22 | While not r. eof | |
| 23 | response. write "<tr>" | 循环读各行 |
| 24 | For each f in r. fields | |
| 25 | response. write "<td>" & f. value & "</td>" | 循环读各列 |
| 26 | Next | |
| 27 | Response. write "</tr>" | |
| 28 | r. movenext | |

续表

| 行 | HTML 代码 | 注解 |
|---|---|---|
| 29 | Wend | |
| 30 | Response. write "</table></body>" | |
| 31 | r. close | 关闭游标 |
| 32 | Set r= nothing | 释放游标资源 |
| 33 | Conn. close | 关闭数据库连接 |
| 34 | Set conn = nothing | 释放数据库连接资源 |
| 35 | % > | |

当在浏览器地址栏里输入 http://192. 168. 63. 30/aspdemo/adodemo. asp 时，屏幕显示如图 3－26 所示。

月薪高于1000元的男性员工清单

| EMPLOYEENO | EMPNAME | BIRTHDATE | SEX | SALARY |
|---|---|---|---|---|
| 277052 | 王伟怀 | 69-7-19 | M | 1117.29 |
| 807956 | 徐瑞忠 | 62-5-24 | M | 1168.36 |
| 809139 | 黄建伟 | 67-1-11 | M | 1038.91 |
| 891212 | 孙　凯 | 71-5-15 | M | 1069.94 |
| 892207 | 叶卓辛 | 64-8-12 | M | 1235.88 |
| 893448 | 江文济 | 65-7-28 | M | 1043.18 |

**图 3－26 adodemo. asp 执行结果**

代码第 3 行调用 Server. CreateObject 方法取得 ADODB 提供的数据库连接"ADODB. Connection"的实例 conn，再使用该实

例的 Open 方法打开数据库（代码第 5 行）。代码第 4 行指定了该连接使用的数据源 DSN、用户名 UID 和密码 PWD。

RecordSet 对象是用来存放访问数据库后的数据信息，是最经常使用的对象，它提供丰富的属性和方法，能精确地跟踪数据和显示结果。RecordSet 组件创建包含数据的游标（游标就是储存在内存中的数据）。通过对游标的访问，可以方便地实现对数据的灵活访问。

程序代码第 8 行创建了一个游标实例 r，第 9 行打开该游标(打开游标时必须指定所使用的数据库连接和要执行的 SQL 语句，本例中 SQL 语句在代码第 7 行赋值，该 SQL 语句查询数据表 employeeinfo 中月薪高于 1000 元的男员工信息)。

Field 对象提供对 RecordSet 中当前记录的各个列进行访问的功能，本例中用到了 Field 对象的两个属性：name 和 value，这两个属性分别描述了列的名称和内容（值)。

在代码的第 18～20 行，ASP 将 RecordSet 中的各列的列名取出并生成表的第一行；在代码的第 22～29 行，ASP 对 RecordSet 中每一行依次取出其各列的值，这样就生成了整个表的具体内容（见图 3－26)。

会话结束后（在程序的最后，代码第 31～34 行)，ASP 关闭游标和连接并释放其占用的资源。

程序中有关语句的用法，请参见与 VBScript 有关的书籍。

**四、用 ASP 实现 B/S 模式应用实例**

我们将上文中两个例子所述的技术结合起来，在 B/S 模式下实现对员工信息的定制查询，用户可以指定查询条件，系统将返回指定的查询结果。

该应用的实现代码由两个文件完成，其中涉及到的技术点均已在前文中涉及，故此处仅列出此两个文件内容（附简短注释）和运行效果，不再对其做更多的讲述。

**表 3－6　　　　Demo．html 文件内容**

| 代码 | 注解 |
| --- | --- |
| <html> | |
| <head> | |
| <title> B/S 模式应用实例——查询条件 </title> | 标题栏 |
| </head> | |
| <body bgcolor = “#ccccee” > | |
| <form action = “demo. asp” method = “POST” > | 定义表单 |
| <table border= “0” width= “274” > | |
| <tr height= “90” > | |
| <td colspan= “2” > | |
| 这是一个 B/S 模式下的应用实例，用户可以指定查询条件，系统将返回指定的查询结果： | 表头提示信息 |
| </td> | |
| </tr> | |
| <tr height= “18” > | |
| <td width= “120” >员工姓名：</td> | |
| <td width= “180” > | |
| <input type = “text” name = “name” size= “15” > | 姓名约束条件 |
| </td> | |
| </tr> | |
| <tr height= “18” > | |
| <td width= “120” >性 别：</td> | |
| <td width= “180” > | |
| <input type= “radio” name= “sex” value=1> 男 | 性别约束条件 |
| <input type= “radio” name= “sex” value=0> 女 | |
| <input type= “radio” name= “sex” value= -1> 不限 | |
| </td> | |
| </tr> | |
| <tr height= “18” > | |
| <td width= “120” >月薪范围：</td> | |
| <td width= “180” > | |
| 从<input type= “text” name= “minsalary” size= “7” value= “0” > | |
| 到<input type= “text” name= “maxsalary” size= “7” value= “0” > | 月薪约束条件 |

续表

| 代码 | 注解 |
| --- | --- |
| </td> | |
| </tr> | |
| <tr align= “center” height = “20” > | |
| <td colspan= “3” > | |
| <input type= “reset” name= “reset” value= | |
| “清　空” > | “清空”按钮 |
| <input type= “submit” name= “Submit” value= | |
| “开始查询” > | “开始查询”按钮 |
| </td> | |
| </tr> | |
| </table> | |
| </form></body> | |
| </html> | |

**表 3－7　　Demo．asp 文件内容**

| 代码 | 注解 |
| --- | --- |
| <html> | |
| <head> | |
| <title> B/S 模式应用实例——查询结果 </title> | 标题栏 |
| </head> | |
| <body> | |
| <% | |
| dim nErrFlag, sErrMsg, sName, nSex, MinSalary, MaxSalary | 变量定义 |
| dim conn, sql, cond , r, f | 变量初始化 |
| sql= “select * from employeeinfo ” | |
| cond = “where 1=1 and ” | |
| NErrFlag = 0 | |
| nSex=1 | |
| If Request. form ( “name”). Count > 0 Then | |
| sName=Request. form ( “name”) | |
| If len (trim (sName)) >0 then | |
| cond = cond & “ empname like ‘” &sName & | |
| “%’ and ” | 合成 SQL 条件 |
| End if | |

续表

| 代码 | 注解 |
| --- | --- |
| End if | |
| If Request. form ( "sex"). Count > 0 Then | |
| nSex=Request. form ( "sex") | |
| If nSex = 1 then | |
| cond = cond & " sex= 'M' and " | |
| Elseif nSex = 0 then | |
| cond = cond & " sex= 'F' and " | |
| End if | |
| End if | |
| If Request. form ( "minsalary"). Count > 0 Then | |
| MinSalary= Request. form ( "MinSalary") | |
| If MinSalary > 0 then | |
| cond = cond & " salary >= " & MinSalary & " and " | |
| End if | |
| End if | |
| If Request. form ( "maxsalary"). Count > 0 Then | |
| MaxSalary =Request. form ( "MaxSalary") | |
| If MaxSalary > 0 then | |
| cond = cond & " salary < = " & MaxSalary & " and " | |
| End if | |
| End if | |
| cond = cond & " 1=1" | |
| set conn= Server. CreateObject ( "ADODB. Connection") | 建立数据库连接 |
| conn. ConnectionString= "DSN=ora; UID=stu; | |
| PWD=stu" | |
| conn. open | 打开数据库 |
| set r = Server. CreateObject ( "ADODB. Recordset") | |
| r. open sql & cond , conn | 打开游标 |
| Response. write "<table align= 'left' border= '1' >" | |
| Response. write "<tr>" | |
| For each f in r. fields | |
| response. write "<td>" + f. name + "</td>" | 生成表头 |
| Next | |
| Response. write "</tr>" | |

续表

| 代码 | 注解 |
| --- | --- |
| While not r. eof | |
| response. write "<tr>" | |
| For each f in r. fields | |
| response. write "<td>" & f. value & "</td>" | 生成表内容 |
| Next | |
| response. write "</tr>" | |
| r. movenext | |
| Wend | |
| Response. write "</table></body>" | |
| r. close | 关闭游标 |
| set r= nothing | 释放游标资源 |
| Conn. close | 关闭数据库连接 |
| set conn = nothing | 释放数据库连接资源 |
| %> | |
| </body> | |

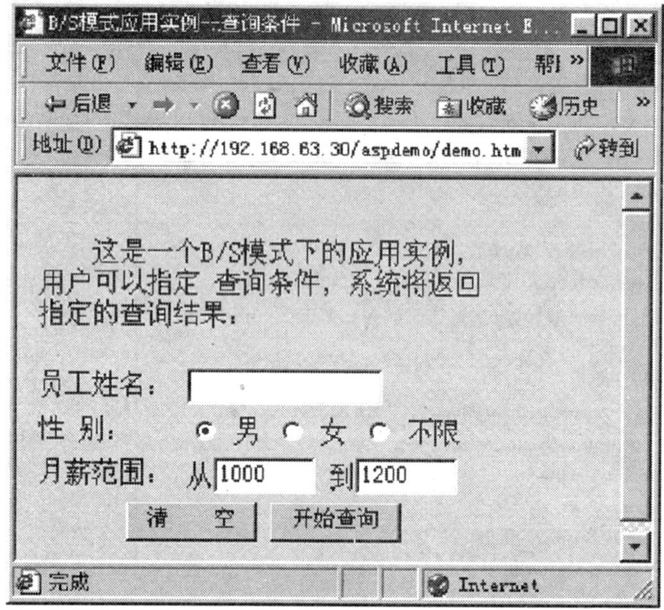


图 3-27 Demo. htm 页面效果

当用户在浏览器中键入 http：//192．168．63．30/aspdemo/demo．htm 后，程序运行情况如图 3－27 所示。

当用户在图 3－27 所示窗口中指定了查询条件并点击“开始查询”按钮后，系统将运行文件 demo．asp，得到如图 3－28 所示的查询结果。

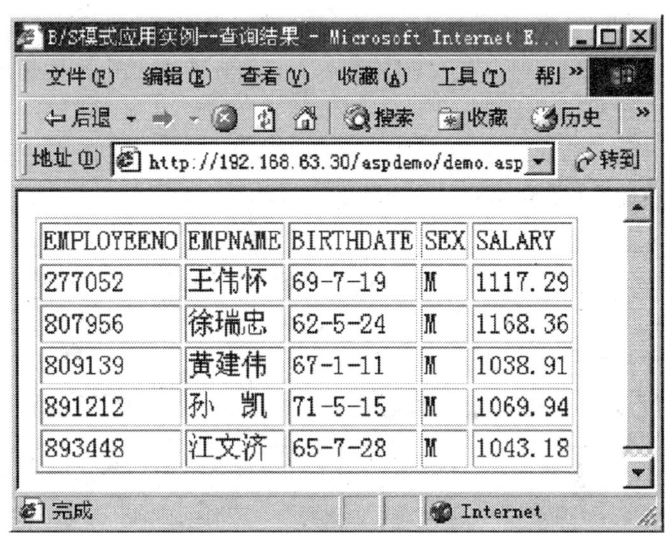


| EMPLOYEENO | EMPNAME | BIRTHDATE | SEX | SALARY |
|---|---|---|---|---|
| 277052 | 王伟怀 | 69-7-19 | M | 1117.29 |
| 807956 | 徐瑞忠 | 62-5-24 | M | 1168.36 |
| 809139 | 黄建伟 | 67-1-11 | M | 1038.91 |
| 891212 | 孙　凯 | 71-5-15 | M | 1069.94 |
| 893448 | 江文济 | 65-7-28 | M | 1043.18 |

**图 3－28　Demo.asp 运行结果**

以上的程序比实际的简化了很多，其目的在于让用户更清晰地理解利用 ASP 和 ADO 访问 Web 数据库的精髓。在实际开发基于 ASP 的主页时，可把专门的网页编辑器与 ASP 的专业开发工具 Visual InterDev 结合应用。利用专业网页编辑器所见即所得地编写主页丰富多彩的界面部分，用 Visual InterDev 编写服务器端的脚本语句，这种组合可以快速开发 Web 数据库的应用。

## 习题

1. 什么是企业计算模式？企业计算模式经历了哪几种方式？

2. 请论述“单主机—多终端”和“客户/服务器”两种计算模式的区别？

3. “B/S 模式”的企业计算模式相对于传统的“C/S 模式”有什么特点？为什么说“B/S 模式”深刻地改变了计算机应用系统的面貌？

4. 在“B/S 模式”的企业计算模式中，客户端浏览器是如何工作的？(需参考第二章内容)

5. 请指出下列英文缩写的中文含义：

B/S, C/S, CGI, DB, API, ASP, ODBC, ADO, SQL

6. 简述 C/S 模式访问本地数据库和访问远程数据在实现技术上的差异。

7. 试述 ASP 的工作原理并指出其与 HTML 的关系。

8. 简介 ODBC 的使用条件及设置步骤。

# 第四章　管理信息系统的系统规划

**提要**：管理信息系统的系统规划依据企业资源状况、企业整体信息管理需求及当前技术环境对企业管理信息系统从系统目标、总体功能结构、关键功能需求、关键信息需求、开发进度等方面做出战略性安排。

本章讲述管理信息系统规划的内容、主要工作及管理信息系统规划的方法和技术。

## 第一节　系统规划的运作程序及主要工作

管理信息系统开发过程中系统规划阶段的主要任务有：①确定管理信息系统的目标及总体功能结构。②了解企业资源现状，估计管理信息系统的费用，规划开发进度。③从企业管理全局出发，规划企业运作方式及主要业务流程。

为了完成上述的系统规划工作，必须应用一些具体的方法并按一定的步骤进行操作。下面我们以某企业的管理信息系统的规划过程为例，使读者了解管理信息系统规划的具体操作过程。

**例 4－1：系统规划情景案例——青钢管理信息系统的系统规划**

青岛钢铁集团公司（以下简称青钢）杨总经理上任后发现，青钢在信息管理手段上较为落后，所有信息管理方面的工作极大部分都靠手工进行。即便是有些单项业务使用了计算机，如生产经营日报的汇总打印，也极具形式化的特征（例如，生产经营日报的汇总打印，实际上是管理人员手工将经营日报的各项数据计算出来后，再录入计算机并打印出来而已）。杨总与高层领导们商量以后，决定青钢拨出相应经费建立企业管理信息系统。

杨总指派有很高协调能力的宣传部部长傅希岭组织协调这项工作的开展。傅部长接手这项任务后第一项工作就是组建青钢信息中心，并亲自担任信息中心主任。组建的信息中心除傅部长外，还有一位懂技术且原则性很强，能全身心投入的马副主任、熟悉计算机硬件及系统软件的小范及其同事们，共10人左右。

傅部长及马副主任接手这项工作以后，找到了北京科技大学管理学院的李教授，通过与李教授咨询，决定：为了使企业中上层领导对企业管理自动化有一个知识性的了解并配合企业管理信息系统的开发工作，傅部长请示杨总经理后邀请李教授及其他北科大相关专家在青钢举办了针对处级以上领导的企业管理及其信息化的培训班。

这之后，北科大李教授组织北科大管理学院及信息工程学院管理信息系统方面的专家到青钢搜集青钢相关资料，了解目前的业务情况，并分别与各部门的主要管理人员面谈，以了解青钢管理信息系统的需求范围与内容。

几周后，李教授及各位专家根据收集来的资料及对其他企业的管理信息系统的了解（这之前青钢信息中心马副主任带领其中心成员曾到已有管理信息系统的企业进行过参观考察），列出了青钢管理信息系统的主要功能需求及信息需求，并应用一些方法对各项功能进行了整理分析，得到了青钢管理信息系统的总体功能结构，并据此与计算机及网络公司初步进行了经费估算，规划了人力分配、进度计划。最后经杨总经理同意，决定将整个系统的建设分为三期工程来完成。第一期工程开发建设物资管理、销售管理、技术管理、生产计划管理、生产调度、财务管理及总经理综合信息服务等7个子系统。李教授的课题组通过几周的工作写出了《青钢管理信息系统可行性研究报告》。

青钢随后组织了一次研讨会，由李教授及其他专家向青钢的各级主管领导和外请专家对青钢管理信息系统的系统规划工作，做了一个详细的报告。外请专家及青钢各级领导确认了报告的内容并对一些问题提出了修改意见与建议。

随后，杨总指派青钢信息中心与北京科技大学课题组就经费与完成时间进行了谈判，最后双方同意以350万元的经费及一年半的时间完成这个系统的第一期工程并签署了合作协议。

之后，在北京科技大学李教授的组织下，组成了由北科大专家和青钢信息中心工作人员组成的联合项目组开始进入了青钢管理信息系统的第二阶段——系统分析阶段。

从上面的情景案例中，我们了解到，为了完成系统规划阶段的任务，需要做好以下一些工作：

1. 建立相应的组织机构来具体推动信息系统的开发工作。

2. 对企业主要管理人员进行培训，以获取他们对信息管理系统开发工作的支持。

3. 对企业目前的任务及资源进行初步调查，并确定企业的重要信息及功能需求。

4. 从整体上规划系统的总体功能结构及初步方案。

5. 初步进行成本估算、制定时间进度计划并确定近期要完成的系统功能。

6. 与开发组签订合作协议。

其中："管理信息系统的总体功能结构及初步方案"是开发组与企业关于最终系统的初步共识，企业管理人员可由该初步方案了解未来系统是否能满足其需求及目标，该初步方案的着眼点在于描述整个系统“是什么”，而不是“如何开发”或系统内部的细节。因此，初步方案中只描述最终产品的总体功能框架及关键信息需求，包含未来系统的交付使用、验收程序以及双方的权利与义务等。

## 第二节　系统规划的主要方法

上一节我们通过一个情景案例描述了管理信息系统规划的运作过程并总结了系统规划的主要工作，本节介绍一些用于完成系统规划的技术或方法。

### 一、关键成功因素法

所谓“关键成功因素”（Critical Success Factors—CSF），是指在一个企业运营管理中的一些因素或领域，这些因素或领域的状态决定着企业的运营状况，这些因素或领域称为关键成功因素。

关键成功因素是企业绝对不能出差错的地方，因此，这些领域是企业决策者经常关注的领域，对于企业在这些领域的表现，必须不断地加以衡量并用信息表达出来，这些信息称为关键信息或重要信息。

关键成功因素法的目的是通过企业的关键成功因素，确定企业运营管理的关键信息需求。

应用关键成功因素法大致可分为确定企业目标、识别关键成功因素和确定关键信息需求三个步骤（见图 4－1）。

由于关键成功因素法的切入点是高层管理人员，因此，关键成功因素法的目的是获取关键管理控制的信息需求。

图 4－2 是关键成功因素法的一个应用示例。

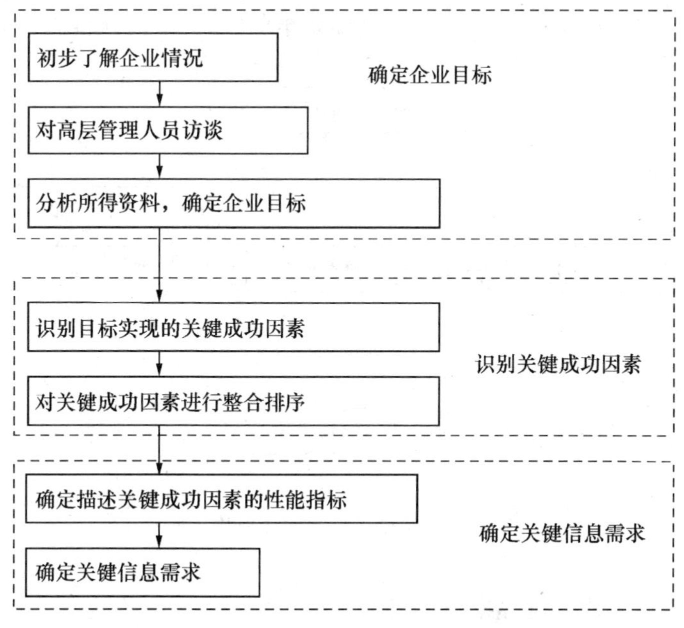


**图 4－1　关键成功因素法的步骤**

在本例中，我们通过企业目标得到了影响企业目标实现的三个关键成功因素，即：①产品质量；②产品成本；③市场服务。然后针对每一个关键成功因素，明确描述它们的性能指标，在上述例子中，对“产品成本”这个关键成功因素，我们了解到其指标有：原料价格、……、原料管理费用等。

最后，针对每一个性能指标，确定其关键信息结构，如：

原料价格（原料名称、原料类别、单价）

……

原料管理费用（原料名称、管理费用名称、费用额）。

……

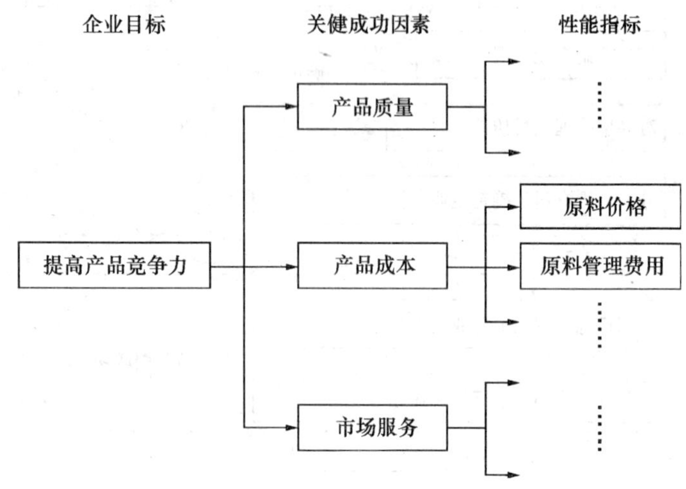


图 4-2　关键成功因素法应用示例

## 二、战略目标集转化法

管理信息系统的战略目标集转化法（Strategic Set Transformation—SST），是把企业战略目标看成是一个集合，通过将企业战略目标转变为管理信息系统的战略目标，进而得到管理信息系统的关键功能需求。战略目标集转化法的实施步骤见图 4-3。

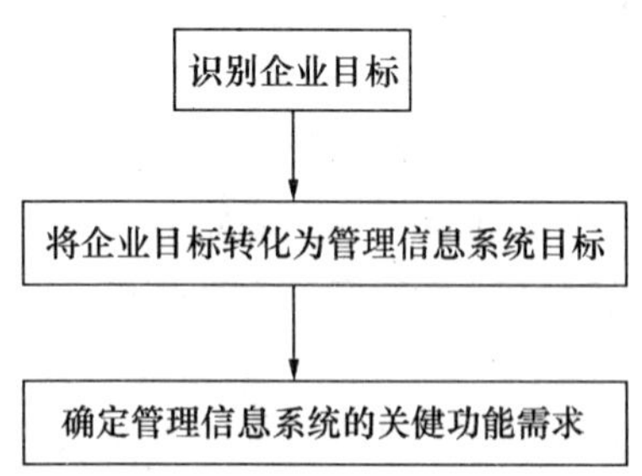


图 4-3　战略目标集转化法的步骤

图 4－4 是管理信息系统战略目标集转化法的一个应用示例。

在该例中我们将某供销公司的企业目标集转化为其管理信息系统的目标集，从而也就明确了该管理信息系统的关键功能需求。

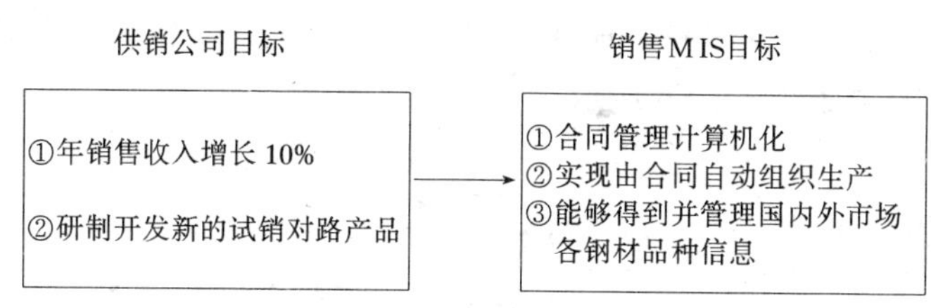


**图 4－4　战略目标集转化法应用示例**

## 三、企业系统规划法

企业系统规划法（Business System Planning—BSP），是 IBM 公司提出的企业信息系统规划的结构化方法。

企业系统规划法首先对企业自上而下地识别企业目标、企业过程、相关数据类，然后自下而上地规划管理信息系统的总体功能结构，对该结构中各大部件（子系统）排序进而给出建议的开发进度规划。其具体步骤见图 4－5。

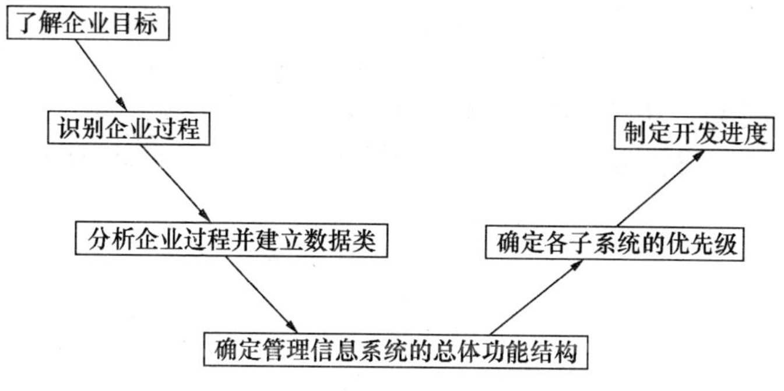


**图 4－5　企业系统规划法的实施步骤**

在企业系统规划法中有一个重要的概念，即企业过程。企业过程指的是企业逻辑上相关的一组策略或活动的集合，是整个企业管理活动中独立性较强的单元。

企业过程通过输入—处理—输出图（即 Input – Process – Output，也称 IPO 图）来描述，例如，企业过程“销售合同管理”的 IPO 图如图 4 – 6 所示：

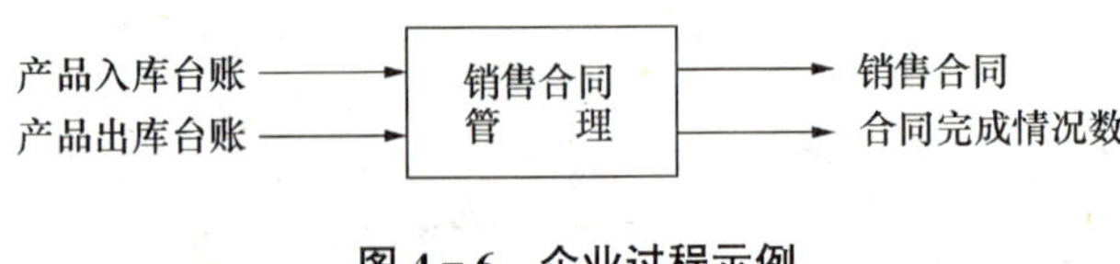


**图 4 – 6　企业过程示例**

其中：数据类“产品入库台账”和“产品出库台账”是企业过程“销售合同管理”的输入，即使用数据类。而“销售合同”和“合同完成情况数据”是该企业过程的输出，即生成数据类。

在企业系统规划法中非常重要也是非常关键的工作是识别企业过程，因为所有其他工作都是基于企业过程来进行的。

在图 4 – 5 所示的企业系统规划法的所有步骤中，“确定管理信息系统的总体功能结构”是系统规划的一项转折性工作，正是通过这一步骤我们把企业现有的管理功能依据企业过程间的信息联系，并以过程间的信息联系程度为依据进行重新规划，从而得到新的系统功能结构。

下面我们通过一个应用示例说明应用企业系统规划法确定管理信息系统总体功能结构的方法。

**例 4－2：应用企业系统规划法确定管理信息系统总体功能结构**

假设我们通过分析企业目标已得到某企业的所有管理过程 $P_i$，i＝1，…，m：

$P_1$——销售合同管理
$P_2$——原料入库管理
$P_3$——原料出库管理
$P_4$——产品入库管理
$P_5$——产品出库管理
$P_6$——统计管理

通过分析上述企业过程，我们得到每一个企业过程的 IPO 图，通过归纳汇总进而得到企业的数据类 $d_j$，j＝1，…，n：

$d_1$——销售合同
$d_2$——产品入库台账
$d_3$——合同完成情况数据
$d_4$——原料出库单
$d_5$——原料入库单
$d_6$——产品出库台账
$d_7$——原料库存价格
$d_8$——原料当前库存

本例的目的是通过企业过程间的数据产生与使用关系，对企业过程进行聚类分析，形成企业管理信息系统的总体功能结构，为此我们可通过下列步骤来完成：

1. 建立企业过程与数据类间的使用和生成矩阵。通过企业过程的 IPO 图我们可得到企业过程与数据类间的生成矩阵 $A_c$ 和使用矩阵 $A_u$。

过程/数据类的生成矩阵 $A_c$ 描述企业过程与数据间的数据生成关系，本例中有：

$$A_c = \begin{pmatrix} 1 & 0 & 1 & 0 & 0 & 0 & 0 & 0 \\ 0 & 0 & 0 & 0 & 1 & 0 & 1 & 0 \\ 0 & 0 & 0 & 1 & 0 & 0 & 0 & 1 \\ 0 & 1 & 0 & 0 & 0 & 0 & 0 & 0 \\ 0 & 0 & 0 & 0 & 0 & 1 & 0 & 0 \\ 0 & 0 & 0 & 0 & 0 & 0 & 0 & 0 \end{pmatrix}$$

其中：$A_c$（i，j）＝1 表示第 i 个过程 $P_i$ 生成第 j 个数据类 $d_j$。

过程/数据类的使用矩阵 $A_u$ 描述企业过程与数据间的数据使用关系，本例中有：

$$A_u = \begin{pmatrix} 0 & 1 & 0 & 0 & 0 & 1 & 0 & 0 \\ 0 & 0 & 0 & 0 & 0 & 0 & 0 & 1 \\ 0 & 0 & 0 & 0 & 0 & 0 & 1 & 0 \\ 1 & 0 & 0 & 0 & 0 & 0 & 0 & 0 \\ 1 & 0 & 1 & 0 & 0 & 0 & 0 & 0 \\ 1 & 1 & 1 & 1 & 1 & 1 & 1 & 1 \end{pmatrix}$$

其中：$A_u$（i，j）＝1 表示第 i 个过程 $P_i$ 使用第 j 个数据类 $d_j$。

2. 计算企业过程间的一步可达关系矩阵 G。企业过程 $P_i$ 与

企业过程 $P_j$ 一步可达，是指企业过程 $P_i$ 产生的某一个数据 $d_k$ 类被企业过程 $P_j$ 直接使用了（例如图 4－7 中过程 $P_1$ 到过程 $P_4$ 一步可达，这是因为过程 $P_1$ 生成的数据 $d_1$ 被过程 $P_4$ 直接使用形成的）。

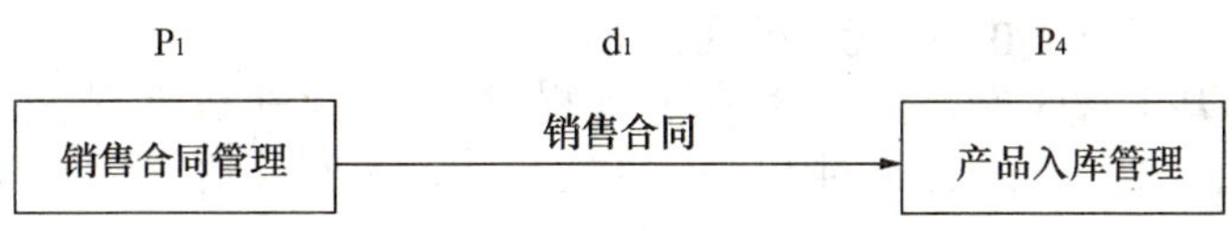


**图 4－7　企业过程 $P_1$ 到企业过程 $P_4$ 一步可达**

描述企业过程间的这种一步可达关系的矩阵 G，可由过程与数据类间的生成和使用矩阵 $A_c$ 与 $A_u$ 按下列公式计算出来：

$G = A_c \cdot A_u^T = (g_{i,j} = \bigvee_{k=1}^{n} (A_c(i, k) \wedge A_u^T(k, j)), i = 1, \cdots, m, j = 1, \cdots, n)$

在本例中有：

$$G = \begin{pmatrix} 1 & 0 & 1 & 0 & 0 & 0 & 0 & 0 \\ 0 & 0 & 0 & 0 & 1 & 0 & 1 & 0 \\ 0 & 0 & 0 & 1 & 0 & 0 & 0 & 1 \\ 0 & 1 & 0 & 0 & 0 & 0 & 0 & 0 \\ 0 & 0 & 0 & 0 & 0 & 1 & 0 & 0 \\ 0 & 0 & 0 & 0 & 0 & 0 & 0 & 0 \end{pmatrix} \cdot \begin{pmatrix} 0 & 0 & 0 & 1 & 1 & 1 \\ 1 & 0 & 0 & 0 & 0 & 1 \\ 0 & 0 & 0 & 0 & 1 & 1 \\ 0 & 0 & 0 & 0 & 0 & 1 \\ 0 & 0 & 0 & 0 & 0 & 1 \\ 1 & 0 & 0 & 0 & 0 & 1 \\ 0 & 0 & 1 & 0 & 0 & 1 \\ 0 & 1 & 0 & 0 & 0 & 1 \end{pmatrix}$$

$$
= \begin{pmatrix} 0 & 0 & 0 & 1 & 1 & 1 \\ 0 & 0 & 1 & 0 & 0 & 1 \\ 0 & 1 & 0 & 0 & 0 & 1 \\ 1 & 0 & 0 & 0 & 0 & 1 \\ 1 & 0 & 0 & 0 & 0 & 1 \\ 0 & 0 & 0 & 0 & 0 & 0 \end{pmatrix}
$$

其中：G（i，j）=1 表示过程 $P_i$ 可一步到达过程 $P_j$。如 G（1，4）=1，表示过程 $P_1$ 到过程 $P_4$ 一步可达。运算符号“∨”为布尔和，“∧”为布尔积。

3. 计算企业过程间的多步可达关系矩阵。两个过程间除了一步可达关系之外，也可通过其他过程的传递形成两步可达或更多步可达关系，这种多步可达关系可通过计算得到。

企业过程间的两步可达关系可由下式给出：

$G^2 = G \cdot G = \bigvee_{k=1}^{m} (G(i, k) \wedge G(k, j))\ (i=1, \cdots, m, j=1, \cdots, m)$

在本例中有：

$$
G^2 = \begin{pmatrix} 0 & 0 & 0 & 1 & 1 & 1 \\ 0 & 0 & 1 & 0 & 0 & 1 \\ 0 & 1 & 0 & 0 & 0 & 1 \\ 1 & 0 & 0 & 0 & 0 & 1 \\ 1 & 0 & 0 & 0 & 0 & 1 \\ 0 & 0 & 0 & 0 & 0 & 0 \end{pmatrix} \cdot \begin{pmatrix} 0 & 0 & 0 & 1 & 1 & 1 \\ 0 & 0 & 1 & 0 & 0 & 1 \\ 0 & 1 & 0 & 0 & 0 & 1 \\ 1 & 0 & 0 & 0 & 0 & 1 \\ 1 & 0 & 0 & 0 & 0 & 1 \\ 0 & 0 & 0 & 0 & 0 & 0 \end{pmatrix}
$$

$$
= \begin{pmatrix} 1 & 0 & 0 & 0 & 0 & 1 \\ 0 & 1 & 0 & 0 & 0 & 1 \\ 0 & 0 & 1 & 0 & 0 & 1 \\ 0 & 0 & 0 & 1 & 1 & 1 \\ 0 & 0 & 0 & 1 & 1 & 1 \\ 0 & 0 & 0 & 0 & 0 & 0 \end{pmatrix}
$$

若 $G^2(i, j)=1$，则表明过程 $P_i$ 到 $P_j$ 两步可达。

类似地，我们可计算出企业过程间的 3 步、4 步…m－1 步可达关系矩阵，$G^3=G^2\cdot G$，…，$G^{m-1}=G^{m-2}\cdot G$。

从过程间的直观含义及图论的相关定理，我们不需考虑企业过程间的 m－1 及以上步的可达关系，因此，我们只须计算 $G^1$，$G^2$，…$G^{m-1}$即可。

4. 计算企业过程间的可达矩阵。实际上，我们最终关心的是企业过程间有没有可达关系，而并不关心它们之间是一步可达还是多步可达，即我们这里要寻求的是过程间是否通过数据的生成与使用发生了联系，而并不关心这种联系是否是经过其他过程传递而形成的，这种过程间不关心中间过程的可达关系可由下式计算给出：

$$R=I\vee G\vee G^2\cdots G^{m-1}$$

其中：矩阵计算符号 $\vee$ 表示矩阵对应元素的布尔和，I 为 m 阶单位矩阵。如果 $R(i, j)=1$，则表示过程 $P_i$ 到过程 $P_j$ 可达（见图 4－8）。

在本例中有：

$$R=I\vee G\vee G^2\vee G^3\vee G^4\vee G^5=\begin{pmatrix}1&0&0&1&1&1\\0&1&1&0&0&1\\0&1&1&0&0&1\\1&0&0&1&1&1\\1&0&0&1&1&1\\0&0&0&0&0&1\end{pmatrix}$$

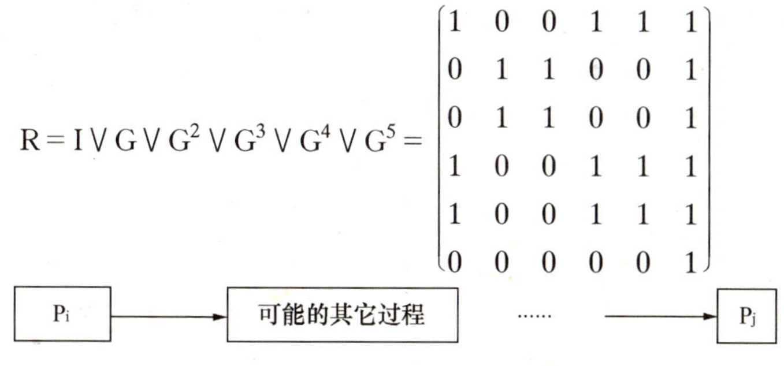


图 4－8　过程的可达关系

5. 计算企业过程间的相互可达关系矩阵 Q。如果企业过程

$P_i \sim P_j$ 可达，且 $P_j \sim P_i$ 也可达，这时我们称企业过程 $P_i$ 与 $P_j$ 相互可达（见图 4－9）。

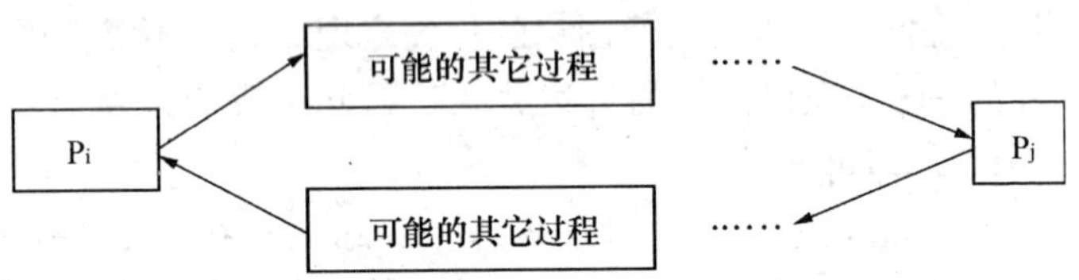


**图 4－9　企业过程间的相互可达关系**

企业过程间的相互可达关系矩阵 Q 可通过下列方式得出：

$$Q = R \wedge R^T = \begin{pmatrix} 1 & 0 & 0 & 1 & 1 & 1 \\ 0 & 1 & 1 & 0 & 0 & 1 \\ 0 & 1 & 1 & 0 & 0 & 1 \\ 1 & 0 & 0 & 1 & 1 & 1 \\ 1 & 0 & 0 & 1 & 1 & 1 \\ 0 & 0 & 0 & 0 & 0 & 1 \end{pmatrix} \wedge \begin{pmatrix} 1 & 0 & 0 & 1 & 1 & 0 \\ 0 & 1 & 1 & 0 & 0 & 0 \\ 0 & 1 & 1 & 0 & 0 & 0 \\ 1 & 0 & 0 & 1 & 1 & 0 \\ 1 & 0 & 0 & 1 & 1 & 0 \\ 1 & 1 & 1 & 1 & 1 & 1 \end{pmatrix}$$

$$= \begin{pmatrix} 1 & 0 & 0 & 1 & 1 & 0 \\ 0 & 1 & 1 & 0 & 0 & 0 \\ 0 & 1 & 1 & 0 & 0 & 0 \\ 1 & 0 & 0 & 1 & 1 & 0 \\ 1 & 0 & 0 & 1 & 1 & 0 \\ 0 & 0 & 0 & 0 & 0 & 1 \end{pmatrix}$$

其中：计算符号 ∧ 表示矩阵对应元素的布尔积。如果 Q（i，j）＝1，则表示过程 $P_i$ 和 $P_j$ 相互可达。

企业过程 $P_i$ 与 $P_j$ 若相互可达，则说明 $P_i$ 与 $P_j$ 间通过数据的生成与使用呈现一种强相关关系。因此在企业管理信息系统规划过程中应被划分到同一个类中去，这种聚类的结果就形成了一个个子系统，这些子系统就形成了管理信息系统的总体功能结构。

上述表明企业过程间的相互可达矩阵已隐含了企业管理信息系统的总体功能结构，但我们还必须通过简单的处理才能使这种聚类结果显现出来。

6. 调整相互可达矩阵 Q 得到过程间相互可达的强子矩阵 Q′。为表达得更清晰，我们将过程间的相互可达矩阵 Q 用表格形式给出：

| | $P_1$ | $P_2$ | $P_3$ | $P_4$ | $P_5$ | $P_6$ |
|---|---|---|---|---|---|---|
| $P_1$ | 1 | 0 | 0 | 1 | 1 | 0 |
| $P_2$ | 0 | 1 | 1 | 0 | 0 | 0 |
| $P_3$ | 0 | 1 | 1 | 0 | 0 | 0 |
| $P_4$ | 1 | 0 | 0 | 1 | 1 | 0 |
| $P_5$ | 1 | 0 | 0 | 1 | 1 | 0 |
| $P_6$ | 0 | 0 | 0 | 0 | 0 | 1 |

**图 4-10　相互可达矩阵 Q 的表格形式**

对上述表格化的企业过程的相互可达矩阵 Q 进行行、列调整（在本例中将第 1 行移到第 3 行后，再将第 1 列移到第 3 列后即可），得到企业过程间相互可达的强子矩阵 Q′（见图 4-11）。

本例中，通过企业间相互可达的强子矩阵 Q′，企业过程间强相关关系被显现出来。这样我们将企业的 6 个过程 $P_i$，$i=1$，2，…6 分成了如下 3 个子系统：

子系统 1（包含过程 $P_2$，$P_3$）

子系统 2（包含过程 $P_1$，$P_4$，$P_5$）

子系统 3（包含过程 $P_6$）

即经过调整后的企业过程间相互可达的强子矩阵 Q′的每一个子块对应的过程构成一个子系统，这实际上是给出了企业管理信息系统的总体功能结构。

| | P2 | P3 | P1 | P4 | P5 | P6 |
|---|---|---|---|---|---|---|
| P2 | 1 | 1 | 0 | 0 | 0 | 0 |
| P3 | 1 | 1 | 0 | 0 | 0 | 0 |
| P1 | 0 | 0 | 1 | 1 | 1 | 0 |
| P4 | 0 | 0 | 1 | 1 | 1 | 0 |
| P5 | 0 | 0 | 1 | 1 | 1 | 0 |
| P6 | 0 | 0 | 0 | 0 | 0 | 1 |

**图 4－11　企业过程间相互可达的强子矩阵**

另外，通过过程间的一步可达矩阵 G 的帮助，即通过子系统所包含的过程间的一步单向可达关系，我们还可以给出企业管理信息系统的功能结构图（见图 4－12）。

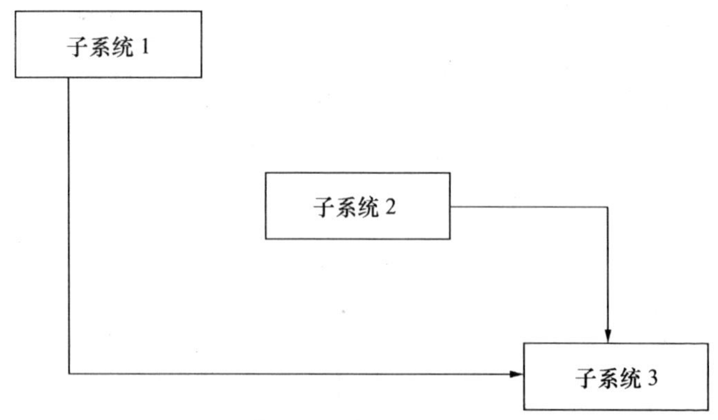


**图 4－12　由过程间的一步可达矩阵 G 得到的系统功能结构图**

对于子系统1、子系统2和子系统3，视其包含的企业过程，我们可以分别称为“原料管理”、“产品销售管理”和“统计管理”。

应用企业系统规划法进行管理信息系统规划的优点在于：系统规划工作是从企业的目标出发，利用企业过程间的数据联系来进行的，这样我们得出的企业管理信息系统的结构与企业现行的组织机构无关，当企业的组织机构变化时，企业管理信息系统的结构有很大的适应性，同时管理信息系统的功能结构对企业的组织机构调整有指导意义。

对上述方法中过程间的相互可达矩阵 Q 的行、列调整问题，我们给出如下方法：

首先，按下列方法构造一个不干涉序列 $a_1$，$a_2$，…：

$$a_1 = 1$$

$$a_2 = 3$$

$$a_3 = a_1 + a_2 + 1 = 5$$

$$a_j = 2a_{j-1}, \quad j \geqslant 4$$

得：$a_1 = 1$，$a_2 = 3$，$a_3 = 5$，$a_4 = 10$，$a_5 = 20$，$a_6 = 40$，…

$$
\begin{array}{c}
 \\ P_1 \\ P_2 \\ P_3 \\ P_4 \\ P_5 \\ P_6 \\ \\
\end{array}
\begin{array}{cccccc|c}
P_1 & P_2 & P_3 & P_4 & P_5 & P_6 & \\
1 & 0 & 0 & 1 & 1 & 0 & 1 \\
0 & 1 & 1 & 0 & 0 & 0 & 3 \\
0 & 1 & 1 & 0 & 0 & 0 & 5 \\
1 & 0 & 0 & 1 & 1 & 0 & 10 \\
1 & 0 & 0 & 1 & 1 & 0 & 20 \\
0 & 0 & 0 & 0 & 0 & 1 & 40 \\
31 & 8 & 8 & 31 & 31 & 40 &
\end{array}
\longrightarrow
\begin{array}{c}
 \\ P_1 \\ P_2 \\ P_3 \\ P_4 \\ P_5 \\ P_6 \\ \\
\end{array}
\begin{array}{cccccc|c}
P_2 & P_3 & P_1 & P_4 & P_5 & P_6 & \\
0 & 0 & 1 & 1 & 1 & 0 & 35 \\
1 & 1 & 0 & 0 & 0 & 0 & 4 \\
1 & 1 & 0 & 0 & 0 & 0 & 4 \\
0 & 0 & 1 & 1 & 1 & 0 & 35 \\
0 & 0 & 1 & 1 & 1 & 0 & 35 \\
0 & 0 & 0 & 0 & 0 & 1 & 40 \\
1 & 3 & 5 & 10 & 20 & 40 &
\end{array}
$$

**图 4－13　相互可达矩阵的调整**

将不干涉序列附加到可达矩阵 Q 的最后一列上，记为 Q（i，m+1），i=1，2，…，m（见图 4－13），并计算可达矩阵各列的排序因子，其计算方法为：

$$\alpha_j = \sum_{i=1}^{m} Q(i, j) \cdot Q(i, m+1)$$

其次，将相互可达矩阵按列排序因子的大小进行列调整。

类似地，将不干涉序列附加在第一次调整后的相互可达矩阵的最后一行，计算出各行的排序因子，并按行排序因子的大小对可达矩阵进行行调整得到：

$$Q' = \begin{array}{c} \\ P_2 \\ P_3 \\ P_1 \\ P_4 \\ P_5 \\ P_6 \end{array} \begin{array}{c} \begin{array}{cccccc} P_2 & P_3 & P_1 & P_4 & P_5 & P_6 \end{array} \\ \begin{bmatrix} 1 & 1 & & & & \\ 1 & 1 & & & & \\ & & 1 & 1 & 1 & \\ & & 1 & 1 & 1 & \\ & & 1 & 1 & 1 & \\ & & & & & 1 \end{bmatrix} \end{array}$$

这就是例 4－2 最后的聚类结果。

**四 、企业流程再造**

企业流程再造（Business Process Reengineering—BPR）由美国麻省理工学院计算机方面的教授 Michael Hammer 博士在 1990 年发表于《哈佛商业评论》的“再造不是自动化，而是重新开始”一文中首次提出。随后他与 James Champy 于 1993 年合著《再造公司》（Reengineering the Corporation）一书，并以“管理革命的宣言”作为副标题，掀起了世界性的 BPR 研究浪潮。

目前，许多企业应用了信息技术（IT），但只是作为提高工作效率和自动化程度的手段，而对作业过程则不做任何适应性改变，限制了提高企业整体绩效的空间。所有这些都要求在管理理论和方法上做出深刻的变革，使企业适应新的市场环境，这也是企业流程再造的本质内涵，即：对企业运营根本重新思考，彻底翻新作业流程，以便在现今衡量的关键指标，如成本、品质、服务和速度上获得戏剧性的改善。

企业管理信息系统的应用在很大程度上推动了企业管理方式的变革，因为在为企业设计一个采用计算机网络进行信息处理、传输的新系统时，往往要改变手工管理的方式，并需重新设计企业的业务处理流程。因此，近几年从事管理信息系统的专业人员，基本上认为管理信息系统的系统规划工作和企业流程再造是异曲同工的。

企业流程再造的基本内涵就是以作业过程为中心，摆脱传统组织分工理论的束缚，提倡顾客导向、组织变通及正确地运用信息技术，使企业适应快速变动的环境。该理论的核心是“流程”观点和“再造”观点。

所谓“流程（Process）”的观点，强调企业运行是集成从订单到交货或提供服务的一连串作业活动，组成企业活动的要素是一件件业务，一项项作业，而非一个个部门。企业流程再造要重新检查每一项作业活动，识别不具有价值增值的作业活动，将其剔除，并将所有具有价值增值的作业活动重新组合，优化作业过程，缩短交货周期。

“再造（Reengineering）”的观点，强调打破旧有管理规范，再造新的管理程序，以回归原点和从头做起的新观念和思考方式，获取管理理论的重大突破和管理方式的革命性变化。“再造”要求摆脱现行系统，从零开始，展开功能分析，将企业系统所欲达到的理论功能逐一列出，再经过综合评价和统筹考虑筛选出最基本的、关键的功能并将其优化组合，形成企业新的运行系统。

**例 4－3：企业流程再造案例——福特公司的“采购—收货—付款”流程再造**

福特公司的美国总部有 500 多名财务人员，其单据往来十分繁杂，通常的程序是：采购部与供应商签订购货合同（订单），同时送一份副本给会计部门；供应商交货时开发票；仓库管理员验收货物后出具验收单，会计部门核对订单、发票、验收单，三者一致后办理付款，否则需派人调查原因，整个处理过程如图 4－14 所示。

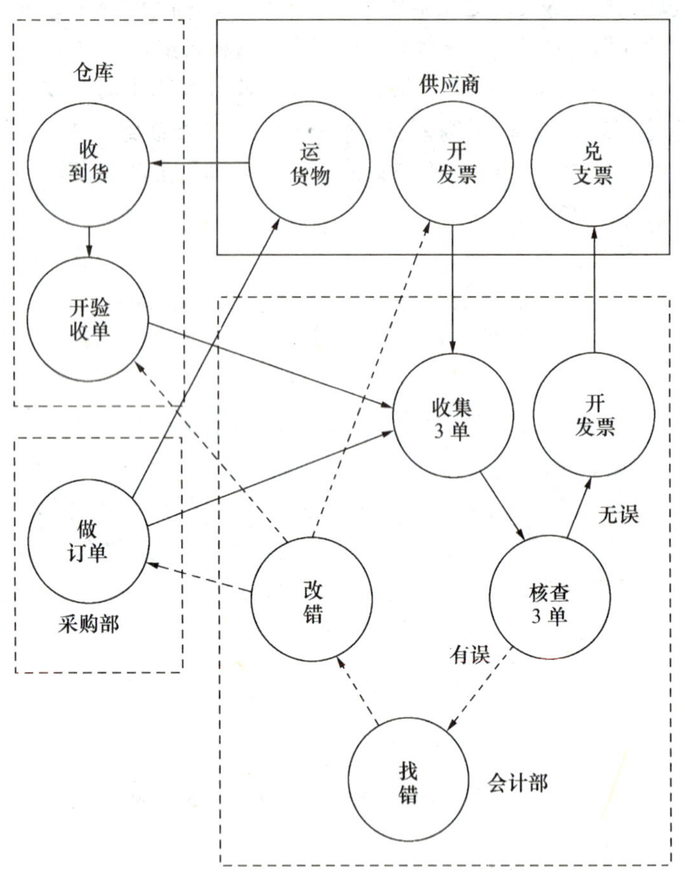


**图 4－14　福特公司原有“采购—收货—付款”流程**

福特公司建立了计算机系统，使采购、仓库、会计部门都应用计算机处理各自的业务，裁掉了20%的冗员，并以为这样很不错了。但是，当他们知道日本马自达公司完成同样的工作仅需5个人时，他们震惊了。因为即使考虑到福特公司的规模比马自达大，他们最多也只应有100名左右会计人员。问题在哪里呢？显然，这需要从根本上再造整个工作过程和工作内容。调查表明，很多传统的习惯是不必要的，在会计部门和采购部门以及供应商之间有很多冗余的单据往来，要花不少人力去核对单据。尽管不一致的情况只占少数，但会计部门却有80%的人花大量时间处理这类少数事件。又因经手人多，出错的机会也多，一旦单据之间不相符，就要花更多人力去追查，最后会计部门凭多次核对的发票付款。

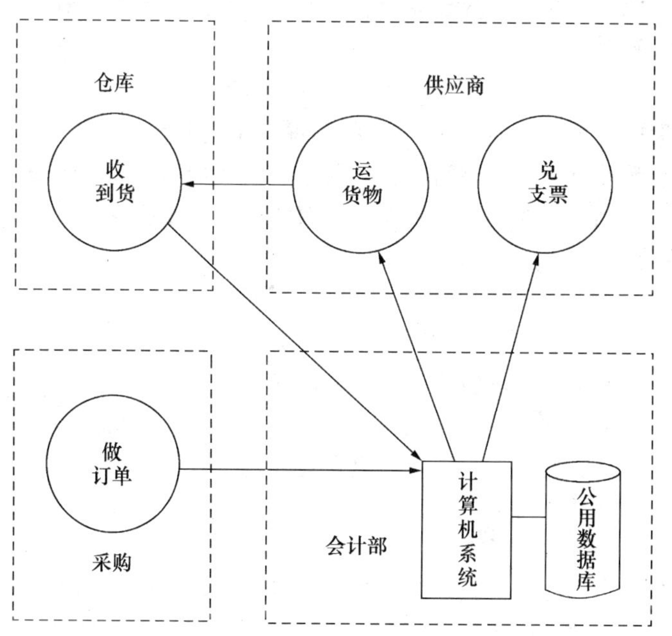


**图4－15　福特公司再造后的“采购—收货—付款”流程**

福特公司再造了这一流程，引入了公用数据库，采购订单进入数据库并送给供应商。当仓库管理员收到货物时，从数据库中调出相应的订单，两者相符则验收入库并自动开出支票，反之则拒绝收货。这样，发票及其他往来单据就不再需要了（见图4－15）。

福特公司通过上述流程再造及企业管理信息系统的建设，使得会计部门减少了75%的冗员，同时再造后的流程在效率、成本和质量方面都有极大改善。

从上面的例子可以看出，企业流程再造的最终目的是使一切活动都要以某种方式为企业和顾客“增加价值”。重新规划和设计现有流程的途径就是消除非增值活动和调整核心增值活动，其可能的方面有：

1．清除非增值活动。现有流程中所有的非增值步骤都应该清除掉，用Michael Hammer的话说就是要“彻底铲除”。这些非增值活动可从等待时间长、无用的运输、加工处理时间长、无用的活动、重复活动、过量库存、因可改善问题造成的返工等方面去寻找。

2．简化必要的活动。在尽可能清除了非必要活动之后，对剩下的活动应该简化。简化可从作业程序、存在问题区域、不可能完全清除的非增值活动几个方面入手。

3．活动的整合。经过简化的活动应该进行整理合并，使由其组成的流程流畅、连贯。整合包括两个方面，即并行进行某些活动和合并进行某些活动。

4．流程活动自动化。信息技术的应用无疑可提高企业流程的自动化程度，但这里需要指出的是，设计和开发企业新的信息管理系统的目的不仅是简单地加速流程运行，更重要的是流程自动化过程中应对非增值流程活动进行合理地消除、简化和整合。

企业流程中需要考虑实行自动化的活动可从脏活、险活、乏味工作、数据采集、传递分析方面寻找。

企业流程的再造工作还要注意流程的关键点。流程关键点是构成企业流程的诸要素中，对流程运行起决定作用的一个。企业流程的要素有四个，即组成流程的活动、活动间的逻辑关系、活动的实现方式和活动的承担者。这四个要素在不同的企业流程中地位是不同的，但其中至少有一个是关键因素，也就是流程的关键点。

### 例 4-4：班尼顿（Benetton）公司业务流程再造案例

班尼顿（Benetton）公司是意大利大型服装企业，它以齐全的商品及丰富的色彩颇获好评。其传统生产方式是：在每年的每个生产周期一开始先查阅有关流行时装方面的信息，再进行商品策划（款式和颜色）。生产流程则是：先把丝染上色再织布，这种方式称为先染。布织好后，接着便是配合服装的款式进行设计、剪裁、缝制和销售（见图 4-16）。

后来，他们发现，服装在一年中流行款式变化不大，但流行颜色变化很大。根据这一信息，他们将这一流程改为图 4-17 所示的形式。

由于在一年内流行款式很少变化，因此在新的流程中，只要颜色方面的流行信息一到手，即可进行颜色的策划，马上染色。因为式样都已做好了，只剩下染色活动，自然上市周期缩短了许多。

这种将先染改为后染的流程再造使班尼顿公司的业绩大幅度上升。在这一例子中，活动、每一活动的实现方式及承担者都无改动，主要是改变了活动的先后顺序。

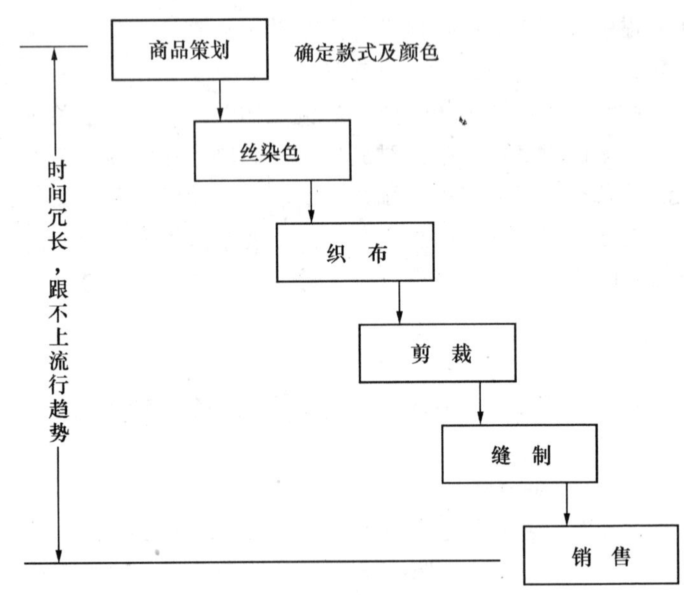


**图 4－16　班尼顿公司改造前的业务流程**

管理信息系统的系统规划工作，对一个企业来讲是进行企业流程再造的契机。企业流程再造的思想加深了我们对管理信息系统系统规划工作内涵的认识，并在一定程度上指导我们开展管理信息系统的系统规划工作。

企业计算机应用和企业流程再造思想的结合，有时甚至能够产生新的企业运行模式。图 4－18 和图 4－19 是传统百货店的销售业务流程及利用收银机超市售货的业务流程比较。“超市”这种新的商业方式正是应用了具有较强处理功能的计算机系统，并对传统销售业务流程重新再造后产生的。

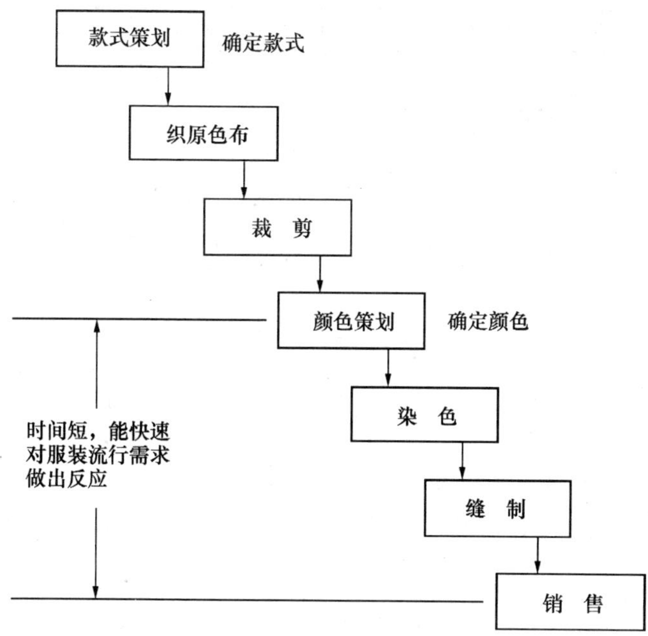


图 4-17　班尼顿公司改造后的业务流程

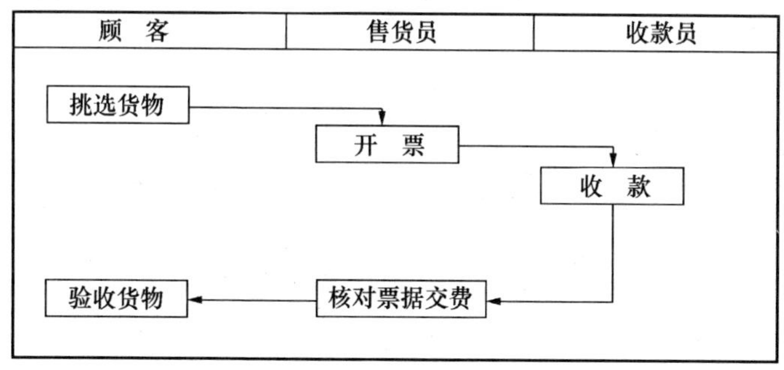


图 4-18　传统百货店销售业务流程

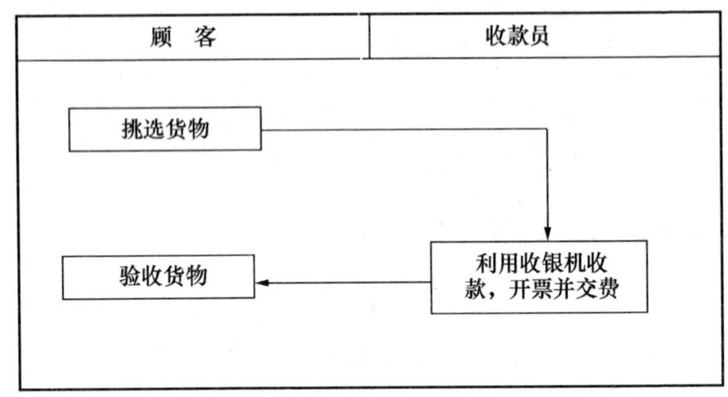


**图 4－19　利用收银机的超市销售业务流程**

从上述我们可以看出，企业流程再造的思想不仅涉及到管理信息系统的规划工作，它实际上也涉及了管理信息系统的系统分析和设计，乃至管理信息系统更多的环节和阶段。

---

**习题**

1. 管理信息系统的系统规划阶段的主要任务及具体工作有哪些？

2. 管理信息系统的系统规划有哪些主要方法？请说明每一种方法的具体步骤及作用。

3. 企业系统规划的 BSP（企业系统规划法）方法是依据什么确定管理信息系统的总体功能结构的？

4. 你如何理解 Hammer 在《哈佛商业评论》上发表的“再造不是自动化，而是重新开始”的含义？为什么说企业信息化不仅仅是管理工作的自动化？

5. 请指出下列英文缩写的中文含义：

CSF，BSP，SST，BPR，IPO

# 第五章　管理信息系统的系统分析

**提要：** 系统分析是管理信息系统开发工作中最重要的一个阶段。在这个阶段中，系统分析人员基于对企业管理业务的详细调查，利用一些描述及分析方法对企业现有的信息处理系统进行描述和分析，提出新系统的逻辑方案。系统分析的本质，是通过对现有系统的描述和分析回答未来系统"要做什么"的问题。

本章讲述管理信息系统系统分析的内容、实现步骤及为完成系统分析工作需要掌握的方法、分析和描述工具。

**例 5-1：系统分析情景案例——青钢管理信息系统的系统分析**

在和青钢签订了为其开发包括物资管理、产品销售管理、计划管理、生产调度管理、财务管理、技术管理、总经理综合信息服务等 7 个子系统的开发合同后，李教授在其领导的课题组内召开了一次会议。在会议上，李教授为 7 个子系统分别指定了一个技术负责人，并为整个项目指定了一个总体技术负责人。

课题组的各位专家设计了 3 张表格，分别用于调查青钢各相关部门的组织机构、目标功能和信息需求。

随后，李教授率领课题组成员进驻青钢。由青钢公司办组织所有与上述 7 个子系统相关机构的主要业务人员开了一个动员会，会上由杨总经理首先阐述了企业计算机应用系统对青钢规范化管理的重大意义，并动员大家协助该系统的开发工作，然后由李教授及项目总体技术负责人给各位业务人员讲解了如何填写调查部门业务的3张调查表。

会后，青钢信息中心傅希岭主任与7个子系统相关部门：物资处、销售处、技术处、财务处、计划处、生产调度处、总经理办公室等部门的主管领导进行协调，分别指定了熟悉业务的人员填写用于调查各部门业务的3张调查表。

一周以后，课题组依据收上来的调查表绘制出了青钢的组织机构图，归纳总结出了组织机构各部门的工作任务。对每一项管理业务的处理流程及所处理的数据，利用相应的描述工具进行了规范化描述。对一些调查表中无法或很难描述清楚的问题，课题组专门组织系统分析人员与相关的业务人员进行了面谈，在交谈过程中逐步弄清了通过调查表较难了解到的功能及信息需求。

在完成对现有各组织机构及业务的描述后，系统分析人员利用相应的系统分析方法，通过各项业务和数据间的关系分析了现有的业务流程，发现了一些问题，在解决了这些问题后，通过对各业务流程的整理归纳，提出了新系统的功能结构，并对该功能结构中的每一项功能从内容上进行了具体描述。

课题组将上述所做工作整理后形成了《青钢管理信息系统系统分析报告》。

系统分析报告经课题组及青钢业务人员双方确认后，课题组进入了下一阶段——系统设计阶段。

通过上述案例，我们可以看出，管理信息系统系统分析阶段的主要工作有：

1. 对现行系统的详细调查。

2. 描述组织机构及各部门的业务。

3. 描述现有系统的业务流程。

4. 描述现有系统的数据需求。

5. 依据业务及数据的逻辑关系，分析现有系统的业务流程及数据类。

6. 建立新系统的逻辑方案。

## 第一节　现行系统的详细调查

对现行系统的详细调查结果是系统分析的主要依据。系统分析阶段的首要工作就是通过对现行系统的详细调查，弄清现行系统中各项业务的处理流程及涉及的相关数据。

对现行系统的详细调查工作，是通过与企业组织机构各部门的业务人员交流来完成的。虽然业务人员对自己工作业务非常熟悉，却常常不能将自己的工作用规范化的方式表达出来，因此，我们不得不借助于一些方法和工具使系统分析人员和业务人员沟通和理解。

常用的调查方式有重点访谈、填写业务需求调查表、专题调查会、深入实际等几种方法。

### 一、重点访谈

重点访谈的方式一般用于对企业高层管理人员的调查。调查工作开始前一般要准备一组问题，这样一方面能引导调查工作的进行；另一方面可保证调查范围的完备性。这些问题一般要包括如下几个方面：

1. 你所在的工作岗位是什么？

2. 你的工作任务是什么？

3. 你每天的工作怎样进行时间安排？

4. 你的工作同前/后续工作是如何联系的？

5. 你所接触的报表、数据有哪些？这些数据在细度、全面性、获取速度上存在哪些问题？

6. 从企业全局考虑，你认为企业的哪些管理业务可以改进？

7. 你认为新的信息系统应该重点解决哪些问题？

重点访谈的方式除了用于了解企业高层管理人员的信息和功能需求外，有时还用于对其他调查方法的补充和对调查结果的确认。

## 二、全面业务需求填表调查

对企业的全面业务需求调查可采用事先设计调查表，通过企业业务人员填写这些调查表进行，这种调查方法一般用于对基层业务管理部门的业务调查。

业务需求调查的填表方法，要求设计能够全面了解业务情况并能够进行一致性和完备性检查的一组调查表。这里说的一致性和完备性检查，是指通过比较一组调查表的每一个调查表所填写的内容，检查发现填表是否正确，是否完全描述了所调查部门的机构任务、信息等方面的情况。这就要求调查表格在设计时，对于关键问题要以不同形式、不同层次在两个或两个以上表中出现。

通过实践，我们认为，业务需求调查的填表方法一般要设计3张表格，即：组织机构调查表、目标功能调查表、信息需求调查表。对于每一张表的具体结构可根据具体调查的企业情况进行设计，但是一般应当包括下面的内容：

1. 组织机构调查表：

（1）本单位名称；上一级组织机构（或领导）名称；下层机构名称。

（2）本单位的主要领导及工作分工。

（3）本单位主要任务（可文字叙述及通过流程图描述）。

2. 目标功能调查表：

（1）单位局部目标。

（2）实现目标的关键因素。

(3) 实现目标所需信息及现有的信息来源。

(4) 为实现目标，哪些信息尚无法得到或很难得到，并分析其原因。

3. 信息需求调查表：

(1) 信息名称（报表名、文件名、票据卡片名等，每一种要一份有数据的复印件）。

(2) 信息来源及频度。

(3) 信息去向及频度。

(4) 信息保密要求。

(5) 信息用途。

## 三、专题调查会

在系统分析阶段进行业务调查时也常常采用召开专题调查会的方式，对于阶段性的工作或者专门的问题进行统一协调。例如，在调查物资供应与财务核算业务之间存在着的数据共享或信息传递关系时，一般需要召开调查会，邀请物资部门和财务部门的业务人员共同参加，明确所需要了解的业务内容。

调查会的规模及参加人员根据需要调查的具体业务情况而定。大规模的调查会一般用于解决涉及企业总体业务框架的关键问题，需要来自多个相关部门的骨干人员参加。小规模的调查会一般用于了解某个业务处理过程的细节。

调查会是在业务调查中应用比较广泛也比较有效的一种方法，但是该方法要邀请相关部门的业务骨干参加，牵扯面较大，不宜经常组织。对于大规模的调查会，尤其要注意明确目的，有效地解决问题，避免频繁召集会议，浪费时间。

## 四、深入实际

有时存在这样的情况，即我们无法通过简单的填表或访谈准确地掌握某些业务操作的一些细节。在这种情况下，我们一般需要采取深入实际的方式来了解这些业务细节，也就是说系统分析人员到相应的岗位与具体业务人员一起工作一段时间，亲身感受业务活动的具体操作过程及可能的异常情况和处理方法。

深入实际的调查方法是完善信息系统调查工作的一种方式，这种方法一般用于了解业务处理中的不规范处理情况和处理细节。应当说，企业的管理过程大部分是规范的，但是，在这些过程的运行过程中却需要处理许多不规范的情况（事件），对这些不规范的情况的了解，一般得采取深入实际的调查方法，因为对业务人员来说，他们对这些不规范的业务事件并没有形成系统、全面的认识，指望他们系统、全面的描述当然也就不可能了。

## 第二节　组织机构及其任务描述

现行系统的信息管理功能是通过企业的组织机构的运作来实现的。因此，对现行组织机构及其任务的描述是系统分析工作的切入点。组织机构及其任务的描述包括组织的结构，业务过程(任务)、业务过程与组织机构的联系三方面的内容。

对组织机构的描述一般采用组织机构图来实现。机构任务(或业务过程）可以采用文字叙述或通过业务流程图的形式给出。机构任务和组织机构的联系描述应能够清楚表达组织机构的各个部门与业务过程的负责关系（执行者、辅助执行者、信息提供者等)，它是后述功能/数据联合分析、确定新系统逻辑方案，甚至管理信息系统建立后系统装配的基础和重要参考。

### 一、组织机构图

组织机构图是反映组织内部各部门隶属关系的树状结构图(见图 5－1)。当然，在进行管理信息系统的分析时，我们只关心与我们要开发的管理信息系统相关的组织机构。也就是说，我们给出的组织机构图中一般只包含我们所开发的管理信息系统涉及的企业部门。

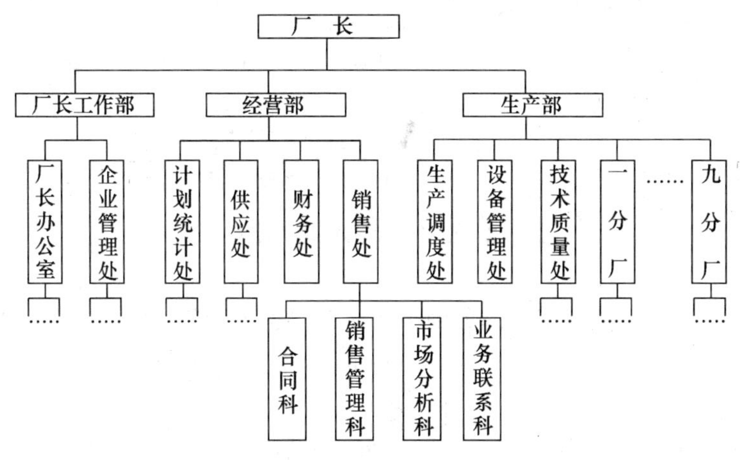


图 5－1　组织机构图示例

## 二、业务过程描述

企业的运作是由企业组织机构的各项业务过程实现的，业务过程是企业动态系统的组成部分。对现行企业组织机构业务过程的描述和分析是系统分析工作的重要内容。

对企业的每一项业务过程我们可用一种被称为“业务处理流程图”（Transaction Flow Diagram —TFD，有时也简称业务流程图）的图形工具来描述。当然，对于一些简单的业务过程，我们也可以用文字来描述其处理过程。

业务流程图通过一些特定的符号描述企业业务的处理过程，它重点强调了业务过程中每一项处理活动和具体业务部门的关系。

业务处理流程图的画法目前尚不统一，我们这里介绍一种简单的业务流程图画法。这种业务流程图只用 5 种基本符号，其符号及名称见图 5－2。

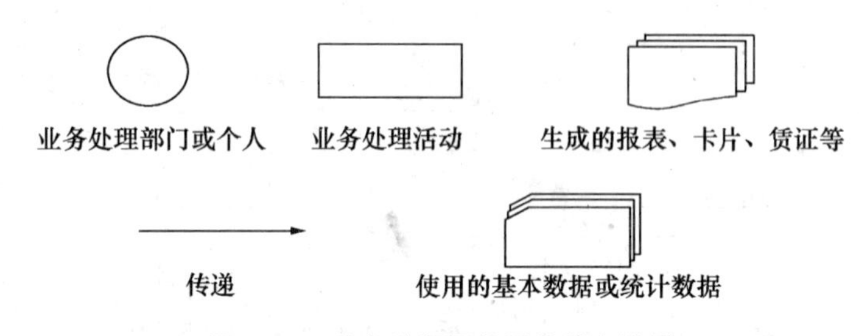


图 5－2　业务流程图使用的基本符号

在下面的例子中，分别采用文字叙述及业务流程图的形式描述了某企业“物资采购计划的制定及审批”业务的处理流程。

**例** 5－2：某企业“物资采购计划制定及审批”业务的处理过程是：上年末各分厂制定出本分厂的“物资需求计划表”。这些物资计划表经供应处计划科审核后由物资供应处的综合管理科在每年的 1 月 1 日前将各分厂提交的年物资需求计划表按物资品种进行汇总后得到新一年的“物资需求总表”，该物资需求总表由供应处处长审批后，由供应处计划员计算出每一种物资的年采购计划量，并最后形成全厂新一年的“物资采购计划”。相关的数据内容见表 5－1 至表 5－6。

表 5－1　　一分厂 2000 年物资需求计划表

| 物资名称 | 规格型号 | 需用量 | 用途 |
| --- | --- | --- | --- |
| | | | |

表 5－2　　2000 年物资需求汇总表

| 物资名称 | 规格型号 | 需用量 |
| --- | --- | --- |
| | | |

表 5-3　　2000 年物资采购计划

| 物资名称 | 规格型号 | 采购计划量 |
| --- | --- | --- |
| | | |

表 5-4　　主生产计划（产品产量计划）

| 分厂名称 | 产品名称 | 计划产量 |
| --- | --- | --- |
| | | |

表 5-5　　生产用物资消耗定额

| 产品名称 | 物资名称 | 型号规格 | 消耗定额 |
| --- | --- | --- | --- |
| | | | |

表 5-6　　库存台账

| 物资名称 | 型号规格 | 当前库存量 | 合理库存量 | 期初库存量 | 累计入库量 | 累计出库量 |
| --- | --- | --- | --- | --- | --- | --- |
| | | | | | | |

附注：

①供应处计划科对各分厂需求计划表的审核方式为：依据计划处制定的相应分厂的“主生产计划（即产品产量计划）”及技术处提供的“生产用物资消耗定额”按公式：

物资需求量＝产品计划产量×物资消耗定额　　（公式 5-1）

计算出每一种产品所需物资的消耗量。然后按物资进行归纳汇总得出该分厂每一种物资的需求总量。若得出的物资需求量与该分厂物资需求计划表相符（如误差不超过 10%），则认为合理，否则要与该分厂协商后才能完成审核工作。

②供应处处长对物资需求总表的审批处理为：依据掌握的企

业财务及生产要求和可能的不可预计的物资消耗，对物资需求量进行修正。

③供应处计划员计算物资采购量所依据的模型为：

物资采购计划量＝物资需求量＋合理库存量－当前库存量

（公式 5－2）

其中：物资的“合理库存量”和“当前库存量”由物资仓库的“库存台账”获取。

上述“物资采购计划制定及审批”业务的处理过程，我们可用业务流程图直观地描述出来（见图 5－3）。

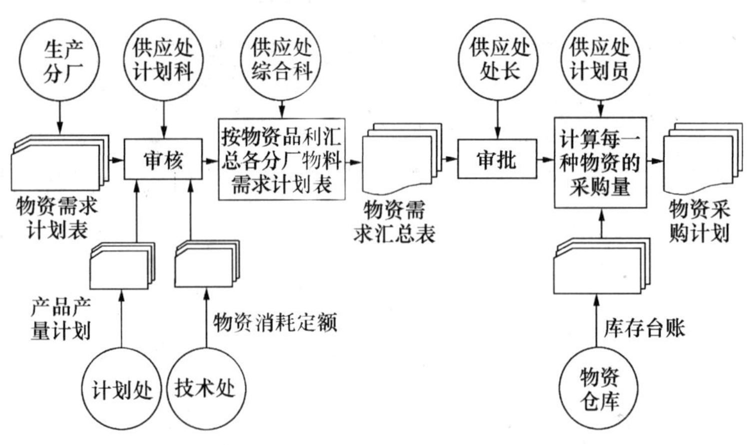


**图 5－3　“物资采购计划制定与审批”业务流程图**

从上述例子可以看出，业务流程图有时需要辅以相应的说明才能较好地描述相应的业务处理过程，这些辅助说明一般包括对某些处理活动的细节及各种管理和计算模型的描述（如本例中的附注①～③、公式 5－1 和公式 5－2）。

### 三、组织机构/业务联系描述

前面给出的组织机构图反映了组织机构中各部分的隶属关系，业务流程图或业务处理过程的说明描述了每一项业务的处理过程。

但是，上面两项内容却不能综合反映组织各部门与每一项业务的联系。为了描述组织中各部门与每一项业务处理过程的联系，我们可以采用表 5－7 所示的“组织/业务联系表”来标明各部门与每一项业务的执行、辅助执行、提供信息等各种联系。

表 5－7　　组织/业务联系表

| 业务 \ 联系方式 \ 部门 | 计划处 | 供应处 | 财务处 | 销售处 | 调度处 | 技术处 | 物资仓库 | …… |
|---|---|---|---|---|---|---|---|---|
| 物资采购计划制定 | × | * | | | | | √ | |
| 产品销售计划制定 | × | | | * | | | | |
| 物资采购及入库 | √ | * | × | | √ | | * | |
| 生产组织 | √ | × | | | * | √ | | |
| …… | | | | | | | | |

说明：* 表示该部门是相应业务的执行部门。

×表示该部门是相应业务的辅助执行部门。

√表示该业务的执行需要用到相应管理部门的数据。

## 第三节　数据分析及数据流程分析

### 一、数据流程分析

舍弃企业组织机构（或个人）而主要从数据的处理与流动过程描述和分析实际业务的数据动态处理模式的工作称为数据流程分析。因此，数据流程分析的工具——数据流图（Data Flow Diagram — DFD）中主要包括信息的流动、处理和存贮。另外，虽然数据流图主要描述某一业务范围内业务处理的数据处理模式，但为了描述该业务与外部实体间的联系，也有少量的外部实体。所谓外部实体指的是该业务主体执行部门以外的部门或个人。

上述说明，数据流图是描述企业各项业务的数据流程的图形工具，它用少数的几种符号综合反映信息在系统中的流动、处理和存贮情况。数据流图有 4 种基本符号，它们分别是：

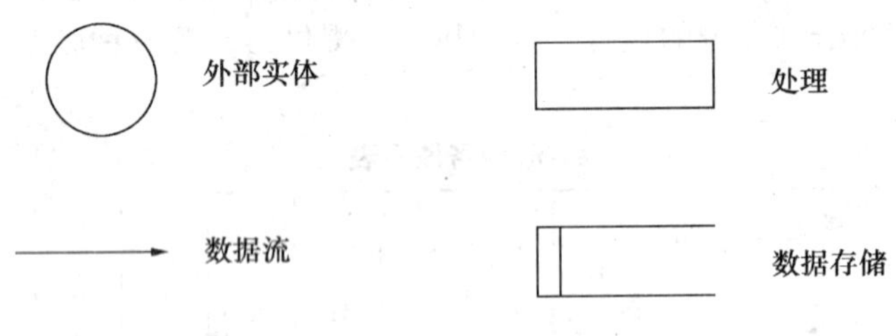


**图 5－4　数据流图的四种基本符号**

**例 5－3：**在例 5－2 中，我们用文字和业务流程图描述了某企业“物资采购计划制定及审批”的业务处理过程，其中业务流程图描述的是该业务处理各项活动及完成各项活动部门的“流水账”，本例给出描述该业务的数据流图（见图 5－5）。

“物资采购计划制定及审批”业务的执行部门为物资供应处的相关管理部门及个人，即该业务的业务范围在物资供应处内部，因此相对于该业务来说，各“分厂”及“物资仓库”、“技术处”、“计划处”是外部实体。

从例 5－2 和例 5－3 可以看出，数据流图更注重描述业务内数据间的关系，并把业务看作一个整体功能，也就是更注重描述其“系统”特征，而该项业务通过外部实体与其环境交换信息。

应当指出，业务处理流程图和数据流图都是描述企业业务数据处理过程的图形工具，只是二者着眼点不同。

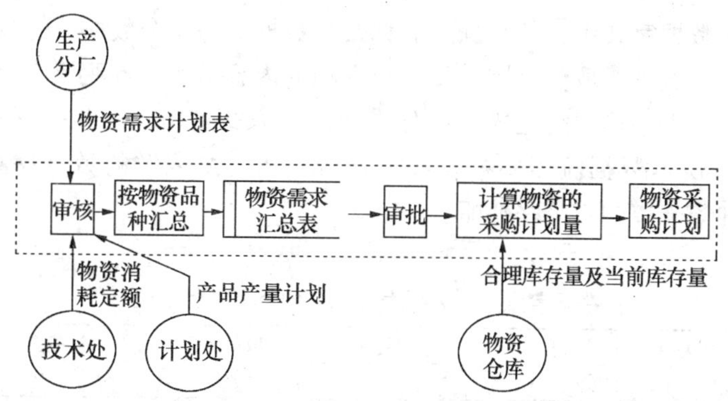


图 5－5　“物资采购计划制定及审批”业务的数据流图

从使用者的角度来看，应用业务处理流程图描述企业各项业务的数据处理过程更容易与用户进行交流。数据流图较业务处理流程图抽象，描述的是企业业务数据处理过程的本质（业务的数据流动、处理及存储），但难以描述系统的控制流。

在一般的情况下，在描述现有系统的业务处理过程时，业务处理流程图和数据流图二者兼用，而在系统设计阶段描述新系统的数据处理过程时，只用数据流图。

## 二、数据分析

在数据流图中，我们对每一项业务的数据处理过程进行了动态描述，但对数据流图中涉及到的数据类（数据存贮，数据流等），却未给出详细描述。

用于描述数据类的工具称为数据字典（Data Dictionary — DD），它是一种简化了的、用于规范化描述数据类主要结构及特性的表格工具。

在系统分析阶段，数据字典用于描述现行系统中的数据类，描述的结果将构成系统设计阶段数据类设计及数据库设计的基础。

数据字典中包括数据类名称及该数据类每一个数据项的数据项名、类型、取值范围、每一数据项的内容举例、备注等。

数据字典规范化描述部分采用表格方式给出，表 5－8 是图 5－5 所示数据流图中数据类“物资需求计划表”的数据字典，其他数据类的数据字典略。

**表 5－8　　数据字典　　数据表名称：物资需求计划表**

<table>
<tr><th>数据项名</th><th>内容举例</th><th>类型</th><th>取值范围</th><th>备注</th></tr>
<tr><td>计划年</td><td>2000</td><td>数字型</td><td>4 位整数</td><td></td></tr>
<tr><td>分厂名称</td><td>一分厂</td><td>字符型</td><td>最多 10 个汉字</td><td></td></tr>
<tr><td>物资名称</td><td>重油</td><td>字符型</td><td>最多 10 个汉字</td><td rowspan="4">这些数据项可多次出现（多记录）</td></tr>
<tr><td>规格型号</td><td>50＃</td><td>字符型</td><td>最多 20 个字符</td></tr>
<tr><td>需用量</td><td>50.00</td><td>数字型</td><td>10 位整数 2 位小数</td></tr>
<tr><td>用途</td><td>大修</td><td>字符型</td><td>最多 4 个汉字</td></tr>
</table>

除了用表格规范化描述每个数据类的结构外，还要描述数据类的其他数据处理特性，包括：

——数据类中各数据项的计算关系；

——数据类的使用（或生成）频度；

——数据类的保密性要求；

——数据类在某个时间周期内的数据量估计。

**例 5－4：数据字典举例**

图 5－6 是某企业会计处理业务中的一张“收款凭证”，表 5－9 是描述其数据结构的数据字典。

收 款 凭 证

借方科目：银行存款　　　凭证号：105　　　1992 年 5 月 16 日

| 摘要 | 贷方科目 | 金额 |
| --- | --- | --- |
| 收鞍钢欠款 | 应收账款—鞍钢 | 15000000 |
| | 合　计 | 15000000 |

附单据 5 张

会计：王年　　　制单：李刚　　　审核：韩京清

**图 5-6　收款凭证**

**表 5-9　收款凭证的数据字典　　数据类名称：收款凭证**

| 数据项名 | 内容举例 | 类型 | 取值范围 | 备注 |
| --- | --- | --- | --- | --- |
| 凭证日期 | 92/05/16 | 日期型 | | |
| 凭证号 | 105 | 数字型 | 1～9999 | 每月重新编号 |
| 附单据 | 5 | 数字型 | 1～9999 | |
| 摘要 | 收鞍钢欠款 | 字符型 | 20 个汉字 | |
| 借方科目 | 银行存款 | 字符型 | 20 个汉字 | |
| 贷方科目 | 应收账款—鞍钢 | 字符型 | 20 个汉字 | 该 2 个数据项为多记录项 |
| 金额 | 15000000 | 数字型 | 15 位，两位小数 | |
| 合计 | 15000000 | 数字型 | 15 位，两位小数 | |
| 会计 | 王年 | 字符型 | 4 个汉字 | |
| 制单 | 李刚 | 字符型 | 4 个汉字 | |
| 审核 | 韩京清 | 字符型 | 4 个汉字 | |

说明：

①每月约产生 1000 张收款凭证。

②收款凭证除了收款凭证的填写人外，只允许管财务的副总经理及财务处长可以查阅。

③其中数据项“合计”由多记录项“金额”求和得到。

## 三、业务（功能）/数据分析

业务（功能）/数据分析是在数据处理流程分析（或描述）和数据分析（或描述）的基础上，利用功能与数据间的使用与生成的逻辑关系对企业业务进行的系统化分析。

功能/数据分析的目的在于检查调研、描述工作中的疏漏及现有系统中的数据处理存在的问题和不足。

为完成功能/数据分析，需要进行如下步骤：

（一）细化系统的功能结构，给出系统的详细功能结构

根据系统规划阶段得到的管理信息系统的总体功能结构，结合对每一项业务的业务流程图或数据流图，进一步细化并给出现行系统的功能结构。

例如，某企业物资管理系统的功能结构为：

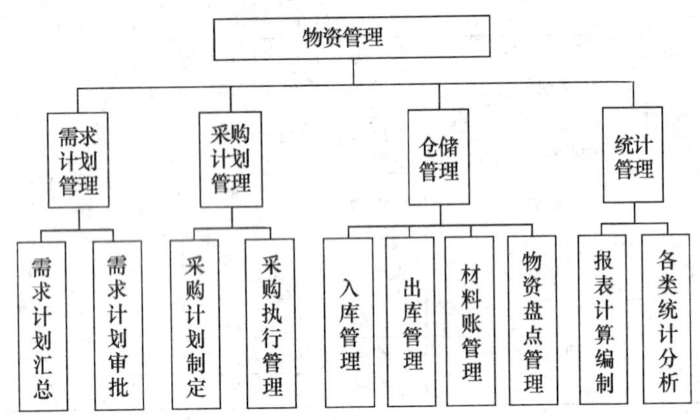


图 5-7　某物资管理系统的功能结构

（二）建立功能/数据的 U/C 矩阵

依据得到的系统功能结构及每一项业务的数据流图描述的各项功能与数据类间的使用与生成关系，绘制功能/数据类间的 U/C（使用/生成）矩阵，本例中的 U/C 矩阵表见表 5-10。

**表 5-10** **U/C 矩阵表**

| 功能＼数据类 | 物资需求计划 | 需求计划汇总 | 物资采购计划 | 采购计划单 | 供应商信息 | 物资基本信息 | 到货单 | 入库单 | 领料单 | 材料明细账 | 物资稽核表 | 缺料统计表 | 超储统计表 | 物资盘点报表 | 行号 |
|---|---|---|---|---|---|---|---|---|---|---|---|---|---|---|---|
| 需求计划汇总 | U | C | | | | | | | | | | | | | 1 |
| 需求计划审批 | U | | | | | | | | | | | | | | 2 |
| 采购计划制定 | | U | C | | | | | | | | | | | | 3 |
| 采购执行管理 | | | | C | U | U | U | U | | | | | | | 4 |
| 入库管理 | | | | U | U | U | U | C | | C | | U | U | | 5 |
| 出库管理 | U | | | | | U | | | C | C | | U | | | 6 |
| 材料账管理 | | | | | | | | | | | | | | | 7 |
| 物资盘点管理 | | | | | | | U | U | U | | U | | | C | 8 |
| 报表计算打印 | | | U | | U | U | U | U | U | | C | C | C | | 9 |
| 各类统计分析 | U | U | U | U | U | U | U | U | U | U | U | U | U | U | 10 |
| 列　号 | 1 | 2 | 3 | 4 | 5 | 6 | 7 | 8 | 9 | 10 | 11 | 12 | 13 | 14 | |

功能/数据 U/C 矩阵表中的 U 和 C，分别表示功能和数据类的使用和生成关系。

（三）功能/数据分析

利用上面得到的功能/数据 U/C 矩阵表，我们可以对功能的完备性和数据类的一致性及冗余性进行分析和检查。

1. 完备性检验。功能/数据的完备性检验，是保证每个数据类都必须有生成它的功能及使用它的功能，这反映在 U/C 矩阵表中就是要求每一列都必须有 C 和 U。

在本例中，数据类 1（即“分厂物资需求计划”）、数据类 5（供应商信息）、数据类 6（物资基本信息）、数据类 7（到货单）相应列中没有 C，即没有生成这些数据类的功能，对整个系统功能结构来讲，这是不完备的，应增加相应的功能。

2. 一致性检验。一致性检验的目的，是保证每个数据类有且仅有一个产生者，在U/C矩阵表中就是要求该数据在对应列中有且仅有一个C。在本例中，数据类10（即“材料明细账”）有两个产生者，即“入库管理”及“出库管理”功能，这很难保证数据的一致性，这种情况应引起我们的注意，解决的办法是由“材料账管理功能”生成“材料明细账”或采用严格的数据控制权限保证数据的一致性。

3. 冗余性检验。冗余性检验的目的，是保证每一个数据类必须是有用的，即应存在至少一个使用该数据类的功能，在U/C矩阵表中要求数据类对应的列至少有一个U。

这里应当指出的是，功能的不完备和数据的冗余在U/C矩阵中表现是一样的，都是某一列没有U，出现这种情况时，我们须视具体情况分析解决。

## 第四节　管理模型的应用

在企业的经营管理中，需要采用多种管理模型，这些管理模型一般在计算机广泛应用于企业之前已经存在，并在企业的经营管理中发挥着一定的作用。但是，在传统的手工操作方式下，由于信息处理、存储及传递能力相对较弱，管理模型的应用受到了很大限制，一般只采用少量简单的管理模型，而不便采用比较复杂的模型或者综合应用多种管理模型。

计算机、数据库和网络技术的发展和应用，使复杂的数据计算和信息传递能够在较短的时间内完成，因此可以在管理信息系统的建设中灵活应用各种管理模型，充分发挥其在企业日常工作、经营管理和战略决策中的作用。

本节以物资存货计价方法为例，介绍管理模型及其在管理信息系统中的应用。

## 一、物资存货计价管理模型

物资存货计价方法是非常重要的一种管理模型，物资存货计价方法选择的不同，会对物资管理流程的结构、相关数据的计算产生一定的影响。

比较常见的物资存货计价方法有：个别计价法、先进先出法、后进先出法、加权平均法、移动平均法、计划单价法等。

1. 个别计价法是假定物资的成本流转同实物流转完全一致，需要逐一辨认库存物资和领用物资所属的购进批别，并分别按其购进单价来作为库存物资和领用物资价格的方法。个别计价法比较准确，但是对库存物资和领用物资需要具体确定购进批别，操作比较烦琐，适用于品种较少、单位价格较高的物资计价。

2. 先进先出法是在假设先购进的货物先发出的前提下来确定库存物资和领用物资价格的物资存货计价方法。在采用该方法时，实际上并不要求物资的成本流转同实物流转保持一致。也就是说，对于同一种物资，在存储和领用时并不做实物的区分，但是，在物资入库时需要在台账中记录物资的数量、单价，以便在物资领用时按台账中记录的数量、单价顺序进行计价，而所领用的具体物资实物并不一定是先入库的实物。采用先进先出法时，物资台账上结存物资的金额比较接近于现行的购进价值，工作量也比较大。

3. 后进先出法同先进先出法正好相反，是在假设后购进的货物先发出的前提下来确定库存物资和领用物资价格的方法，也不要求物资的成本流转同实物流转保持一致。该方法的工作量同先进先出法相当。

4. 加权平均法也称为全月一次加权平均法，是在月末一次计算全月的物资平均单价，作为库存物资和领用物资的价格。全月物资平均单价的计算方法见公式 5－3。加权平均法计算比较简单，由于该方法在月末一次性计算全月的物资平均单价，平时只能记录库存物资和领用物资的数量，不能反映物资的价格和金额。

$$\text{全月物资平均单价}=\frac{\text{月初结存金额}+\text{本月入库金额}}{\text{月初结存数量}+\text{本月入库数量}} \qquad \text{（公式 5－3）}$$

5. 移动平均法是在每次物资入库时重新计算物资的平均单价，作为下次物资入库前库存物资和领用物资的价格。每次物资入库时物资平均单价的计算方法见公式 5－4。采用移动平均法能够及时地反映物资的平均价格及库存物资和领用物资的金额。但是，采用该方法需要在每次物资入库时计算物资平均价格，计算工作量比较大。

$$\text{物资平均单价}=\frac{\text{原有库存金额}+\text{本次入库金额}}{\text{原有库存数量}+\text{本次入库数量}} \qquad \text{（公式 5－4）}$$

6. 计划单价法是指物资的入库、领用和结存均采用预先制定的计划单价，实际价格同计划价格的差额引起的物资领用成本差异在月末会计核算中进行调整。采用计划单价法的前提是需要制定每一种具体物资的计划单价，并且尽可能地接近实际价格。该方法操作简单，因此，应用比较广泛。

## 二、管理模型应用举例

在管理信息系统的开发中，管理模型的应用在进行系统分析时应该体现在数据流程和数据存储描述中。下面以全月一次加权平均法和个别计价法为例，说明在物资台账管理中采用不同的物资存货计价模型所得到的不同的数据流图和数据存储。

**例 5－5：采用加权平均法的物资台账管理数据流程和数据存储举例**

采用全月一次加权平均法的“物资台账”数据内容见表 5－11。

表 5－11　　**物　资　台　账**

物资名称：　　　　　　　　　　　　计量单位：

物资名称及规格：　　　　　　　　　储备定额：

<table>
<tr><th colspan="2">年</th><th rowspan="2">凭证编号</th><th rowspan="2">摘要</th><th colspan="3">收　入</th><th colspan="3">发　出</th><th colspan="3">结　存</th></tr>
<tr><th>月</th><th>日</th><th>数量</th><th>单价</th><th>金额</th><th>数量</th><th>单价</th><th>金额</th><th>数量</th><th>单价</th><th>金额</th></tr>
<tr><td></td><td></td><td></td><td></td><td></td><td></td><td></td><td></td><td></td><td></td><td></td><td></td><td></td></tr>
<tr><td></td><td></td><td></td><td></td><td></td><td></td><td></td><td></td><td></td><td></td><td></td><td></td><td></td></tr>
<tr><td></td><td></td><td></td><td></td><td></td><td></td><td></td><td></td><td></td><td></td><td></td><td></td><td></td></tr>
<tr><td></td><td></td><td></td><td></td><td></td><td></td><td></td><td></td><td></td><td></td><td></td><td></td><td></td></tr>
<tr><td></td><td></td><td></td><td></td><td></td><td></td><td></td><td></td><td></td><td></td><td></td><td></td><td></td></tr>
<tr><td></td><td></td><td></td><td></td><td></td><td></td><td></td><td></td><td></td><td></td><td></td><td></td><td></td></tr>
</table>

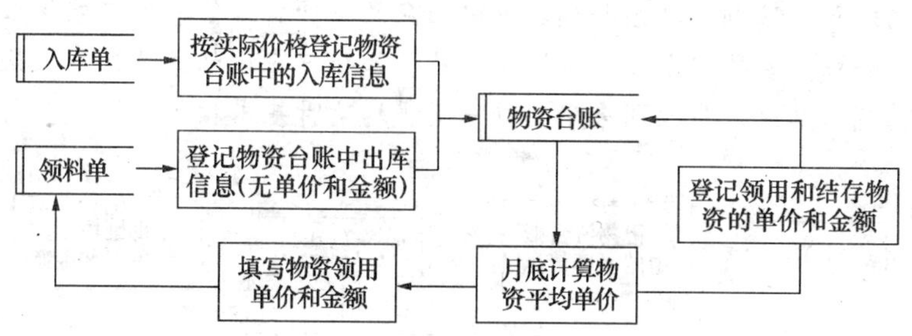


**图 5－8　全月一次加权平均法物资台账管理数据流图**

物资存货计价采用全月一次加权平均法的物资台账管理数据流图如图 5－8 所示。在每笔入库业务发生时，根据入库单中的相关数据登记物资台账中的物资入库信息，单价采用入库物资的实际价格。在发生领料业务时，根据领料单中的数据登记物资台账中的物资出库信息，此时领料单和物资台账中都没有出库物资的单价和金额。月底根据公式 5－3 进行全月平均单价的计算，并以此全月平均单价填写领料单中的单价和金额及登记物资台账中发出和结存物资的单价和金额。

### 例5－6：采用个别计价法的物资台账管理数据流程和数据存储举例

物资存货计价采用个别计价法的物资台账管理数据流图如图5－9所示。在每笔入库业务发生时，根据入库单中的相关数据登记物资台账中的物资入库信息。在采用个别计价法的情况下，不仅要包括数量、单价、金额等入库相关数据，还必须包括物资批别作为库存和领用物资的计价依据。在发生领料业务时，需要根据物资台账确定所领用物资的具体批别确定单价和金额来完成领料单的填制。之后将领料单中相应的物资出库信息登记到物资台账中。在采用个别计价法时，物资台账中应该包括“批别”数据项，其他数据项同采用全月一次平均法时基本相同。

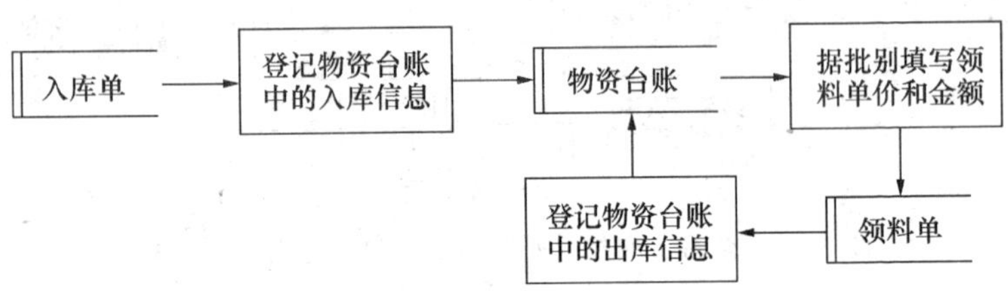


图5－9　个别计价法物资台账管理数据流图

除了上述物资存货计价管理模型以外，还有很多成熟的管理模型可以应用到管理信息系统中。例如，用于库存控制的经济订货批量模型、用于盈亏分析的量本利分析模型、用于优化安排生产的数学规划模型等，在此不再具体介绍。

## 第五节 新系统逻辑方案的建立

新系统的逻辑方案是指经过上述的描述分析工作，找出现有系统存在的各种问题并改正或优化后给出新系统的系统功能结构、信息结构和拟采用的管理模型，由于它是不考虑计算机及网络等硬件的实体结构，故称为逻辑方案。

新系统的逻辑方案主要包括：分析整理后的业务流程、分析整理后的数据字典、经过各种检验并优化后的系统功能结构、每一项业务处理过程中新建立或已有的管理模型和管理方法。

上述内容也构成了系统分析阶段的成果——系统分析报告的核心内容。一般来说，系统分析报告的内容应包括：

1. 组织机构及目的、任务：①组织机构图；②组织目标描述；③机构任务描述；④功能/机构联系表。

2. 全部数据字典。

3. 全部数据流程图及业务处理流程图。

4. 新系统功能结构。

5. 新系统应采用的管理方法、算法模型等。

6. 所有详细调查资料（笔记及收集的各种报表、文档资料、工作纪要）。

---

**习题**

1. 论述管理信息系统系统分析的主要任务及工作。

2. 请指出描述业务处理过程的业务处理流程图和描述数据之间联系的数据流图有哪些异同？

3. 用于系统全面业务需求调查的填表方法中，要求所设计的调查表格能够对所填内容进行一致性和完备性检查。在调查表格设计时，如何才能保证其具备上述功能？

4. 系统分析报告应包括哪些内容？

5. 在系统分析过程中，需要进行业务（功能）/数据的综合分析，这些分析工作的目的是什么？

6. 在某图书管理系统的开发过程中，我们通过调查，针对“图书借阅”业务步骤得到了如下的文字描述：

①读者从图书卡片（见图5-10）中查找需要借阅的书籍。

②读者填写借书单（见图5-11）。

③图书管理员依据借书单到书库查找图书。

④图书管理员填写书后附卡（见图5-12）及借书证（见图5-13）中的“书号”及“借书日期”。

⑤将书后附卡与学生借书证一起留存。

⑥读者拿走借阅的图书。

105.258

书名：管理信息系统
出版社：高等教育出版社
作者：黄梯云等
出版日期：1999.12
库存数量：20本

**图5-10　图书卡片**

| 书　号 | 书　名 |
|---|---|
| 105.258 | 管理信息系统 |
| 104.26 | 数据结构 |
| | |

**图5-11　借书单**

| 书名：　管理信息系统 | | | 书号：105.258 | | |
|---|---|---|---|---|---|
| 学号 | 姓名 | 借书证号 | 借书日期 | 还书日期 | 备注 |
| S9901002 | 王小明 | S9901002-3 | 2001.11.8 | | |
| | | | | | |
| | | | | | |
| | | | | | |
| | | | | | |

**图5-12　书后附卡**

| 借书证号：　　S9901002 - 3 | | | |
|---|---|---|---|
| 学号：S9901002 | | 姓名：王小明 | |
| 书号 | 借书日期 | 还书日期 | 备注 |
| 105.258 | 2001.11.8 | | |
| | | | |
| | | | |
| | | | |
| | | | |

**图 5 - 13　借书证**

请绘制上述“图书借阅”业务的业务流程图及数据流图，给出相关数据类的数据字典。

# 第六章　管理信息系统的系统设计

**提要**：在系统分析阶段，我们明确了新系统的功能结构及信息结构，也就是系统的逻辑模型，对新系统回答了“做什么?”的问题。在系统设计阶段，我们需要回答的中心问题是“如何做?”即通过给出新系统物理模型的方式，描述如何实现在系统分析中规定的系统功能。

本章讲述管理信息系统设计的内容、实现步骤及为完成系统设计工作需要掌握的方法、设计和描述工具。

**例 6-1：系统设计情景案例——青钢管理信息系统的系统设计**

北京科技大学李教授领导的课题组完成了青岛钢铁集团计算机管理信息系统的系统分析工作之后，马上召开了课题组的内部会议。在会议上，李教授明确了开发组下一阶段的工作。

李教授先指派开发组中对计算机硬件及网络非常熟悉的曾教授，根据系统分析报告中给出的系统功能及信息需求与若干家计算机公司一起研究设计青钢管理信息系统的计算机及其网络硬件、系统软件的选型问题。通过比较各家给出的设计方案及报价，与青钢信息中心的傅主任、马副主任共同选定了由北京太极计算机公司提出的计算机和网络硬件及系统软件方案。为了使开发组及青岛钢铁集团能很快地掌握相关硬件及系统软件的使用与维护方法，开发组的骨干成员请相关计算机供应商进行了专门培训。

在完成系统的硬件及系统软件平台的设计工作后，开发组的总体技术负责人高博士指示各子系统的负责人带领各自的开发人员，以系统分析报告为基础，考虑到所采用的计算机硬件平台、数据库管理系统及开发工具，依据现有系统的业务流程，设计新系统的数据处理流程，进而对相应的数据类进行设计（如增加新数据类，去除无用数据类，改造某些数据类等）。根据得到的新系统的数据流程，最后确定青钢管理信息系统的功能结构，此时的功能结构实际上就是新系统的应用软件结构。

完成上述工作后，在得到了新系统的数据处理流程和系统应用软件结构的同时，我们还得到了新系统的数据类（由数据字典给出）。在总体技术负责人高博士的带领下，开发组依据得到的数据类的结构（即数据字典）完成了整个系统的数据库设计工作，并对其中系统全局性应用的共享编码类数据，比如：物资编码、供应商编码、产品编码、会计科目编码进行了全系统内各子系统之间的协调。

开发组的设计人员对新系统的应用软件结构中的组成部分——即功能模块进行了进一步的设计工作。这些工作包括对每一模块的用户界面、处理过程、输入输出的设计。

最后，各子系统开发人员将上述设计结果进行了汇总整理，形成了《青钢管理信息系统的系统设计报告》，并开始了下一阶段——系统实施阶段的工作。

通过上述系统设计过程的情景案例，我们可以看出，管理信息系统设计阶段遵循自顶向下的设计原则，首先进行总体设计，逐层深入，直至完成系统每一模块的详细设计和描述工作。这也说明了系统设计阶段的工作分为两部分，即系统的总体设计（或概要设计）和详细设计。

管理信息系统的总体设计是在系统分析工作的基础上，主要完成下述工作：

1．设计新系统的计算机硬件结构及系统软件结构；

2．根据选定的硬件平台及系统软件（尤其是开发工具及数据库系统）的特点，设计新系统的数据处理流程及数据类；

3．由新系统的数据处理流程确定新系统的应用软件结构；

4．依据数据类完成新系统的数据库设计及共享编码的设计。

详细设计又称物理模型设计，真正回答新系统如何做的问题。详细设计的对象为构成系统的每一个功能模块，其主要工作为：

1．功能模块的处理过程设计；

2．功能模块的输入、输出设计。

## 第一节　硬件结构及系统软件结构的设计

### 一、硬件结构的设计

计算机硬件平台的选择在很大程度上决定了整个系统的成本，也决定了整个系统的性能指标。

一般来说，如果系统的数据处理是集中式的，则可采用单主机——多终端模式，此时要求以大型机或性能较高的小型机作为主机。

对于具有一定规模的企业管理应用，按其管理功能来看，其应用本身就是分布式的，此时所选择的计算机系统的计算模式也应该是分布式的，即客户端以微机为主，服务器可采用性能一般的小型机或性能高的微机。

计算机及网络的各项技术参数的选择，可依据系统要处理的数据量及数据处理的功能要求来决定。

当选定计算机应用系统的计算模式之后，我们就可以确定系统的网络拓扑结构，并根据系统的逻辑功能划分（如有多少子系统）确定网络的逻辑结构（子网或网段的划分），这实际上也就决定了网络的主要连接设备及服务器等重要部分的构成。此时，应遵循的重要原则就是应尽量使信息交换量大的应用放在同一网段内。

## 例 6-2：某企业供销公司营销计算机系统的硬件结构设计案例

某大型供销公司决定建设计算机供销管理系统，在完成了系统分析工作之后确定了整个系统由物资供应子系统、产品销售子系统及服务于公司领导的综合查询 3 个子系统构成。

该系统涉及的主要办公部门分布在一个主办公大院内（见图 6-1）。

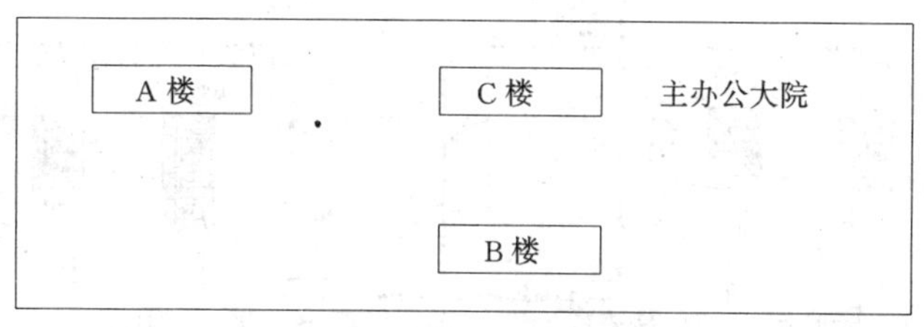


**图 6-1　办公部门分布图**

物资管理部门集中在 A 楼，产品销售部门集中在 B 楼，C 楼是公司领导的办公地点。

其中：A 楼有三层，B 楼两层，C 楼两层。A、B、C 三楼间距离分别为：AC=300 米，CB=200 米。

除了上述管理部门之外，物资管理还有 4 个物资仓库，产品销售管理还有两个货场及一个货运站，这些机构与主办公大院的距离大都在 2～10 公里左右。

根据上述情况，开发组给出了下面的硬件结构方案：

(1) 主办公大院内计算机应用系统的计算模式采用 B/S 模式。

(2) 在主办公大院内建立连接 A、B、C 三楼的主干光纤网。

(3) 从主干光纤网在 A、B、C 三楼分别接出 3 个星型网络用于建立物资子系统、产品销售子系统及综合信息查询子系统。

(4) 对于离主办公大院较远的物资仓库、产品货场及货运站，通过电话拨号的方式接入办公大院内的系统，考虑到拨号接入的速度较低，该部分采用C/S计算模式。

整个系统的硬件结构见图6－2。

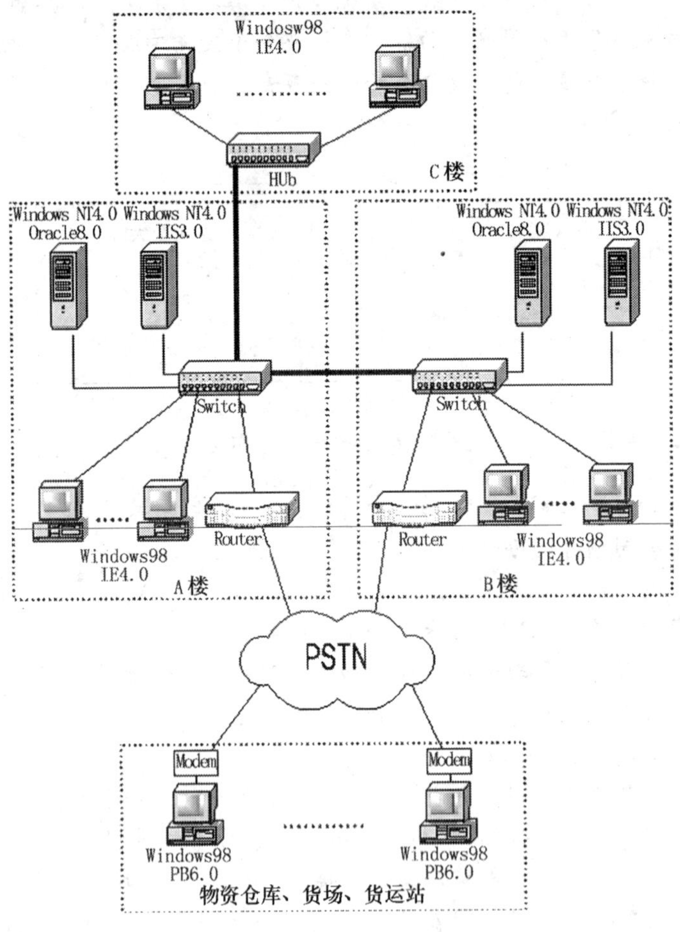


图6－2　系统硬件结构图

在A楼、B楼的子网中各有两台服务器分别担当物资供应子系统及产品销售子系统的数据库服务器及应用服务器。

## 二、系统软件结构设计

系统软件结构的设计工作，实际上是对确定的硬件结构中的每台计算机指定相应的计算机系统软件，包括操作系统、数据库管理系统、应用服务器系统、开发工具软件等。

### (一) 操作系统的选择

服务器上的操作系统一般选择多用户网络操作系统，如Unix、Netware、Windows NT等。其中：Unix的特点是稳定性及可靠性非常高，但缺点是系统维护困难、系统命令枯燥。Netware适用于文件服务器/工作站工作模式，在5年前市场占有率很高，但现在应用的较少。Windows NT安装、维护方便，具有很强的软硬件兼容能力，并且同Windows系列软件的集成能力也很强，一般认为是最有前途的网络操作系统。

客户机上的操作系统一般是采用易于操作的图形界面的操作系统，现在多数选择Windows系列，如Windows98等。

### (二) 数据库服务器系统软件的选择

在管理信息系统中，数据库服务器是必不可少的网络组成部分。因此，数据库管理系统软件的选择对管理信息系统的建设有着举足轻重的影响。目前，市场上流行的数据库管理系统有Oracle、Sybase、SQL Server、DB2及Foxpro等。其中：Oracle、Sybase、SQL Server是开发大型管理系统时数据库系统软件中的首选，而Foxpro在小型管理信息系统建设中选用较多。在数据库选择方面，另一个需要注意的因素是数据库软件的行业占有性。如果在某一行业中企业采用Oracle的比例很高，那么同一行业中的其他企业建设管理信息系统时一般也应采用相应的数据库系统软件，这样有利于相互的数据交换。

(三) 应用服务器系统软件及开发工具的选择

系统软件结构中的另一个方面是应用服务器软件及系统开发工具的选择。系统开发工具的选取首先依据的是管理信息系统应用的模式，即是C/S模式还是B/S模式，若你的系统确定开发的应用为B/S模式，就应选择支持B/S模式的应用服务器软件及开发工具。如果你的网络操作系统选择的是Windows NT，则微软公司的Internet Information Server—IIS是建立支持Web应用的首选应用服务器软件。目前，B/S模式应用的开发工具很多，如Delphi、ASP、Power Builder的较高版本都支持B/S模式应用的开发。当然，若管理信息系统采用B/S模式，则客户端计算机上还需安装浏览器软件，现在用得最多的是微软公司的IE4.0及以上版本。

C/S模式的开发工具及运行环境一般安装在客户端计算机上，用于C/S模式应用开发的系统工具软件用得较多的为Power Builder。

**例6-3：系统软件结构设计案例**

例6-2中，某企业供销公司计算机管理系统的系统软件配置方案为：

(1) A、B两楼内的4台服务器均采用Windows NT Server 4.0网络操作系统。

(2) A、B两楼内的2台数据库服务器均采用Oracle8.0作为数据库服务器软件。

(3) A、B两楼内的2台应用服务器均采用IIS3.0作为Web应用服务器软件。

(4) 主办公大院内的客户端采用B/S模式工作，客户端操作系统采用Windows98，浏览器采用IE4.0，应用开发工具采用ASP和Delphi5.0。

(5) 物资仓库、产品货场、货运站的客户端采用C/S模式工作，这样可以减少网络上的数据传输量，操作系统采用 Windows98，应用开发及运行环境采用 Power Builder6.0。

上述配置方案可标注在系统硬件结构图中（见图 6－2）。

## 第二节　数据处理流程及数据类的设计

在系统分析阶段，我们得到了现行系统所有的数据处理流程和数据字典，这里的设计工作，是将这些结果针对新系统的要求进行设计改造，进而得到新系统的数据处理流程及数据字典。

### 例 6－4：新系统的数据处理流程及数据字典的设计案例

设图 6－3 是系统分析阶段得到的“手工银行对账”业务的数据流图。

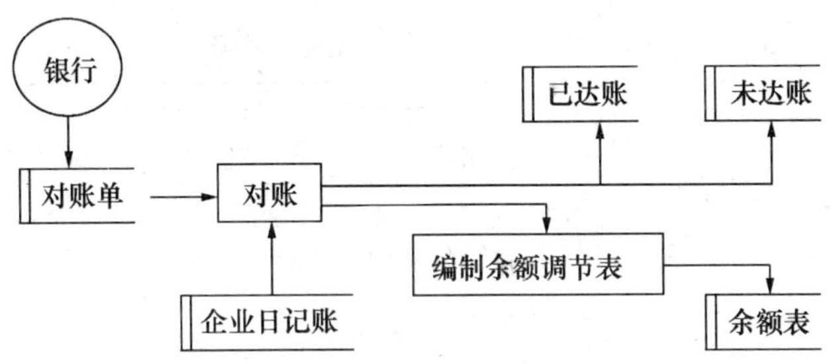


**图 6－3　手工银行对账数据流图**

在设计新系统的银行对账处理流程时，考虑到计算机的应用，我们进行如下调整：

(1) 增加“对账单”的录入功能。

(2) 增加“银行对账数据”及“企业对账数据”两个数据类。

(3) 增加从“企业日记账”提取并形成“企业对账数据”的功能。

(4) 增加“对账结果数据”数据类。

(5) 增加对账结果打印(整理输出)功能。

这样我们得到新系统的银行对账数据处理流程如图 6-4 所示。

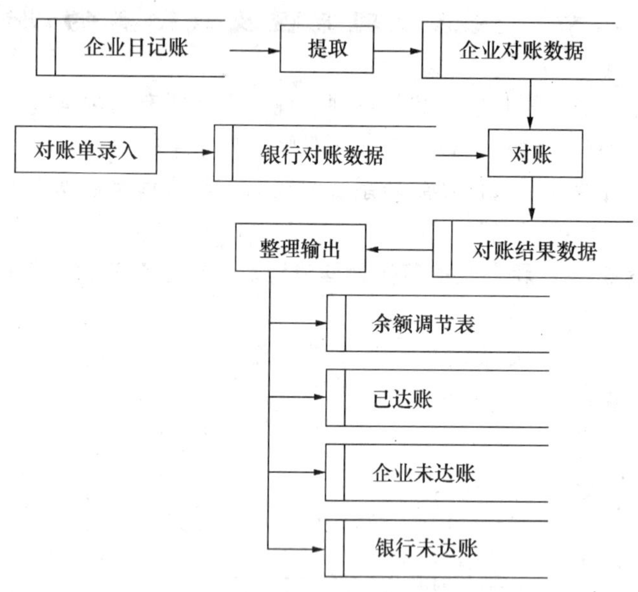


**图 6-4　设计得到的银行对账数据流图**

新增加的“银行对账数据”数据字典为:

**表 6-1　“银行对账数据”数据字典**

| 项名 | 例 | 类型 | 取值范围 | 备注 |
| --- | --- | --- | --- | --- |
| 科目代码 | 10201 | 数值型 | 3～7 位数字 | 日期+票据号可惟一确定一条记录 |
| 日期 | 92/05/31 | 日期型 | | |
| 摘要 | 收鞍钢欠款 | 字符型 | 20 个汉字 | |
| 票据号 | Z-10006 | 字符型 | 20 个字符 | |

续表

| 项名 | 例 | 类型 | 取值范围 | 备注 |
|---|---|---|---|---|
| 收/付 | 收 | 字符型 | 2 个字符 | |
| 金额 | 150000.00 | 数值型 | 12 位数字+2 位小数 | |
| 已达标志 | 已达 | 字符型 | 4 个字符 | |

其他数据类的数据字典略。

**例 6-5**：在例 5-3 中，我们用数据流图描述了现行系统"物资采购计划制定及审批"业务的数据处理过程。这里，我们考虑到计算机应用后，设计并给出目标系统中该业务的数据处理过程（见图 6-5）。

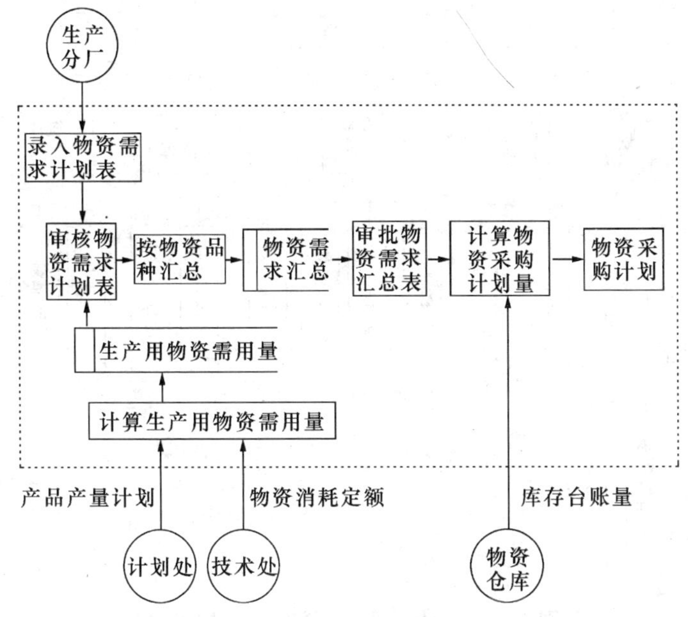


**图 6-5　设计得到的"物资采购计划制定及审批"业务的数据流图**

对于上述设计得到的目标新系统中“物资采购计划制定及审批”业务的数据流图所涉及的数据类：“（分厂）物资需求计划表”，“物资需求汇总表”，“（分厂）产品产量计划”，“生产用物资需用量”，“物资消耗定额”，“库存台账”，“物资采购计划”，我们应分别设计它们的数据字典（限于篇幅这里不再给出，用数据字典描述数据类的方式可参见第五章）。

完成每一项业务的数据流图及数据字典设计之后，再考虑到新系统可能增加的系统维护（如编码管理、数据备份、操作员代码管理等）方面的功能，我们就可以给出新系统的应用软件结构了。例如，某物资管理系统的应用软件结构如图 6－6 所示。

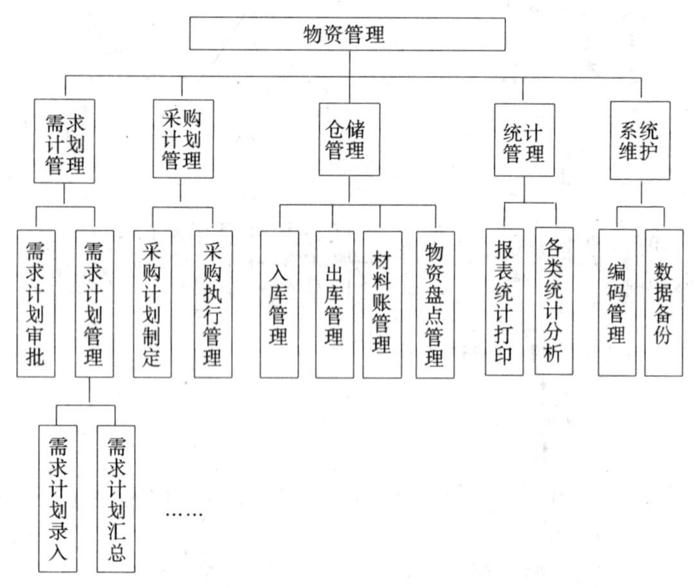


**图 6－6　某物资管理系统的应用软件结构**

## 第三节　数据库设计

### 一、数据库设计的技术基础

（一）数据管理的发展过程

数据库技术是随着计算机技术的发展，数据处理量的不断增加而逐渐产生和发展起来的。下面回顾一下数据管理技术的发展过程。

1. 数据人工管理阶段。在计算机应用的初级阶段，没有专门的软件系统对数据进行管理。当时比较典型的存储介质是纸带和卡片，用于存放应用程序及数据。数据的物理存储、存取方法和输入输出等都必须由程序员在应用程序中进行设计。在这种情况下，计算机应用程序和数据是不可分割的，也不可能在不同的应用之间实现数据共享。如果数据的物理存储设备发生变化，就必须修改程序。在人工管理阶段，数据管理的效率非常低下。

2. 文件系统阶段。20 世纪 50 年代中期至 60 年代中期，计算机技术有了很大的发展。在硬件方面，出现了磁鼓、磁盘等大容量存储设备；在软件方面，对于程序和数据，操作系统都以文件形式进行管理，一个程序文件中包括的是一段程序，一个数据文件中包括的是一组数据。文件系统的应用使我们可以将程序和数据分离开来。程序文件和数据文件都存放在磁盘等存储介质上。操作系统提供了友好的界面，用户能够比较方便地运行程序文件及使用数据文件。由于程序和数据之间具备了一定的独立性，因此，多个应用程序之间可以共享一个或多个数据文件。数据管理技术由人工管理阶段发展到文件系统阶段是一个质的飞跃，不仅实现了应用程序和数据的分离，也实现了数据的共享。

3. 数据库系统阶段。随着计算机技术的发展与应用的普及，文件系统已经不能满足人们对数据管理的要求。例如，人们希望数据的组织不仅是简单的数据存储，而且要反映出数据之间的联系，并形成清晰的描述。在这些需求条件下，数据库管理系统逐渐发展起来。在数据库系统阶段，数据本身具有了便于应用程序操作的结构。

数据库管理系统是管理信息系统产生与发展的重要基础，数据库设计是管理信息系统设计的重要内容。

（二）数据库的基本概念

在数据库管理系统中，采用数据模型（Data Model）来对现实世界进行抽象，反映数据本身及与其他数据之间的联系。数据模型按照计算机系统的观点来组织数据。为了将现实世界中的事物抽象为数据库管理系统支持的数据模型，通常需要一个不依赖于计算机系统的中间层次——概念模型，即首先将现实世界中的事物及其联系抽象为概念模型，再由概念模型转化为数据模型。

概念模型最常用的表示方法是实体—联系模型。实体—联系模型也称为E－R模型，反映的是现实世界中的事物及其相互联系。

实体—联系模型中涉及3个主要概念：实体、属性和联系。实体（Entity）是客观存在并可相互区分的事物。实体可以是一个具体的人或物，也可以是抽象的事物或概念。性质相同的同类实体的集合称为实体集。属性（Attribute）是指实体具有的某种特性。例如：物资实体可以通过物资编码、物资名称、型号、规格、计量单位、物资类别、存放仓库等属性来进行描述。联系（Relation）是指实体之间的联系，A和B两个实体集之间的联系可分为如下三种形式：

（1）一对一联系：如果A中的每一个实体，B中只有一个实体与其发生联系；同时B中的每一个实体，A中也只有一个实体与其发生联系，那么称A和B是一对一联系。

（2）一对多联系：如果对于A中的一个实体，B中有一个以上实体与其发生联系；而B中的每一个实体只与A中的一个实体发生联系，那么称 A 和 B 是一对多联系。

(3) 多对多联系：如果 A 中至少有一个实体对应于 B 中一个实体；且 B 中也至少有一个实体对应于 A 中一个实体，那么称 A 和 B 是多对多联系。

概念模型一般用实体—联系图（E－R 图）来描述。在 E－R 图中，用矩形表示实体，用椭圆表示实体的属性，用菱形表示实体之间的联系，用无向边将各属性连接到其所属的实体，用无向边将矩形和菱形连接起来，在边上表明是一对一联系、一对多联系或多对多联系。实体、属性和联系也称为 E－R 图的三个因素。

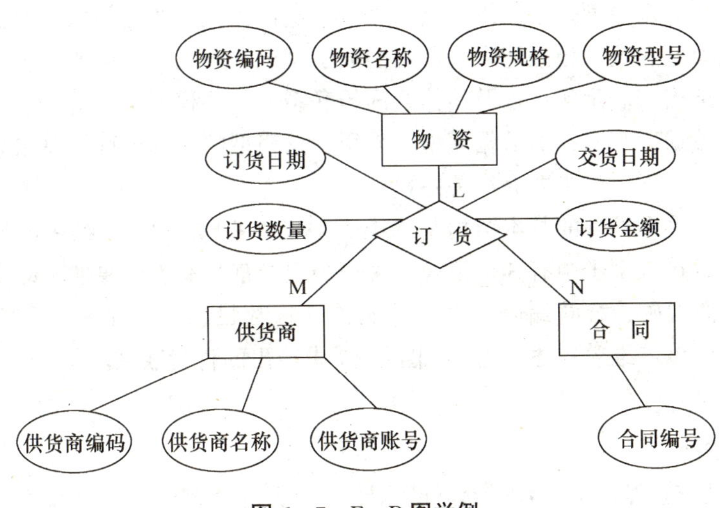


**图 6－7 E－R 图举例**

图 6－7 给出了一个 E－R 图例。在该例中的实体有物资、供应商和合同。物资的属性有物资编码、物资名称、物资规格和物资型号；供应商的属性有供应商名称、供应商编码和供应商账号；合同的属性有合同编号。在该例中，联系只有一个，即订货联系。在订货联系中，涉及到的实体有物资、供应商和合同。一

种物资可以由多家供应商供应，签订多笔合同；一家供应商也可以供应多种物资，也可能签订多笔合同，这种联系在图中用L、M、N来表示。在订货联系中的属性有供应商编码、合同编号、物资编码、订货数量、订货金额、订货日期和交货日期。

E－R图描述的是概念模型，是从现实世界抽象到数据库管理系统支持的数据模型的中间层。数据模型是直接面向数据库中数据的逻辑结构。数据模型主要有层次模型、网状模型和关系模型。其中，关系模型在目前的数据库系统中使用最广泛，技术上也最成熟。

关系模型是用二维表结构来表示实体以及实体之间联系的数据模型。关系模型建立在严格的数学理论基础上，可以通过统一的结构来表示实体以及实体之间的联系。关系模型是目前几乎所有数据库都支持的数据模型。采用关系模型的数据库称为关系数据库。下面将主要介绍关系模型。

关系模型的基本结构是二维表，表6－2是一个二维表的例子。在该例子中有3个记录，每一个记录都具有5个属性，即供应商编码、合同编号、物资编码、订货数量和订货金额。实际上，该二维表描述了E－R图6－7中给出的订货联系。

**表6－2　　　　二维表举例**

| 供应商编码 | 合同编号 | 物资编码 | 订货数量 | 订货金额 |
|---|---|---|---|---|
| 02001 | Xt0001 | 0101003 | 1000 | 800 |
| 03020 | Yk0002 | 0203001 | 300 | 1800 |
| 02003 | Nt0002 | 0204008 | 900 | 2700 |

在关系模型中的主要术语有：

关系：一个关系对应于一张二维表。

元组：表中的一行称为一个元组。

属性：表中的一列称为一个属性。为了对每列加以区别，给每列取一个名字称为属性名。

域：属性的取值范围。

分量：元组中的一个属性值。

主码：表中的某个属性组，它能够惟一地标识一个元组。

关系模式：对关系的描述，用表式结构或下面的形式表示。

关系名（属性 1，属性 2，…属性 n）

关系名 = 属性 1 + 属性 2 + …属性 n

关系模型可以由实体—联系模型（E－R 模型）转换而来，转换的过程可以参照下面几个规则：

(1) E－R 模型中的每一个实体集对应于一个关系，实体集名作为关系名，实体集的属性作为该关系的属性。

(2) E－R 模型中的联系也对应于一个关系，该联系的属性及与该联系相连的各实体集的主码作为该关系的属性。

根据上述原则，图 6－7 中的 E－R 模型转换为如下关系模型：

(1) 物资（物资编码、物资名称、物资规格和物资型号）；

(2) 供应商（供应商名称、供应商编码、供应商账号）；

(3) 合同（合同编号、合同日期、交货日期）；

(4) 订货（供应商编码、合同编号、物资编码、订货数量、订货金额）。

### （三）关系模型的规范化理论

关系模型的好坏对数据的存储、操作有很大影响。因此，一般基于规范化理论进行关系模型的设计。规范化理论是 E.F.Codd 在 1971 年提出的，它研究关系模型中各属性之间的关系，探讨关系模型应具备的性质和设计方法。

规范化体系中通过多层范式（Normal Form）结构表示关系模型的规范化程度。其结构见图 6－8。

**图 6－8　关系型数据模型的范式结构**

在规范化体系中，如果满足最低要求，则称为第一范式（First Normal Form，1NF），在 1NF 的基础上进一步满足一定的条件则为第二范式（2NF），依次类推。管理信息系统的数据库设计，通常只使用 1NF、2NF 和 3NF。因此，下面只介绍这三种范式。

1. 第一范式（1NF）。第一范式的关系应满足的基本条件是元组中每个分量都必须是不可分割的数据项。

在表 6－3 中，由于"物资价税"这个数据项进一步可分割为"物资金额"和"增值税额"两个数据项，因此该关系模型不满足第一范式的条件，不是第一范式。

**表 6－3　　　　物资价税表**

| 物资编码 | 物资名称 | 物资价税 | |
|---|---|---|---|
| | | 物资金额 | 增值税额 |
| 0101003 | 生铁 | 600.00 | 102.00 |
| 0203001 | 石棉 | 800.00 | 136.00 |
| 0204008 | 焦炭 | 500.00 | 85.00 |

表 6－4 经过了规范化处理，去掉了可分割的数据项，是第

一范式。

表 6－4 规范化的物资价税表

| 物资编码 | 物资名称 | 物资金额 | 增值税额 |
|---|---|---|---|
| 0101003 | 生铁 | 600.00 | 102.00 |
| 0203001 | 石棉 | 800.00 | 136.00 |
| 0204008 | 焦炭 | 500.00 | 85.00 |

2. 第二范式（2NF）。一个关系成为满足第二范式的条件，是指其在满足第一范式条件的基础上，进一步要求所有非主属性完全依赖于其主码。表 6－5 的关系模式满足第一范式的要求，但不满足第二范式的要求。

表 6－5 物资与供应商

| 物资编码 | 物资名称 | 供应商编码 | 供应商名称 |
|---|---|---|---|
| 0101003 | 生铁 | 0001 | ××钢铁公司 |
| 0203001 | 石棉 | 0002 | ××××商贸集团 |
| 0204008 | 焦炭 | 0001 | ××钢铁公司 |

在此关系模式中，“物资编码”和“供应商编码”共同构成此关系模式中的主码。“物资名称”和“供应商名称”是非主属性。在这里，“物资名称”这个非主属性只是部分依赖于主码（即只依赖于主码的第一个分量“物资编码”），“供应商名称”这个非主属性也只是部分依赖于主码（即只依赖于主码的第二个分量“供应商编码”），因此，该关系模式不属于第二范式。

不属于第二范式的关系模式，会造成数据处理的以下 3 种问题：

（1）插入异常：一种新物资，由于没有确定相应的供应商，就不能在当前的数据库中记录下来。

(2) 删除异常：要删除一种物资的数据，也不得不从数据库中删除相应的供应商数据，从而有可能丢失供应商数据。

(3) 大量数据冗余的存在。

在本例中，可将上述非第二范式的关系分解为如下 3 个满足第二范式条件的关系：

(1) 物资（物资编码、物资名称)。

(2) 供应商（供应商编码、供应商名称)。

(3) 物资与供应商（物资编码、供应商编码)。

3. 第三范式（3NF)。一个关系成为满足第三范式的条件，是指其在满足第二范式条件的基础上，进一步要求任何一个非主属性都不传递依赖于任何主属性。

例如，表 6－6 的关系模式属于第二范式，但不满足第三范式。

表 6－6　　教　师

| 教师代码 | 教师姓名 | 院系名称 | 院系负责人 |
|---|---|---|---|
| Y0001 | 江涛 | 应用学院 | 李利华 |
| Y0002 | 张为 | 应用学院 | 李利华 |
| Y0003 | 何丽丽 | 应用学院 | 李利华 |

在该关系中，主码为“教师代码”。“院系名称”这个非主属性依赖于主码“教师代码”，而“院系负责人”又依赖于“院系名称”，因此，“院系负责人”传递依赖于主码“教师代码”。这样的关系存在着高度冗余和更新问题。消除传递依赖关系的办法，是将上述关系分解为如下几个满足第三范式的关系：

(1) 教师（教师代码、教师姓名、院系名称)。

(2) 院系（院系名称、院系负责人)。

第三范式（3NF）消除了插入、删除异常及数据冗余等问题，已经是比较规范的关系了。实际应用当中，只要所设计的数据库属于第三范式一般就足够了。

## 二、数据库设计例

### 例6-6：数据库设计案例

我们依据例6-5中“物资采购计划制定及审批”业务涉及“物资需求计划表”、“物资需求汇总表”、“产品产量计划”、“生产用物资需用量”、“物资消耗定额”、“库存台账”、“物资采购计划”等7个数据类为基础进行数据库的设计，步骤如下：

步骤1：根据前面设计得到的数据字典及数据流程，确定数据库设计中需要规范化的数据类及内容。虽然“物资采购计划制定及审批”业务涉及“物资需求计划表”、“物资需求汇总表”、“产品产量计划”、“生产用物资需用量”、“物资消耗定额”、“库存台账”、“物资采购计划”等7个数据类，但因数据类“生产用物资需用量”是由数据类“产品产量计划”和数据类“物资消耗定额”通过简单计算得到的，即数据类“生产用物资需用量”是导出型数据，故不需要在数据库中长期保存，因此，本例中需要进行规范化的数据类及其内容包括：

(1) 物资需求计划表：

分厂名称 + 物资名称 + 型号规格 + 需用量 + 用途

(2) 物资需求汇总表：

物资名称 + 型号规格 + 需用量

(3) 物资采购计划：

物资名称 + 型号规格 + 采购计划量

(4) 主生产计划：

分厂名称 + 产品名称 + 计划产量

(5) 物资消耗定额：

产品名称＋物资名称＋型号规格＋消耗定额

(6) 库存台账：

物资名称＋型号规格＋当前库存量＋合理库存量＋期初库存量＋累计入库量＋累计出库量

步骤2：确定每个数据类需要存储的内容，去除多余的数据元素，并研究是否有必要增加新的数据元素，如增加必要的代码项。在本例中，物资、产品和分厂需要增加代码项，分别为物资编码、产品编码和分厂编码。

步骤3：列出各种表格存储的1NF数据元素。本例中各种表格存储的1NF数据元素如下：

(1) 物资需求计划表：

1NF：分厂编码＋分厂名称＋物资编码＋物资名称＋型号规格＋需用量＋用途

(2) 物资需求汇总表：

1NF：物资编码＋物资名称＋型号规格＋需用量

(3) 物资采购计划表：

1NF：物资编码＋物资名称＋型号规格＋采购计划量

(4) 主生产计划：

1NF：分厂编码＋分厂名称＋产品编码＋产品名称＋计划产量

(5) 物资消耗定额：

1NF：产品编码＋产品名称＋物资编码＋物资名称＋型号规格＋消耗定额

(6) 库存台账：

1NF：物资编码＋物资名称＋型号规格＋计量单位＋当前库存量＋合理库存量＋期初库存量＋累计入库量＋累计出库量

步骤4：对步骤3得到的1NF关系进行规范化，得到3NF

关系。

(1) 物资需求计划表：

1NF：分厂编码+分厂名称+物资编码+物资名称+型号规格+需用量+用途

3NF：①分厂编码+分厂名称

②物资编码+物资名称+型号规格

③分厂编码+物资编码+需用量+用途

(2) 物资需求汇总表：

1NF：物资编码+物资名称+型号规格+需用量

3NF：④物资编码+物资名称+型号规格

⑤物资编码+需用量

(3) 物资采购计划表：

1NF：物资编码+物资名称+型号规格+采购计划量

3NF：⑥物资编码+物资名称+型号规格

⑦物资编码+采购计划量

(4) 主生产计划：

1NF：分厂编码+分厂名称+产品编码+产品名称+计划产量

3NF：⑧分厂编码+分厂名称

⑨产品编码+产品名称

⑩分厂编码+产品编码+计划产量

(5) 物资消耗定额：

1NF：产品编码+产品名称+物资编码+物资名称+型号规格+消耗定额

3NF：⑪产品编码+产品名称

⑫物资编码+物资名称+型号规格

⑬产品编码+物资编码+消耗定额

(6) 库存台账：

1NF：物资编码＋物资名称＋型号规格＋当前库存量＋合理库存量＋期初库存量＋累计入库量＋累计出库量

3NF：⑭物资编码＋物资名称＋型号规格

⑮物资编码＋当前库存量＋合理库存量＋期初库存量＋累计入库量＋累计出库量

步骤5：针对上述得到15个3NF关系，进行关系的归纳与合并，去掉重复的关系。本例经归结与合并后得到下述内容：

(1) 分厂基本信息＝分厂编码＋分厂名称

(2) 物资基本信息＝物资编码＋物资名称＋型号规格

(3) 物资需求计划＝分厂编码＋物资编码＋需用量＋用途

(4) 物资需求汇总＝物资编码＋需用量

(5) 物资采购计划＝物资编码＋采购计划量

(6) 产品基本信息＝产品编码＋产品名称

(7) 主生产计划＝分厂编码＋产品编码＋计划产量

(8) 物资消耗定额＝产品编码＋物资编码＋消耗定额

(9) 库存台账＝物资编码＋当前库存量＋合理库存量＋期初库存量＋累计入库量＋累计出库量

## 第四节　编码设计

系统设计阶段的编码设计是未来系统数据规范化管理的基础，特别要强调的是，共享编码的设计质量直接影响到未来系统的效率。

编码设计的主要工作是完成对共享数据类中的关键字段的编码结构设计，并形成编码库。所谓共享数据类，是指多个子系统都要用到的数据类，如“物资基本信息”、“产品基本信息”等。

## 一、编码要求

### （一）惟一性

编码的惟一性要求保证，通过编码可惟一地确定编码对象，这是编码在数据管理中最基本的作用。

### （二）规范性

编码的规范性，是指对编码对象的编码要遵循一定的规则，这些规则包括：编码的位数、编码的分段、每段的类型和含义等。例如，某物资管理系统中数据类“物资基本信息”的关系模式为：

物资基本信息（物资编码、物资名称、规格型号）

该数据类中的关键字段“物资编码”就是对编码对象（即物资）的编码。例如，其编码结构为：编码位数为7位，整个编码由类码、品种码、流水码三段组成（见图6－9），其中：第1～2位为类别码段，字符型；第3～4位为品种码段，字符型；第5～7位为流水码段，数字型。

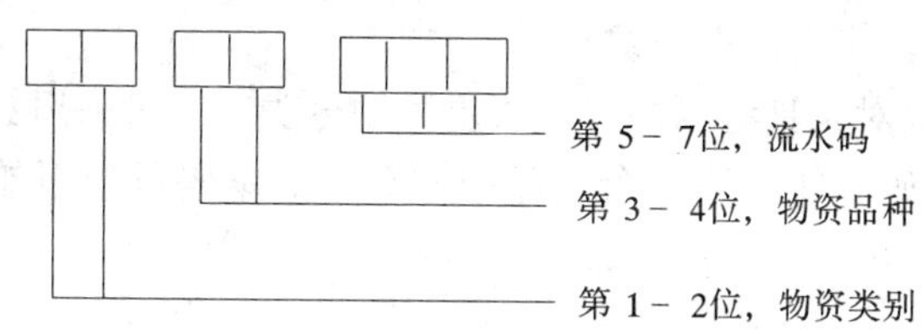


**图6－9　物资编码结构示例**

### （三）可识别性

编码的可识别性要求的目的是，通过编码能够比较容易地识别被编码对象。如物资编码“WJTQ002”表示类别为“五金”，品种为“台钳”的第2号物资。这样仓库保管员就比较容易地获知该编码代表的是哪种物资了。

(四) 可扩展性

编码的此项要求是保证系统对企业管理业务变化的适应性，即要求编码规则对已有编码对象留有足够的余量。否则，在产品编码已经按其编码规则被全部占用的情况下，若企业再开发出新产品，系统就无法对其进行编码并进行管理了。

## 二、编码方式

### (一) 数字顺序码

这是最简单的编码形式，一般适用于被编码对象数目较少的情况。例如，某企业管理信息系统中，对6个物资仓库的编码可采用如下数字顺序码。

**表6-7　数字顺序编码示例**

| 编码对象 | 仓库1 | 仓库2 | 仓库3 | 仓库4 | 仓库5 | 仓库6 |
|---|---|---|---|---|---|---|
| 编码 | 01 | 02 | 03 | 04 | 05 | 06 |

### (二) 数字分组顺序编码

当编码对象具有两层（或以上）的分类时，可采用数字分组(段)顺序码。如上述6个仓库中的账本的编码可采用如下的数字分组顺序码。

**表6-8　数字分组顺序编码示例**

| 编码对象 | 仓库1的第1本账 | 仓库1的第2本账 | …… | 仓库2的第1本账 | 仓库2的第2本账 | …… |
|---|---|---|---|---|---|---|
| 编码 | 01001 | 01002 | …… | 02001 | 02002 | …… |

在该数字分组顺序码中，前两位标示账本的所属仓库，后3

位标示该仓库中账本的序号。

（三）字符编码

数字编码虽然结构简单，但也存在不容易识别和记忆的缺点。为了容易识别和记忆，可采用字符编码，如我们可对企业的6个仓库采用下面的字符编码（见表6－9）。

**表6－9　　字符编码示例**

| 编码对象 | 五金库 | 化工库 | 劳保库 | 备件库 | 机电库 | 工具库 |
|---|---|---|---|---|---|---|
| 编码 | WJ | HG | LB | BJ | JD | GJ |

其中：我们使用了仓库汉语名称的拼音字头，形成了相应仓库的字符编码，既容易识别，也容易记忆。

（四）组合编码

当编码对象具有两层（或以上）的分类时，我们可采用数字和字符的组合编码方式，使编码对某层分类的记忆和识别更直观和容易。如前述6个仓库中的账本的编码可采用如下的组合编码（见表6－10）。

**表6－10　　组合编码示例**

| 编码对象 | 五金库的第1本账 | 五金库的第2本账 | …… | 化工库的第1本账 | 化工库的第2本账 | …… |
|---|---|---|---|---|---|---|
| 编码 | WJ001 | WJ002 | …… | HG001 | HG002 | …… |

## 三、编码的设计和使用

编码的设计和使用一般遵循“（设计时）分段设计，（使用时）用户标识携带＋前台输入 ＋ 后台组合的”方法，这样能较好地解决管理人员难于使用编码的问题。下面将以某企业管理信息系统的产品编码设计与使用来说明上述原则。

**例 6－7：编码使用案例**

某钢厂产品编码为 7 段，12 位分组数字码。如 20# 普沸通用大型工字钢的编码为 421032011101，其结构为：

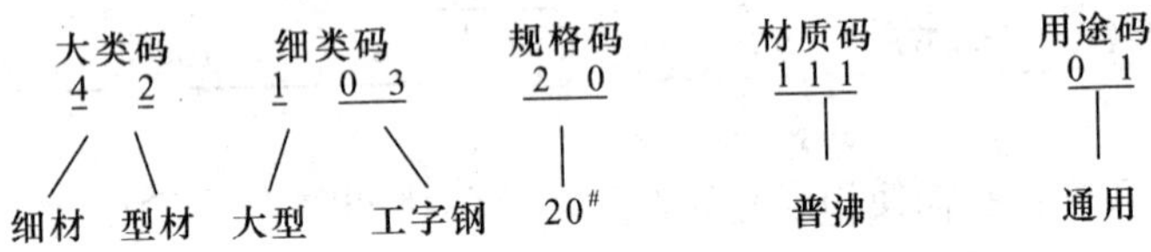


**图 6－10　7 段 12 位的产品编码**

在实际应用中，管理人员首先通过输入自己的用户标识（用户 ID）和密码注册，从而获得相应操作（如产品入库登记）的权利。因为用户 ID 已经携带了用户所管理产品的某些限制信息(如一般情况下，每个业务人员只负责管理某大类下某小类的若干产品，这样，管理人员的用户 ID 已限定了该用户所管理产品编码的大类码段和小类码段)，因此，当用户需要输入某产品的编码时，只需输入产品的规格码段、材质码段、用途码段，最后由计算机在后台自动组合形成完整的 12 位产品编码。其分组组合过程如图 6－11 所示。

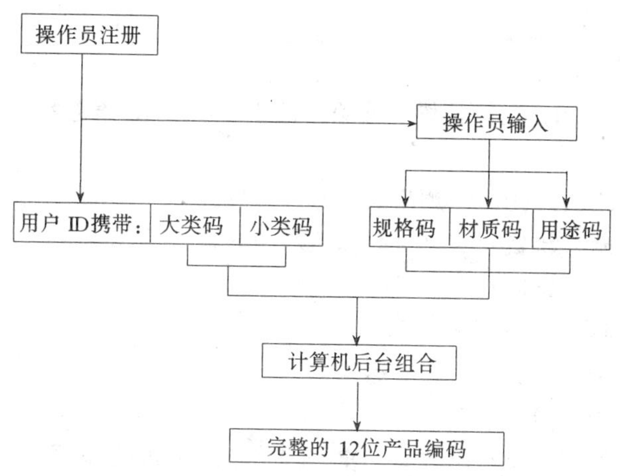


图 6-11　产品编码应用中组合过程

## 第五节　功能模块的处理过程设计

在系统的详细设计阶段，功能模块处理过程的设计和描述可以采用程序框图或过程描述语言（Procedure Description Language—PDL）两种描述工具实现，但用 PDL 语言较程序框图更灵活、方便。

PDL 语言是介于计算机结构化程序设计语言和自然语言之间的一种描述性语言，该描述语言的关键字及语法规则有：

PROCEDURE　模块名　　（指明模块名称）

IF－ELSE－ENDIF　　（简单分支结构）

DO CASE－ENDCASE　　（多重分支结构）

DO WHILE－ENDDO　　（条件循环结构）

利用上述语法结构及自然语言，我们可灵活地描述每一个功能模块的处理过程。

**例 6-8：功能模块“删除已达账”的 PDL 语言描述**

PROCEDURE　删除已达账

显示：请输入要删除的已达账的日期和票据号

日期 ->RQ1

票据号 ->PJH1

显示：真要删除该已达账吗?

IF 回答＝“Y”

删除“企业对账数据”中 日期＝RQ1 且 票据号＝PJH1 的已达记录

删除“银行对账数据”中 日期＝RQ1 且 票据号＝PJH1 的已达记录

显示：指定的已达账已经被删除!

ELSE

显示：已达账未被删除!

ENDIF

返回调用模块。

## 第六节　输入输出设计

### 一、输入设计

输入设计工作是依据功能模块的具体要求给出数据输入的方式、用户界面和输入校验方式。

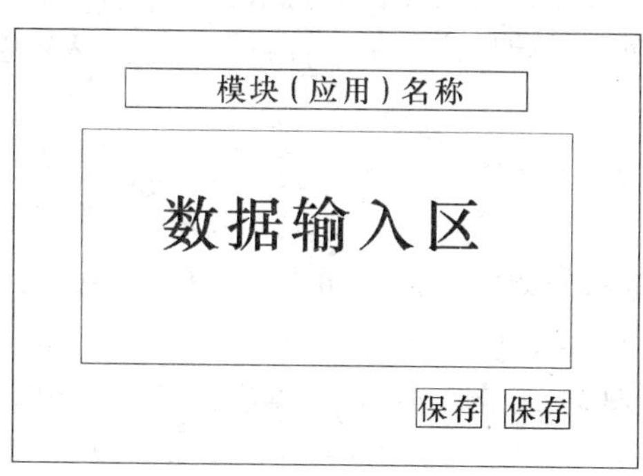


**图 6－12　输入界面框架**

进行输入设计工作时，要注意在整个系统中统一设计风格。例如，要求所有设计人员遵照图 6－12 的界面框架对输入型功能模块进行用户界面设计。

为了尽可能地避免错误的数据存储到系统中，在输入设计中需要考虑采用具体的检测方式对数据输入的正确性进行校验。比较常见的数据输入检测方式有二次输入校验法、静态校验法、平衡校验法、文件查询校验法、界限校验法、数据格式校验法、校验码的方法等。

1. 采用二次输入校验法，要求同一个数据内容输入两次，以两次输入内容一致作为正确性判断的依据。对于特别重要的数据输入，也可以要求输入两次以上。

2. 静态校验法，是在数据输入之后采用目测的方法检查输入数据的正确性，目测一般在屏幕前进行，在输入内容复杂的情况下也可以打印出来检测。

3. 平衡校验法，是根据数据之间的计算关系来检查输入数据的正确性。应用平衡校验法比较典型的例子是会计凭证数据必须满足“有借必有贷，借贷必相等”，即会计凭证中的数据必须同时有借方金额和贷方金额，并且借方金额合计和贷方金额合计必须相等。如果不满足该平衡条件，那么，输入的会计凭证数据一定是错误的。

4. 文件查询校验法，一般用于检查输入的数据是否为无效数据。例如，在输入物资编码时，一般需要在物资编码表中查找是否存在所输入的物资编码，如果不存在，那么输入的物资编码为无效的物资编码。

5. 界限校验法，是通过给出数据的上限和下限的方法来检测输入数据的正确性。例如，日期中月份的最大取值为 12，最小取值为 1。如果输入的月份数据不在该范围之内，则认为是输入有误。

6. 数据类型格式校验法，是从数据类型和数据格式的角度来检测输入数据的正确性。例如，在输入系统操作员姓名时，输入的应为字符型数据，如果输入的为数值型数据就一定是错误的输入。

7. 校验码的方法一般用于编码的校验。在采用该方法时，在数据编码的后面加一位校验码，该校验码是根据一定的计算方法由校验码前的各位编码计算出来的。如果输入的编码不满足该计算关系，则认为输入的编码有误。

上述几种校验方法，可以在输入设计中根据具体情况选择使用。需要指出的是，输入校验只能在一定程度上避免数据的输入错误，但并不能保证数据输入的绝对正确性。

**例 6-9：某企业管理信息系统功能模块“原料入库单录入”的输入设计**

(1) 用户界面：依据入库单、相关数据库设计的结果及输入型用户界面的统一风格，我们对功能模块“原料入库单录入”设计出如图 6-13 的用户界面。

**原料入库单录入**

入库单号：N（8）　　入库日期：N（4）年N（2）月N（2）日

供货单位编码：C（6）　　供货单位名称：C（30）

| 原料编码 | 原料名称 | 规格 | 数量 | 单价 | 金额 |
|---|---|---|---|---|---|
| C（8） | C（20） | C（6） | N（12，2） | N（8，2） | N（12，2） |
| | | | | | |
| | | | | | |
| | | | | | |
| | | | | | |

库管员编码：C（2）　　财务记账标志：C（1）

保存　退出

**图6－13　输入界面设计示例**

(2) 输入方式：入库单上除了数据项“财务记账标志”之外，其他数据项都由键盘输入。其中“原料”相关信息只需输入相应编码，与“供货单位”相应的“供货单位名称”，与“原料”相应的“原料名称”、“规格”分别从供应商编码库和原料编码库中自动填入。

(3)输入校验：其中“数量”、“单价”、“金额”需全部输入。输入后由计算机计算“数量×单价”，并与所输入的“金额”值进行比较，若二者相等则校验通过，否则给出警告信息，由操作者进行修改、确认。

## 二、输出设计

输出设计与输入设计类似，需要给出输出的方式和用户界面的内容，如显示输出的屏幕格式、打印输出的格式，每个显示、打印项目的类型、长度。

输出设计时，也要注意在整个系统中统一设计风格。例如，对个体数据类（如入库单）查询功能模块的实现和输出方式、用户界面可要求所有设计人员按照图 6－14 和图 6－15 的形式进行。

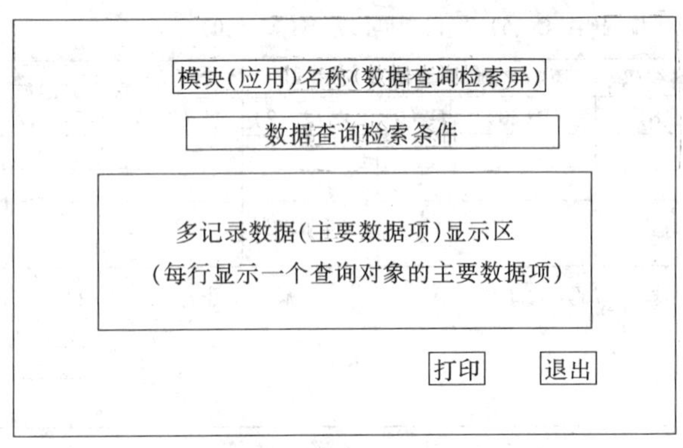


**图 6－14　数据查询功能模块的过滤检索界面**

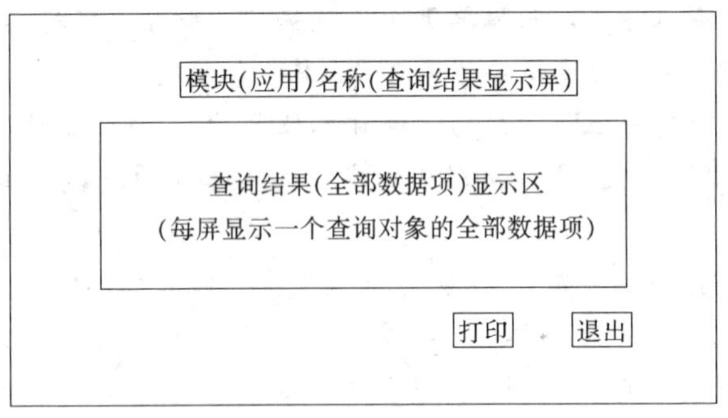


**图 6－15　数据查询功能模块的查询结果数据显示界面**

为了说明上述的数据查询模块的用户界面和实现方式，我们以“入库单查询”模块为例，给出其具体设计结果（见图 6－16 和图 6－17）。

入库单查询（检索）

查询时间段：N（4）年N（2）月N（2）日—N（4）年N（2）月N（2）日

| 入库单号 | 入库日期 | 原料（1） | …… | 原料（5） | 记账标志 |
|---|---|---|---|---|---|
| C（8） | C（20） | C（6） | …… | C（6） | C（1） |
| | | | | | |
| | | | | | |
| | | | | | |
| | | | | | |
| | | | | | |
| | | | | | |
| | | | | | |

打印检索结果　　退出

**图6－16　“入库单查询”模块的检索屏**

入库单查询（结果显示）

入库单号：N（8）　　入库日期：N（4）年N（2）月N（2）日

供货单位编码：C（6）　　供货单位名称：C（30）

| 原料编码 | 原料名称 | 规格 | 数量 | 单价 | 金额 |
|---|---|---|---|---|---|
| C（8） | C（20） | C（6） | N（12，2） | N（8，2） | N（12，2） |
| | | | | | |
| | | | | | |
| | | | | | |
| | | | | | |

库管员编码：C（2）　　财务记账标志：C（1）

打印查询结果　　返回检索屏

**图6－17　“入库单查询”模块的查询结果显示屏**

当入库单查询模块运行时，操作人员输入查询检索条件（见

图 6－16）后，计算机把满足检索条件的所有入库单的主要数据项以每行一个入库单的形式显示在检索屏的数据显示区。操作人员从检索结果中找到具体要查询的入库单后，按回车键或通过鼠标双击显示选中的入库单（见图 6－17）。

在完成所有总体设计及详细设计工作后，就可以对系统设计的工作进行整理并编写系统设计报告了。

系统设计报告一般包括以下内容：

1. 系统硬件结构图及设备技术参数和报价表；
2. 系统软件结构及其报价表；
3. 系统应用软件结构图；
4. 新系统的数据流图及数据字典；
5. 数据库设计及共享编码设计结果；
6. 每一个功能模块的处理流程描述及输入、输出描述。

---

**习题**

1. 论述管理信息系统设计的主要任务及工作。

2. 管理信息系统硬件结构设计中首先要进行的工作是什么？

3. 管理信息系统应用软件结构建立的主要依据是什么？

4. 针对数据库设计问题，举例说明若关系模式不属于第三范式，则应用该关系模式存储数据时会造成大量的数据冗余。

5. 对每一功能模块的处理过程、输入输出的设计工作统称为系统设计的详细设计，在详细设计中用于描述模块处理过程的工具有哪些？

6. 管理信息系统系统设计报告包括哪些内容？

7. 举例说明管理信息系统中，编码的使用是规范化管理数据的重要手段。

8. 请列举市面上流行的几种最常用的数据库管理系统，并说明它们各自的特点。

# 第七章　管理信息系统的实施

**提要：**管理信息系统的实施，是将系统设计的结果付诸实践，建立计算机硬件环境和系统软件环境，编写和调试计算机程序，组织系统测试和各类人员的培训，完成系统的切换并最终交付使用。

从管理信息系统的生命周期来看，系统实施阶段已经到了系统研制开发的后期，它是前面各阶段工作的延伸和目的。

本章讲述管理信息系统实施的内容、实现步骤和应注意的问题。

## 第一节　管理信息系统实施阶段的任务

管理信息系统实施阶段的任务，是根据用户确认的设计方案，实现具体的应用系统，包括建立网络环境、安装系统软件、建立数据库文件、通过程序设计与系统实现设计报告中的各应用功能并装配成系统、培训用户使用等。

### 例 7－1：系统实施情景案例——青钢管理信息系统实施

青岛钢铁集团在通过管理信息系统设计方案之后，开始着手进行具体应用系统的实施。首先，青岛钢铁集团专门设立了中央计算机房，并在相关部门设立了计算机室。其次，依据系统设计阶段给出的硬件结构和软件结构进行了设备及所需系统软件购置。为了建立计算机系统的网络环境，由太极计算机公司负责结构化布线、网络系统的安装与调试。

同时，北京科技大学项目组依据系统设计报告开始进行软件开发。为了节省成本及方便工作的进行，青岛钢铁集团在北京科技大学建立了模拟环境，专门用于软件的开发工作。

在进行软件开发之前，开发人员在清华大学参加了专门的系统软件及开发工具的培训。在高博士的领导下，北京科技大学项目组依据系统设计报告中给出的目标系统模块设计结果，实现了系统分析和设计中提出的各项功能。

在程序设计和系统调试完成之后，成立了一个系统测试小组，由青岛钢铁集团和北京科技大学双方人员共同组成，进行系统的测试。测试小组提供了相应的测试方案和建议的测试数据，在青岛钢铁集团实际应用环境中进行了数据和系统功能的正确性检验。

系统测试顺利通过之后，开始组织对系统的使用人员进行系统应用培训。由于青岛钢铁集团信息中心的网络维护人员和系统维护人员具有很高的业务水平和很强的业务能力，不需要再进行培训，因此，培训的对象主要是系统使用人员。

完成培训工作之后，进入系统试运行阶段。为此，开始了基本数据的准备、编码数据的准备、系统的参数设置、初始数据的录入等多项工作。

为了保证系统的实施及以后的规范化管理，青岛钢铁集团公司制定了《计算机系统应用管理规范》、《计算机房管理制度》、《计算机系统安全保密制度》、《计算机系统文档管理规定》等一系列的管理规定。

系统在试运行半年无误后，正式交付使用。

通过上述案例可以看出，按照系统实施的过程，系统实施阶段的任务可以归结为如下几项：①购置和安装设备以建立计算机网络环境和系统软件环境；②计算机程序设计；③系统调试和测试；④人员培训；⑤系统切换并交付使用。

1. 购置和安装设备，建立网络环境。系统实施的该项工作是依据系统设计中给出的管理信息系统的硬件结构和软件结构购置相应的硬件设备和系统软件，建立系统的软、硬件平台。一般情况下，中央计算机房还需要专业化的设计及施工。为了建立网络环境，要进行结构化布线、网络系统的安装与调试。

2. 计算机程序设计。计算机程序设计也常常被称为软件开发。进行计算机程序设计的目的是实现系统分析和设计中提出的管理模式和业务应用。在进行软件开发之前，开发人员要学习所需的系统软件，包括操作系统、数据库系统和开发工具。必要时，需要对程序设计员进行专门的系统软件培训。

3. 系统调试与测试。在进行计算机程序设计之后，需要进行系统的调试。实际上，在编写计算机程序时，一直在进行调试，修改程序中的错误。在完成这种形式的调试之后，还必须进行专门的系统测试。通过系统的调试与测试，可以发现并改正隐藏在程序内部的各种错误以及模块之间协同工作存在的问题。

4. 人员培训。人员培训可以分为两种类型：一种类型指的是在软件开发阶段对程序设计人员的培训；另一种类型是在系统切换和交付使用前对系统使用人员的培训。这里，人员培训指的是第二种情况。在管理信息系统投入使用之前，需要对一大批未来系统的使用人员进行培训，包括系统操作员、系统维护人员等。

5. 系统切换。管理信息系统实施的最后一项任务是进行系统的切换，它包括进行基本数据的准备、数据的编码、系统的参数设置、初始数据的录入等多项工作。在系统正式交付使用之前，必须进行一段时间的试运行，以进一步发现及更正系统存在的问题。在系统切换和交付使用的过程中，每项工作都有很多人员参加，而且会涉及到多个业务部门。因此，该阶段的组织管理工作非常重要，要做好系统切换计划，控制工作的进度，检查工作的质量，及时地做好各方面的协调，保证系统的成功切换和交付使用。

## 第二节　程序设计

在购置和安装完各种设备、建立起网络环境之后，开始进行程序的设计与调试。程序的设计就是通过应用计算机程序设计语言来实现系统设计中的内容。程序设计工作一般由程序设计员来完成。

### 一、程序设计的特点

随着计算机技术的发展，程序设计的思想和方法也在不断地发展。目前，程序设计的方法主要有结构化的程序设计方法、面向对象的程序设计方法和利用软件生成工具的方法。不论采用哪一种程序设计方法，成功的程序设计应具有如下几个特点：

1. 可靠性。对于管理信息系统的应用而言，可靠性是非常重要的，包括程序运行的安全可靠性、数据存取的正确性、操作权限的控制等。对于这些问题，在系统的分析与设计阶段就应该有充分的考虑。

2. 实用性。它是从用户的角度来看系统界面是否友好，操作使用是否方便，响应速度是否可以接受。程序设计的实用性是系统顺利交付使用的重要条件。

3. 规范性。程序的规范性指的是程序的命名、书写的格式、变量的定义和解释语句的使用等应参照统一的标准，具有统一的规范。

4. 可读性。程序的可读性是要求程序设计结构清晰、可理解性好，程序中要避免复杂的个人程序设计技巧，使他人也能够很容易地读懂，以利于对程序的修改和维护。

程序的规范性和可读性对于未来程序的维护和修改是非常重要的。如果程序的规范性和可读性不强，除了具体的程序设计人员，别人很难读懂程序，也就很难进行程序的维护和修改，影响未来的系统使用。

## 二、结构化程序设计的方法

结构化程序设计的方法包括以下几个方面：

1. 采用四种基本的控制结构。程序设计中尽量只采用顺序结构、多重分支结构、循环结构和简单分支结构四种基本控制结构（见图 7－1），而不用或少用强制转向语句。

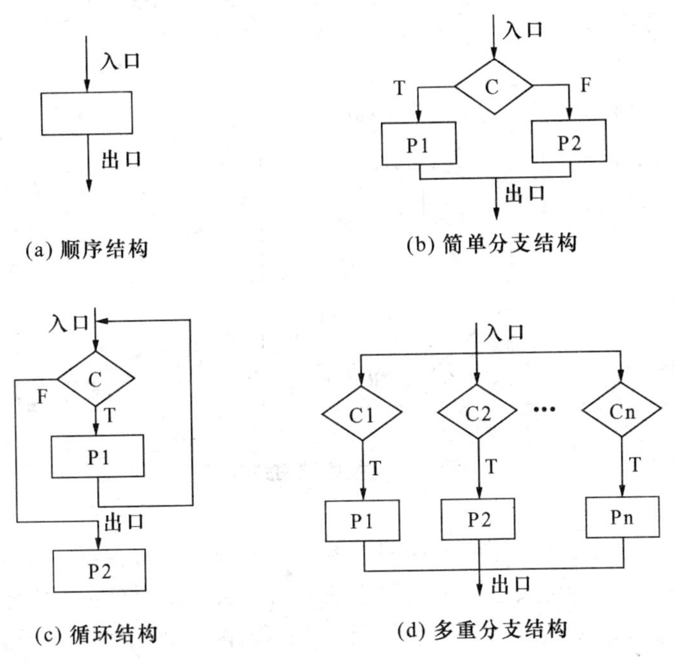


**图 7－1　结构化程序设计的基本控制结构**

图 7－1 中，C 代表条件，P 代表程序段，T 代表条件为真，F 代表条件为假。这几种程序控制结构只有单入口和单出口，结构简单，程序易理解，不容易出错。

2. 自顶向下的设计原则。在进行程序设计时，成千上万的程序模块不可能完全同时进行，各任务之间必须有先后顺序之分，最终实现系统设计的整个方案。自顶向下的设计原则是首先设计上层模块，逐步向下，最后设计最下层的具体功能。而实现时，要首先实现下层模块，逐步向上，最后实现上层模块；结构化的程序设计采用的是自顶向下的设计原则。

3. 功能调用层次分明。各部分程序之间的联系采用程序调用的形式。

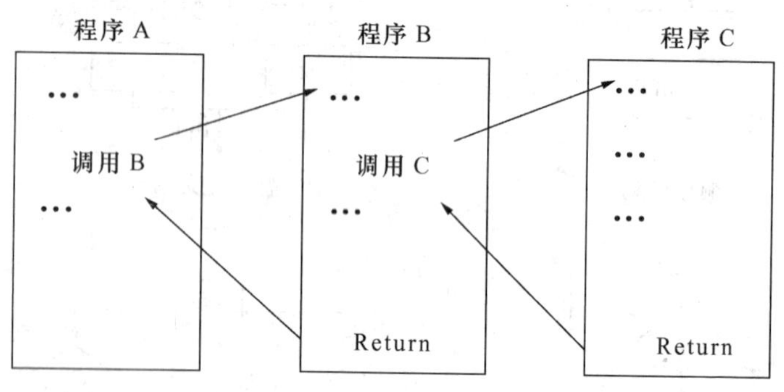


**图 7－2　程序调用关系**

在实现上层程序时，注明被调用的下层程序的名称，有时还要注明参数传递关系。下层程序独立于上层程序而存在。程序调用关系如图 7－2 所示。这样设计出的程序结构清晰，易于程序的编写和调试。

4. 程序书写采用锯齿型风格。一段程序一般都很长，如果在书写时不分层次，就很难阅读。在结构化的程序设计中一般采用锯齿型风格，以提高程序的可读性。下面为锯齿型风格结构的例子：

DO　WHILE .T.

```
        <程序段 1>
        DO  CASE
            CASE  <条件 1>
              <程序段 2>
            CASE  <条件 2>
              <程序段 3>
            CASE  <条件 3>
              <程序段 4>
        ENDCASE
        IF  <条件 4>
            <程序段 5>
        ELSE
          IF  <条件 5>
              <程序段 6>
          ELSE
              <程序段 7>
          ENDIF
          <程序段 8>
        ENDIF
        <程序段 9>
    ENDDO
    <程序段 10>
```

结构化程序设计的上述原则，提高了程序设计的规范性、可靠性、可读性，易于程序的调试与维护。

## 第三节　系统调试

系统调试，是从系统功能的角度对所实现的系统功能及功能间的协调运行进行检验调整，找出系统中可能存在的问题，并进行更正，以达到系统设计的全部要求。

系统调试的过程通常由单个模块调试、模块组装调试和系统联调三个步骤完成。

第一步：单个模块调试：对单个模块进行检查，保证其内部功能的正确性。

第二步：模块组装调试：针对各个子系统，对本子系统内部的模块进行组装，并检查其模块间的调用关系、数据的传递是否正确，本子系统的功能是否完整。

第三步：系统联调：在单个模块调试和模块组装调试确认各模块和各子系统正确完整之后，开始进行整个系统的联调。系统联调是系统调试的最后一个阶段。

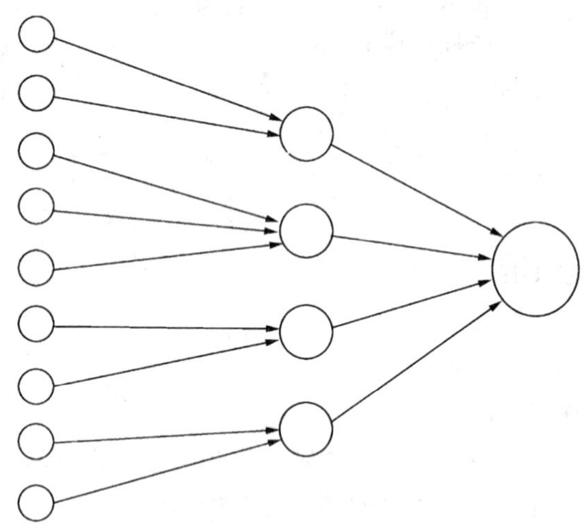


图 7－3　系统调试的过程

采用这样的方法进行调试，各步骤间的关系如图 7-3 所示，调试范围由小到大，能及时地发现错误，是比较有效的。

## 第四节　系统测试

系统测试，是利用测试数据及测试问题对已开发完成的系统进行检验。系统测试的内容包括：数据处理正确性测试、功能完整性测试和系统性能测试。

1. 数据处理正确性测试。检查输入和输出数据的正确性，包括明确输入的数据是否正确地存入数据库系统；数据库系统中的数据能够正确地输出；数据间的计算关系正确；数据统计的方法和口径与需求一致；不出现任何汉字字符或其他字符乱码等。

2. 功能完整性测试。检查开发完成的系统是否具备系统设计中所提出的全部功能，不仅要检测主要的业务功能，而且要检查所有的辅助功能和所有的细节性功能。

3. 系统性能测试。性能测试是比较容易被忽略的一项测试内容，包括系统运行的速度、操作的灵活性和用户界面的友好性、对错误的检测能力等方面的测试。对于业务操作型管理信息系统而言，要求速度快、操作灵活，尽可能减少汉字的直接输入，不允许有错误数据的提交。

在进行系统测试时，要注意下列问题：

第一，系统测试环境应同未来系统实际运行环境一致；

第二，系统测试前应做好测试数据的准备工作，以便检查系统是否达到了正确性、完整性和性能上的要求；

第三，进行系统测试时，应有用户参加；

第四，测试完成后，要书写测试报告。

## 第五节　人员培训

对系统使用人员和系统维护人员的培训是系统投入应用的重要前提。需要进行培训的系统使用人员包括：系统操作员、硬件及软件系统维护人员、管理决策人员、档案管理员等。对于尚未掌握计算机基本知识的人员，还要进行计算机基本知识方面的培训。

对人员的培训，总体包括下列内容：

1. 系统的总体方案；
2. 系统网络的操作与使用；
3. 系统的功能结构；
4. 计算机的操作与使用；
5. 数据库系统、开发工具等系统软件；
6. 系统事务型业务功能的操作和使用方法；
7. 系统维护型功能的操作和使用方法；
8. 系统统计分析型功能的操作和使用方法；
9. 系统的参数设置；
10. 系统初始数据输入功能的操作和使用方法；
11. 可能出现的问题及解决方法；
12. 汉字的输入方法；
13. 系统的使用权限与责任；
14. 系统的文档管理规范。

并不是系统的所有使用人员都要进行上述全部内容的培训。根据工作岗位的不同选择不同的内容进行培训，既可以节省宝贵的时间，也便于系统的安全与管理。可以参考表 7－1 中的建议进行培训内容的选择。

表 7-1　　工作岗位与培训内容

| 培训内容 | 操作人员 | 维护人员 | 管理决策人员 | 归档人员 |
|---|---|---|---|---|
| 系统的总体方案 | √ | √ | √ | √ |
| 系统网络的操作与使用 | | √ | | |
| 系统的功能结构 | | √ | √ | |
| 计算机的基本操作与使用 | √ | | √ | |
| 数据库、开发工具等系统软件 | | √ | | |
| 系统事务型业务功能的操作和使用 | √ | √ | | |
| 系统维护型功能的操作和使用 | | √ | | |
| 系统统计分析型功能的操作和使用 | | √ | √ | |
| 系统的参数设置 | | √ | | |
| 系统初始数据输入功能的操作和使用 | √ | √ | | |
| 可能出现的问题及解决方法 | | √ | | |
| 汉字的输入方法 | √ | | | |
| 系统的使用权限与责任 | √ | √ | √ | |
| 系统的文档管理规范 | | √ | | √ |

维护人员应该具有丰富的计算机知识，否则他们将不能胜任系统维护的工作。管理决策人员的主要工作是分析决策，制定未来的发展战略，他们一般不需要进行具体业务的操作，关心的是综合性的统计信息。因此，管理决策人员除了要了解系统的业务功能结构，更要重点掌握统计分析功能的操作和使用方法。

## 第六节　系统切换

系统切换指的是系统开发完成之后新旧系统之间的转换，即终止旧系统的使用，将新系统交付使用，把新系统的控制权交给最终用户。

系统切换工作主要包括以下三部分内容：①完成新系统基础数据的准备，完成必要的旧系统文件到新系统文件的转换；②将系统有关资料转交用户，移交系统的控制权；③协助用户实际使用新系统。

第一部分工作——新系统的数据准备包括数据的整理、数据的录入。数据的整理指数据的分类和编码、数据的标准化和规范化、历史数据的格式转换、数据统计方法和统计口径的统一等；数据的录入指进行系统的初始化、输入初始数据记录、将整理好的数据输入计算机。数据准备的工作量很大，而且数据准确性要求很高，应该给予高度的重视。

系统进行切换、交付使用通常有三种方式，即直接切换方式、并行切换方式和逐步切换方式。

上述三种切换方式如图 7－4 所示。

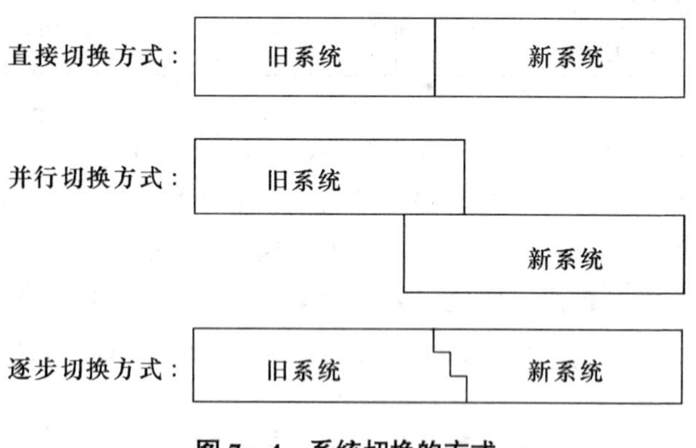


**图 7－4　系统切换的方式**

1. 直接切换方式。直接切换方式采用的是一刀切的方法，在完成系统测试后且确认新系统没有问题的情况下，选定某一时刻终止旧系统的使用并开始启用新系统。采用直接切换方式，一般可以节省时间，并能减少经费支出。但是，这种切换方式具有一定的危险性，一旦新系统出现了预想不到的问题，就会影响系统的正常工作。所以，该方法一般只适用于处理过程比较简单、初始数据量不大的系统。

2. 并行切换方式。并行切换方式是在旧系统停止使用之前就开始新系统的使用，新系统和旧系统并行工作一段时间，在确认新系统正常工作一段时间之后再终止旧系统的使用。

采用并行切换方式不会因系统交付使用而引起系统工作的中断。另外，新旧系统同时工作，可以随时进行比较，对新系统运行的正确性和效率给出恰当的评价。但是，该方法需要投入的经费比较高，而且工作量也比较大，适用于非常重要的核心型系统的切换。

3. 逐步切换方式。逐步切换方式，也称为分段切换方式，它是直接切换方式和并行切换方式两种方法的结合，其特点是新系统分阶段、逐步交付使用。

逐步切换方式避开了直接切换方式和并行切换方式两种方法的不足，既能顺利地将新系统交付使用，也不会发生过高的切换费用。但是，采用这种方式切换时，一部分新系统和另一部分旧系统同时工作，这样就增加了新旧功能、数据的衔接问题，这些问题在进行系统设计和实施切换时就应充分考虑。逐步切换方式一般在大型系统交付使用时采用，可以保证新旧系统的顺利切换，并降低切换的费用。

---

## 习题

1. 简要说明管理信息系统系统实施阶段的主要工作。

2. 结构化程序设计应遵循哪些主要原则?

3. 系统调试过程分为哪几个阶段?

4. 在系统实施过程中的一项重要工作是人员培训，请指出人员培训工作的对象及培训内容。

# 第八章　管理信息系统的运行维护与评价

**提要：** 管理信息系统的运行维护是保证管理信息系统正常运行的手段。系统的运行和维护工作会随着系统的使用而持续。管理信息系统的评价结果是改进或完善管理信息系统的重要依据。

本章讲述管理信息系统运行、维护与评价的内容、方式和应注意的问题。

## 第一节　系统运行维护与评价的任务

管理信息系统的运行维护与评价阶段的工作主要包括维护系统的正常运行、记录系统的运行情况、进行系统的软硬件更新、维修及系统的功能、性能、效益评价。

**例 8－1：系统运行情景案例——青钢管理信息系统的运行与维护**

青岛钢铁集团管理信息系统在交付使用后，遵照相应的管理规范，责成相关部门和个人负责具体的日常业务处理，记录系统的运行情况，青钢信息中心负责系统的维护，保证系统的正常运行，包括硬件设备的更新与升级、计算机病毒的检测与清除、软件系统的修改与完善、系统故障的排除等。

系统运行至今，系统维护工作一直没有间断，部分硬件设备已经被更新，部分软件功能也已经被修改、完善。例如，在系统应用之初，开具销售发票时必须针对一个客户的一个合同，而不能针对一个客户的多笔合同开具销售发票。系统运行后，销售部门提出，一个客户往往同本企业签定多笔合同，希望在开具发票时能够进行更加灵活的处理，不受单一合同的限制。为此，制定了相应的软件修改计划，进行了软件功能的修改和完善。

另外，在系统正常运行半年后，青岛钢铁集团还组织相关部门人员及相关领域的专家对已实施的管理信息系统的工作情况、技术性能、经济效益进行了分析和评价，并依据评价结果对系统进行了完善和修改。

通过上述案例可以看出，系统运行维护与评价阶段的任务可以归结为如下几项：

1. 维护系统的正常运行。包括各种数据的收集和整理、数据的输入、数据的处理及处理结果的分发、计算机病毒的检测与清除、机房的管理等。

2. 记录系统的运行情况。在系统运行的同时，需要进行系统运行情况的记录，这是未来进行系统维护修改和系统分析评价的基础。系统的运行记录应该做到及时、准确、连续、完整。

3. 系统的软、硬件维护。在系统的运行中，需要不断地进行系统的修改和维护，包括系统的硬件维护、系统软件维护和应用软件维护。

4. 系统的分析与评价。在系统不断地运行和维护过程中，还要进行系统的分析和评价，它是对已实施的管理信息系统的工作情况、技术性能、经济效益进行的分析和评估。通过系统评价，可以总结其优点和缺点，为系统的改善提供依据。

## 第二节　系统运行维护

### 一、系统运行维护的内容

#### （一）硬件系统的维护

硬件系统的维护应该由专门的硬件维护人员负责，而且一般需要同硬件厂商合作来共同完成系统维护工作。硬件系统的维护主要有两种类型：一种是进行硬件系统的更新；另一种是进行硬件系统的故障维修。

在进行硬件系统的更新时，会影响系统的正常使用，进而影响企业内部使用该系统的各业务部门的工作。因此，在更新前需要制定更新计划，并与硬件供应商、企业内部有关业务部门及其他相关机构进行协调，做好充分的准备工作。另外，硬件系统更新的时间不能过长，否则会耽误系统的正常运行。

对于硬件系统的故障维修，同样也不应该拖延过长的时间。系统硬件故障往往是突发性的，不可预见，为了防止由于硬件系统故障引起的系统应用中断，应该配有足够的备用设备，在系统出现故障时使用。对于非常重要的应用系统，一般都采用并行服务器结构，避免在系统故障时出现应用中断或数据损失。

#### （二）软件系统的维护

软件系统的维护包含正确性维护、适应性维护和完善性维护三部分内容。

通过系统测试，应用软件的错误应该已经基本排除，但是并不能保证排除了全部的错误，也不能保证不出现新的错误。因此，在系统运行之后，仍然需要进行系统的正确性维护。该阶段可能出现的错误主要有：系统测试阶段尚未发现的错误；输入检测不完善或键盘屏蔽不全面引起的输入错误；以前未遇到过的数据输入组合或数据量增大引起的错误。对于影响系统运行的严重错误，必须及时进行修改，而且要进行复查。

随着系统的运行，一般需要进行网络系统、计算机硬件或操作系统的更新。为了适应这些变化或其他环境变化，应用软件也需要进行适应性维护。在适应性维护工作量很大的情况下，需要制定维护工作计划，并对维护后的软件进行测试，确保适应性维护后软件系统的正常应用。

完善性维护指的是为了改善系统的性能或者扩充应用系统的功能而进行的维护，这些系统的性能或功能要求一般是在先前的功能需求中没有提出的。

（三）系统的日常使用维护

除了系统的硬件维护和软件维护，系统的日常使用中也有很多维护性的工作，如定期的预防性的硬件维护、软件系统的日常维护。

对于系统的硬件部分，不仅需要进行适时的更新和突发性故障的维修，而且需要进行定期的预防性维护，例如，在每周或每月固定的时间对系统硬件进行常规性检查和保养。定期地进行硬件系统的维护，可以减少以后的系统维护工作量，降低维护的费用。

**二、系统维护的步骤**

系统维护工作不应该随意进行，一般应遵循下列步骤：

1. 提出维护修改要求。修改意见应该以书面形式提出，明确需要修改的内容和需要修改的原因。维护修改要求一般不能随时满足，要在汇集分析后有计划地进行。

2. 制定系统维护计划。包括系统维护的内容和任务、软硬件环境要求、维护费用预算、系统维护人员的安排、系统维护的进度安排等。

3. 系统维护工作的实施。软件系统的维护方法同新软件的开发方法是相似的。在维护工作实施时，一定要注意做好准备工作，不能影响系统的正常使用。

4. 整理系统维护工作的文档。在实施系统维护工作时，对系统中存在的问题、系统维护修改的内容、修改后系统的测试、修改后系统的切换及使用情况等均需要有完整、系统的记录。

## 第三节　系统评价

系统评价一般是在系统不断地运行和维护的过程中进行的，它是对已实施的管理信息系统的工作情况、技术性能、经济效益等进行的分析和评估。

系统评价包括系统目标评价、功能的完成情况评价、系统运行的性能和实用性评价、系统的直接经济效益评价和间接经济效益评价等。

### 一、系统目标的完成情况评价

针对系统所设定的目标，检查已在运行中的系统的实际完成情况。例如：系统的硬件和软件环境是否能够满足系统功能上的和性能上的要求；系统是否实现了系统设计提出的所有功能；系统内部各种资源的实际应用情况如何；为了达到系统目标，支出的经费、配备的人员是否超出了计划安排等。

实际上，随着系统开发的不断进行，一些具体目标会因为具体的时间和环境而发生变化。因此，在进行系统目标的完成情况评价时，也要对所设定目标的合理性进行评价，以便为系统的修改与完善提供依据。

### 二、系统运行的性能和实用性评价

管理信息系统是一种面向应用的系统，评价系统的性能和实用性是管理信息系统评价非常重要的一个方面。系统性能和实用性评价的内容包括：系统的应用是否使采购、销售、生产、管理等的工作效率有所提高；系统的使用人员对系统的满意程度如何；系统的运行是否稳定；系统的使用是否安全保密；系统运行的速度如何；系统的操作是否灵活、用户界面是否友好；系统对错误操作的检测和屏蔽能力如何等。

## 三、系统的直接经济效益评价

管理信息系统的经济效益包括直接经济效益和间接经济效益。直接经济效益是应用管理信息系统而直接产生的成本的降低和收入的提高。系统的直接经济效益体现在：由于信息的准确性和及时性，销售收入增加；更合理地利用现有的生产能力和原材料，提高了产品的产量；更有效地进行调度，组织生产，减少了停工产生的损失，提高了生产的效率；改善了企业的供应链，减少物资储备，缩短了生产周期；掌握客户信息，及时收回应收账款，降低费用性支出等。对于直接经济效益可以采用一般的经济效益评价方法进行评价，例如：计算由于系统应用带来的利润增长、计算投资回收期、投资效果系数法、德尔菲专家评审法等。

## 四、系统的间接效益评价

间接经济效益是指应用管理信息系统带来了企业管理的一系列变革，促进了企业管理决策水平的提高，从而为企业带来的经济效益。管理信息系统的直接经济效益一般都比间接经济效益小。管理信息系统的经济效益通常主要体现在其运行过程中所产生的间接经济效益。对管理信息系统间接经济效益的评价虽然也有一些估算模型，但是应用信息系统所带来的企业管理水平的提高，以及所带来的综合性的经济效益，是很难准确计算的。这种综合性的经济效益往往要经过一段时间之后才会反映出来，而且会随着应用向高级阶段的发展而越来越显著。系统的间接经济效益主要表现在以下几个方面：

1. 系统的应用对企业基础数据管理的科学化和规范化起到推动的作用，信息的数量和质量得到提高。

2. 管理信息系统的应用往往意味着先进管理思想和管理方

法的规范化应用，为企业的发展带来了一系列变革，为企业带来不可预计的经济效益。

3. 系统的应用使工作人员从繁重的重复性工作中解脱出来，投身到更有意义的工作中，这不仅提高了工作效率，更改变了工作的性质。

4. 系统的应用会提高企业对供应、生产、销售、经营和管理数据的分析能力，并结合市场分析、竞争对手分析、行业分析等为企业制定经营战略、进行经营决策提供更强有力的支持。

总之，由于管理信息系统的应用、数据质量的提高、数据库系统的完善、工作效率的提高和经营战略的正确制定等为企业所带来的经济效益都是不易计算的，这种潜在的经济效益更体现了管理信息系统应用的重要意义。

---

**习题**

1. 系统硬件维护工作有哪两种类型？

2. 简述应用软件维护的三个方面，即正确性维护、适应性维护和完善性维护。

3. 依据自己对管理信息系统评价工作的认识，谈一谈系统评价工作的意义。

4. 简述系统评价的几个评价角度。

5. 简述管理信息系统系统维护工作应遵循的步骤。

# 第九章　管理信息系统的项目管理

**提要**：管理信息系统的开发工作，是涉及企业管理、计算机相关技术、数据库技术等多领域的系统工程。为了更好地对管理信息系统的开发工作进行管理，本章从人员管理、任务管理和文档管理三个方面讲述管理信息系统开发中项目管理的内容和应注意的问题。

## 第一节　管理信息系统项目管理概述

一般来讲，企业管理信息系统的建设是一个比较大型的项目，完全达到预先设定的系统目标几乎是不可能的。也曾有专家指出："计划完成或者达到预定目标的大型工程从来都只是梦想"。在项目的开发过程中会出现很多我们所预想不到的问题，我们不得不采取相应的措施来预防和解决，而这些问题在制定系统目标时是无法控制的。虽然我们不能完全达到系统的预定目标，但是我们必须不断地向系统目标前进，明确能够实现的目标，顺利地完成相应的工作，以最经济、资源利用最有效的方式最终满足项目相关各方的需要。

"三分技术，七分管理"，是对管理信息系统项目开发与实施的高度概括，这种概括说明了项目管理的重要性。

项目是创建一种特定的产品或服务的阶段性的工作。在项目开始之前，必须制定工作计划，明确项目开始和结束的时间及项目结束的基本标准。成功地进行项目管理的关键是明确各阶段的工作内容和工作完成的标准，并监督控制工作的进行。工作内容应该明确而详细，这样在出现问题时，就能够快速地发现问题所在，并且及时地解决问题，或者及时地对工作计划做出调整。

进行管理信息系统项目的管理，需要合理安排项目的各种资源，包括办公室的分配、硬件软件系统的管理、项目经费的筹集与使用、各项工作任务的人员配备等。其中，人力资源的价值越来越受到重视。项目管理工作做得好，能避免人浮于事现象的出现，节省不必要的开支。而且，如果能够做到人尽其才，不仅能够提高工作效率，还能够为项目组留住优秀的员工，这是一笔巨大的财富。

在管理信息系统开发的整个过程中会形成很多的文档资料，包括工作文档和技术文档。这些文档资料是未来进行系统维护或升级所必需的。文档管理是管理信息系统项目管理中非常重要的一部分工作。在文档管理方面，目前还没有统一的标准。但是，在实践过程中，人们已经认识到了管理信息系统文档管理的重要意义，并且已开始体现在管理信息系统的项目管理工作中。

另外，在项目管理的过程中，还需要不断地协调项目组同软硬件供应商、投资企业及其他相关部门的关系。尤其对于投资企业，我们必须了解他们的实际需求及对项目的实际期望值。项目的投资企业直接影响着项目的计划与实施。如果不能正确地理解投资企业的需求，在出现问题时就不能成功地进行沟通协商，这样会直接影响到项目的进度，甚至会影响到项目的最终完成。

下面从项目团队的组织、项目开发工作的管理和项目的文档管理等几个方面来进一步地讨论管理信息系统的项目管理工作。

## 第二节　项目的团队组织

项目团队的组织，是管理信息系统成功开发的重要因素之一。管理信息系统的建设是比较大的工程项目，必须进行任务的分解，由不同的人员共同来完成。项目团队的组建一般包括项目经理（项目负责人）、系统分析员、系统设计员、数据库系统管理员、系统管理员、程序设计员、文档管理员等。另外，管理信息系统项目的团队还要邀请部分投资企业的业务人员参加。项目团队中的各种角色的成员在项目开发的过程中分担着不同的工作，相互协作，共同来完成系统的开发工作。

**一、项目经理**

项目经理负责管理项目的开发活动和开发方向，应该具有很强的管理才能、丰富的组织经验和协调能力，掌握项目开发过程中的转折点，在参与项目的各方之间找到一个让各方都满意的方案。项目经理负责下述工作：①制定项目计划，明确各项具体任务需要的时间，控制项目的进度；②确定开发所用的技术和方法，并在项目的进行过程中应用这些技术来组织完成具体的工作；③有计划地分配现有的各种资源，合理安排技术人员的工作，正确处理各种资源的短缺和技术人员离开项目团队的情况；④掌握项目参与各方的实际需求，协调项目参与各方的关系；⑤控制项目的规模，随着管理信息系统项目的开发，会出现功能需求及系统规模不断增长的情况，项目经理必须合理地控制项目的规模；⑥正确地评价团队中的每一位成员，正确地评价他们的工作成绩，并给予适当的激励，肯定团队中每一位成员的贡献。

**二、系统分析员**

系统分析员负责确定具体的商务需求，并正确地传达给系统设计员和其他开发人员。系统分析员应该具备丰富的相关业务领域知识，能够与企业的业务负责人员很好地交流，并明确地表达实际的业务需求。系统分析员的工作包括下列内容：①设计业务需求调查问卷；②同业务人员进行交流，明确具体业务需求；③了解企业组织结构及人员配备；④明确企业内部职能的划分及同其他部门的关系；⑤获取相关业务的原始单据和报表；⑥确定需要输入和输出的内容及数据的处理流程；⑦明确数据间的计算关系；⑧参与系统使用人员的培训。

## 三、系统设计员

系统设计员是管理信息系统项目团队中非常重要的角色，负责管理信息系统的总体设计和详细设计。系统设计员不仅要具备相关领域业务知识，理解具体的业务需求，而且要具备丰富的计算机硬件软件知识，设计如何实现系统分析中提出的业务需求。系统设计员要完成下列工作：①根据业务需求，设计目标系统的运行模式及业务流程；②评估并选择系统的网络设备、硬件设备和相关软件；③确定目标系统的功能结构；④完成数据库数据模型的设计；⑤确定数据编码方案；⑥对系统功能结构中的模块进行处理过程和输入、输出设计。

## 四、数据库系统管理员

数据库系统管理员负责数据库系统的正常使用管理，保证数据库系统的安全性和保密性。数据库系统管理员应该非常熟悉所应用的数据库系统，他负责的主要工作如下：①数据库系统的逻辑设计及物理实现；②数据库系统的升级；③采用适当的措施对数据库系统进行加密，保证只有经过授权的用户才能够使用相应的数据；④确定衡量数据库系统性能的指标，并监控数据库系统的性能及规模增长，保证数据库系统的正常运行；⑤确保数据库系统正确的备份和恢复；⑥数据库系统的日常管理。

## 五、系统管理员

系统管理员也是管理信息系统项目团队中很重要的角色，负责计算机系统的管理，保证计算机系统的安全。系统管理员必须具有丰富的计算机硬件和软件知识，并能够随时投入工作。系统管理员的工作包括如下内容：①硬件系统的安装和软件系统的配置；②硬件、软件系统的升级；③创建系统安全机制，保证系统的安全运行；④确定衡量系统性能的指标，并监控系统的性能；⑤计算机系统的日常管理和突发问题的解决。

## 六、程序设计员

程序设计员的工作是进行程序设计，即使用应用开发工具来实现系统设计中的内容。程序设计员应该熟悉系统的硬件环境，熟练掌握所使用的数据库系统和计算机程序设计语言。程序设计员的工作包括：①按照统一的规范书写程序源代码；②系统交付使用前的程序调试；③合同所规定的系统维护期内的程序维护。

## 七、文档管理员

在管理信息系统的开发过程中，存在着普遍不愿意在开发阶段书写文档的不良现象。但实际情况表明，没有完整系统的文档会给未来系统的维护带来巨大困难，也是管理信息系统项目管理的一种失败。配备专门的文档管理员来负责项目文档的书写和管理是一种比较好的选择。文档管理员应该具有比较强的写作能力，且具有无限的耐心和细心，主要负责如下工作：①参照统一的文档书写规范，撰写及整理项目开发各阶段的文档；②对文档分类，并编制文档目录；③文档的日常管理。

## 八、企业业务人员

管理信息系统项目的开发需要系统开发人员和系统使用人员之间的相互配合。开发人员和使用人员的配合与协作非常重要，这主要源于以下两个方面的原因：一方面是管理信息系统的开发人员往往对计算机系统非常熟悉，但是对具体业务不是很了解，所以一般从计算机技术的角度考虑问题，在进行系统的分析与设计时不容易正确理解系统的需求；另一方面，系统的使用人员对具体业务非常熟悉，但是对管理信息系统的开发方法不是很了解，可能会提出计算机系统难以实现的要求。系统的开发人员和使用人员必须相互配合，反复讨论，才能做好管理信息系统的分析与设计工作。在项目团队中的业务人员主要负责下述工作：①

协助系统分析员了解企业的组织机构、人员配备、组织内部的职能划分及各部门之间的关系；②直接或协助系统分析员填写相关需求调查表；③提供相关的原始单据和报表；④提供相关的数据指标体系及相应的计算关系公式；⑤协调企业与项目组及其他各方之间的关系。

在管理信息系统的开发过程中，上述各角色是必需的，但工作的划分不是绝对的。例如，在很多应用系统中会出现这样的情况：系统管理员同数据库系统管理员由同一人担任；不一定配备专门的文档管理员。系统设计员同时负责系统的分析等。另外，在有些关键的技术问题上，还可能外聘相关领域的专家，请他们提供帮助和提出建设性的意见。

## 第三节　项目的任务管理

在实际的项目开发过程中，项目管理工作侧重在以下几个方面：

1. 任务分配，并为各任务组提供必要的资源，提供人、财、物各方面的保证。资源的合理分配是各阶段任务顺利完成的重要保证。在出现设备短缺或使用时间冲突时，必须及时协调补充，以免耽误工作的进行。

2. 明确各阶段任务结束的标准，检查并监督各阶段任务的完成情况。将任务分配给各任务组之后，必须及时地了解各任务组的工作情况，控制项目的进度。在任务不能按计划完成时，需要及时对计划进行调整。

3. 在各项任务完成之后，组织阶段性成果的验收。不论是硬件系统的调试、系统的分析与设计，还是软件的编制，在完成之后都应该进行鉴定验收，确定是否保质、保量地完成了任务。

在项目的开发过程中会出现很多我们所预料不到的事情。这些事情可能会影响系统的进度，为整个项目的完成带来风险。风险可能来自如下几个方面：

——投资企业的经营战略发生变化给项目的进行带来影响；

——系统的使用人员提出新的需求；

——硬件、软件供应商不能及时交货，影响项目进度；

——因接受新项目而出现项目计划冲突；

——开发人员离开项目团队；

——项目开发成本过高，超出预算；

——项目规模不断攀升；

——采用的技术不成熟，出现困难；

——相关法律被修订；

——相关政策发生变化；

——行业市场发生变化；

——出现新的竞争对手；

——合作伙伴退出或遇到一时难以解决的困难；

——火灾、洪水等不可抗力影响到项目。

这些风险都可能对项目开发产生影响，使实际的项目开发滞后于计划时间表。所以，应该正确地评价这些风险，使损失减少到最小。

在制定管理信息系统开发工作计划及进行进度控制时，常常采用甘特图的方法。甘特图（Gantt Chart）是一种对各项活动进行计划与控制的图表，比较简单，易于使用。在甘特图中，一般以横向表示时间，纵向列出工作。图 9－1 是反映开发工作计划的甘特图例。

另外，项目中的各项任务是相互联系的，并且有些任务之间存在着一定的依赖关系。在制定计划时间表时，应该寻找关键路径，争取在最短的时间内完成各项任务。表 9－1 是一个进行关键路径分析的例子。

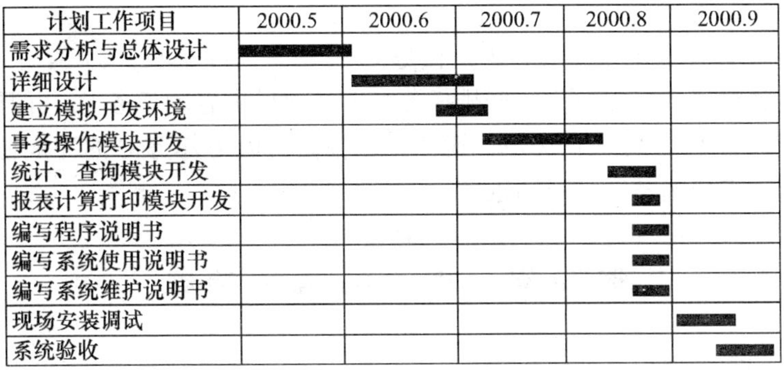

| 计划工作项目 | 2000.5 | 2000.6 | 2000.7 | 2000.8 | 2000.9 |
|---|---|---|---|---|---|
| 需求分析与总体设计 | | | | | |
| 详细设计 | | | | | |
| 建立模拟开发环境 | | | | | |
| 事务操作模块开发 | | | | | |
| 统计、查询模块开发 | | | | | |
| 报表计算打印模块开发 | | | | | |
| 编写程序说明书 | | | | | |
| 编写系统使用说明书 | | | | | |
| 编写系统维护说明书 | | | | | |
| 现场安装调试 | | | | | |
| 系统验收 | | | | | |

**图 9－1　开发工作计划甘特图**

**表 9－1　　关键路径分析**

| 任　务 | 步骤 1 天数 | 步骤 2 天数 | 步骤 3 天数 | 步骤 4 天数 | 天数总计 |
|---|---|---|---|---|---|
| A | 5 | 7 | 9 | 6 | 27 |
| B | 12 | 6 | 11 | | 29 |
| C | 26 | 8 | | | 34 |
| D | 6 | 5 | 9 | 6 | 26 |

在表 9－1 中，A、B、C、D 是相互独立的任务，每项任务分别需要通过不同的步骤来完成，各步骤所需要的天数不等，完成各项工作的具体时间约束为：

任务 A：经过 4 个步骤完成，总共需要天数为 5＋7＋9＋6＝27（天）

任务 B：经过 3 个步骤完成，总共需要天数为 12＋6＋11＝29（天）

任务 C：经过 2 个步骤完成，总共需要天数为 26＋8＝34（天）

任务 D：经过 4 个步骤完成，总共需要天数为 6 + 5 + 9 + 6 = 26（天）

从上述分析可以看出，任务 C 需要的时间最长，为 34 天，是关键路径。因此，在安排任务时，必须尽快启动任务 C，并且应该努力在 34 天内完成，避免出现拖延，因为任务 C 的完成情况直接影响整个项目的进度。

## 第四节　项目的文档管理

在管理信息系统总体规划、系统分析、系统设计到实施应用的整个过程中会形成很多的文档资料，例如，各种图表、文字说明材料、数据文件、报告等。这些都是未来进行系统维护、升级或扩展的重要参考。可以说，文档管理是管理信息系统建设过程中非常重要的一部分工作。但是，在管理信息系统的文档管理方面，目前还没有统一的标准或规范。另外，在系统建设的实际工作中，有时会因为意识不到文档管理的重要性，而未给予足够的重视，使得工作做得不够细、不够好，为未来的系统维护、扩展等带来了不必要的困难。现在，人们已经开始逐渐认识到系统的文档管理具有着非常重要的意义，并且已开始体现在实际的管理信息系统项目管理工作中。

### 一、文档的内容与分类

在管理信息系统建设过程中涉及到的文档类资料多而且杂，资料的格式、内容、载体等都有着很大的区别。为了做好系统的文档管理工作，方便归档和将来使用时的检索，必须对它们进行适当的归类。下面我们针对技术类文档给出几种文档的分类方法。

按照生命周期法的五个阶段来进行划分，各阶段包含的主要文档如下：

表 9-2　　管理信息系统开发各阶段的文档

| 阶　段 | 文　档 | 相　关　内　容 |
|---|---|---|
| 1. 系统规划 | 可行性研究报告<br>系统开发计划 | 01. 项目背景<br>02. 系统目标及总体功能需求和关键信息需求<br>03. 系统可行性分析<br>04. 开发进度 |
| 2. 系统分析 | 系统分析报告 | 01. 组织结构及人员配备<br>02. 组织职能划分及同其他部门关系<br>03. 业务及相关数据调查表<br>04. 业务及相关数据原始单据和报表<br>05. 调查记录和整理结果<br>06. 业务流程图<br>07. 数据流程图<br>08. 数据字典<br>09. U/C 矩阵图<br>10. 管理模型及相应的计算关系公式<br>11. 各种图表的辅助文字说明<br>12. 目标系统的逻辑功能结构 |
| 3. 系统设计 | 总体设计报告<br>详细设计报告 | 01. 目标系统的硬件配置方案<br>02. 目标系统的系统软件配置方案<br>03. 目标系统的业务流程描述<br>04. 目标系统的数据类描述<br>05. 目标系统的功能结构<br>06. 数据库文件的设计<br>07. 安全保密机制<br>08. 编码方案 |

续表

| 阶　段 | 文　　档 | 相　关　内　容 |
| --- | --- | --- |
| | | 09. 功能模块的输入/输出设计<br>10. 功能模块的处理流程 |
| 4. 系统实施 | 程序设计说明书<br>源程序备份文件<br>系统测试报告<br>用户使用手册 | 01. 变量说明<br>02. 程序处理流程<br>03. 程序间的调用关系<br>04. 使用的数据库文件<br>05. 公共程序等的特殊功能说明<br>06. 测试环境、数据准备<br>07. 测试时间、人员安排<br>08. 测试结果<br>09. 用户培训计划<br>10. 系统使用说明<br>11. 系统试运行阶段的试运行和修改记录 |
| 5. 系统运行维护与评价 | 系统运行日志<br>系统修改与维护报告 | 01. 系统运行阶段的运行记录<br>02. 系统运行阶段的维护和修改记录<br>03. 系统的评价或鉴定结果 |

在表 9－2 中，根据生命周期法的五个步骤，我们给出了管理信息系统文档的主要内容及分类。这是普遍采用的一种管理信息系统文档归类方法，实际应用也比较广泛。

由于管理信息系统文档多而杂，除了上述归类方法，我们还可以根据格式或载体对系统文档进行划分。按照这种划分方法分为原始单据或报表、磁盘文件、磁盘文件打印件、大型图表、重要文件原件、光盘存档等几大类。

1. 原始单据或报表。在管理信息系统的调查分析阶段会获取大量的原始单据和原始报表。这类资料一般都是以纸张为存储介质，大小、格式一般都没有统一的标准，容易散落、破损及丢失，例如，入库单、领料单、过秤单、材料台账、生产日报等。对这类文档资料应编好目录，装订成册。如果需要，可以同时复印并装订一个副本。

2. 磁盘文件。磁盘文件是目前管理信息系统文档最主要的存储方式。由于计算机办公软件的普遍使用，各类报告或说明书一般都是通过使用文字处理、幻灯片制作等软件工具生成的，例如采用软件工具 WPS、Word、Excel、Powerpoint 等。可行性研究报告、系统分析说明书、系统设计说明书、程序设计说明书等一般都采用这种方式编写和保存。磁介质的文档资料占用空间小、信息量大、易于保管。但是，如果磁盘发生损坏，会引起数据的彻底丢失。因此，需要做好备份工作。

3. 磁盘文件打印件。磁盘文件打印件同磁盘文件是同时存在的，这主要是出于交流和使用上的方便。对于这些打印出的文档，应该装订成册，切忌散页存放，以免部分丢失。另外，各种报告和说明书都有一个反复修改的过程，要注意区分修改前的版本和修改后的版本，避免混淆带来使用上的不便，甚至出现错误。

4. 大型图表。在管理信息系统文档中，还可能出现一些大型图表。例如，在大型企业管理信息系统建设过程中用到的 U/C 矩阵图、E－R 图等。有时这类图表的大小可以占用一面墙。由于这些图表需要折叠存放，因此，在绘制时，一定要选择不易被折断的纸张。在保存时，需要放在档案袋或档案盒里，以免磨损。

5. 重要文件原件。管理信息系统的文档主要是技术文档，但也有一些涉及到权利义务关系的重要文件，例如：项目合同或协议书，系统验收或评审报告等。

6. 光盘存档。光盘存档是近几年发展起来的文档保存方式。

由于光盘的存储量大，体积小，所以光盘存档受到了普遍的欢迎。

## 二、文档的规范化管理

在前面我们介绍了管理信息系统文档的内容和分类。下面我们来讨论文档规范化管理的方法。由于在管理信息系统文档管理方面尚没有统一的标准，在具体工作中也没有固定的模式。但是，在一个管理信息系统项目的由始至终，必须有一个统一的内部标准，并应该严格执行。管理信息系统文档的规范化管理主要体现在文档书写规范、图表编号规则、文档目录编写标准、文档管理制度等几个方面。

### （一）文档书写规范

管理信息系统的文档资料涉及文本、图形、表格等多种类型，无论是哪种类型的文档都应该遵循统一的书写规范，包括：符号的使用、图标的含义、程序中注释行的使用、注明文档书写人及书写日期等。例如，在程序的开始要用统一的格式包含程序名称、程序功能、调用和被调用的程序、程序设计人等。

### （二）图表编号规则

在管理信息系统的开发过程中要用到很多的图表。对这些图表进行有规则的编号，可以方便图表的查找。图表的编号一般采用分类结构。根据生命周期法的五个阶段，可以给出如图 9－2 所示的分类编号规则。根据该规则，我们就可以通过图表编号判断：该图表出于系统开发周期的哪一个阶段，属于哪一个文档、文档中的哪一部分内容及第几张图表。对照前面对系统文档的分类，我们可以知道图表编号 2－1－08－02 对应的是系统分析阶段系统分析报告中数据字典第二张表。

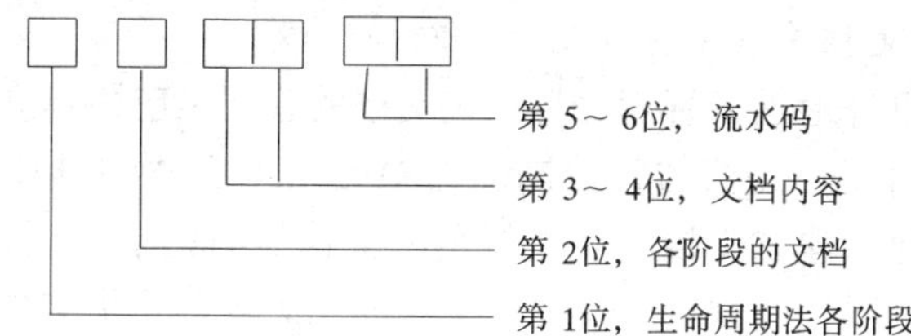


**图 9－2　图表编号规则**

（三）文档目录编写标准

为了存档及未来使用的方便，应该编写文档目录。管理信息系统的文档目录中应包含文档编号、文档名称、格式或载体、份数、每份页数或件数、存储地点、存档时间、保管人等。文档编号一般为分类结构，可以采用同图表编号类似的编号规则。文档名称要书写完整、规范。格式或载体指的是原始单据或报表、磁盘文件、磁盘文件打印件、大型图表、重要文件原件、光盘存档等。管理信息系统文档目录的编写可以采用表 9－3 所示的形式。

**表 9－3　　某某管理信息系统文档目录**

| 文档编号 | 文档名称 | 格式或载体 | 份数 | 页数或件数 | 存储地点 | 存档日期 | 保管人 |
|---|---|---|---|---|---|---|---|
| 1－1 | 可行性研究报告 | 软盘 | 2 | 1 | 507 档案柜 | 2001/2/9 | 龙东华 |
| 1－2 | 系统开发进度 | 软盘 | 2 | 1 | 507 档案柜 | 2001/2/9 | 龙东华 |
| 2－1 | 系统分析说明书 | 软盘 | 2 | 1 | 507 档案柜 | 2001/2/9 | 龙东华 |
| 2－1－04 | 业务原始单据和报表 | 原始单据或报表 | 1 | 56 | 507 档案柜 | 2001/2/9 | 龙东华 |
| 2－1－09 | U/C 矩阵图 | 大型图表 | 1 | 1 | 507 档案柜 | 2001/2/9 | 龙东华 |
| …… | …… | …… | …… | …… | …… | …… | …… |
| 5－2－03 | 系统鉴定报告 | 重要文件原件 | 1 | 3 | 506 档案柜 | 2001/3/9 | 尹 利 |

### （四）文档管理制度

为了更好地进行管理信息系统文档的管理，应该建立相应的文档管理制度。文档的管理制度需根据组织实体的具体情况而定，主要包括建立文档的相关规范、文档借阅记录的登记制度、文档使用权限控制规则等。建立文档的相关规范是指文档书写规范、图表编号规则和文档目录编写标准等。文档的借阅应该进行详细的记录，并且需要考虑借阅人是否有使用权限。在文档中存在商业秘密或技术秘密的情况下，还应注意保密。

---

**习题**

1. 简要总结管理信息系统项目管理的主要内容。
2. 管理信息系统项目组一般应包括哪几大类人员？他们各负责哪些工作？
3. 管理信息系统文档规范化的主要内容是什么？

# 习题参考答案

## 第一章

1.

信息处理方式从功能上经历了电子数据处理系统（EDPS）、管理信息系统（MIS）、决策支持系统（DSS）三个阶段。

这三个阶段的特点分别是：①电子数据处理系统的特点是数据处理的计算机化，目的是提高数据处理速度。电子数据处理系统数据处理方式为集中式数据处理方式。②管理信息系统应用数据库管理系统及计算机网络技术而使系统本身具备了分布式数据处理能力，从而实现了真正意义上的信息管理的系统化。③决策支持系统通过人和计算机交互帮助决策者探索和评价可能的方案，为管理者决策提供所需的信息，其特点是通过信息服务辅助决策者进行决策，所涉及的数据处理是面向决策分析主题的分析型数据处理。

2.

管理信息系统结构有概念结构、功能结构、硬件结构和软件结构四种。

功能结构描述的是管理信息系统的功能构成及功能联系。对现有管理信息系统的分析及对未来系统的设计都离不开管理信息系统功能结构的描述工作，所以管理信息系统的功能结构是管理信息系统规划，分析和设计的主要对象。

3.

结构化的生命周期法把管理信息系统的开发过程分为系统规划、系统分析、系统设计、系统实施、系统运行与评价五个阶段，强调用系统工程的方法严格区分上述工作阶段，在整个开发过程中强调文档的规范化与标准化。

结构化的生命周期法注重管理信息系统开发过程的整体性和全局性，适合开发大型的信息系统。但开发周期较长、用户参与程度差。

快速原型法首先凭借开发人员对用户需求的理解，利用强有力的开发工具，实现一个实实在在的系统原型，并以用户为主对这个模型的不足之处提出改进意见。然后开发人员对原型进行修改。如此反复直到用户完全满意为止。快速原型法有如下特点：①可与用户更好地交流，容易获取用户的真正需求。②加强了用户的参与程度。③能较早发现系统实现后潜在问题。但用快速原型法开发管理信息系统容易走上机械模拟手工操作的轨道。

快速原型法适合规模较小、用户需求较难获得的管理信息系统的开发。

4. 参考答案略。

5. 参考答案略。

6. 参考答案略。

7.

① EDPS—电子数据处理系统。② MIS —管理信息系统。③ DSS —决策支持系统。④ ERP —企业资源规划。

## 第二章

1.

(1) 计算机网络是由两台或以上的计算机通过连接设备组成

的一个系统，在这个系统中计算机与计算机之间可以进行数据通讯、数据共享及协同完成某些数据处理工作。

(2) 计算机互联网是指将两个或两个以上的计算机网络连接而成的更大的计算机网络。

(3) 计算机网络的拓扑结构是指计算机网络中计算机及网络设备在空间上的排列形式。网络拓扑结构有星型、总线型和环型三种。

(4) 服务器是计算机网络中向其他计算机或网络设备提供某种服务的计算机。

(5) 网络协议是网络中计算机之间在通信中必须遵守的约定和规程，以保证能够相互之间正确交换信息，这些约定和规程是事先制定的，并以标准的形式固定下来。

(6) Intranet 是基于 Internet 标准和协议组建的局域网和广域网。Intranet 主要运行于企业内部，也可以连接到 Internet，并通过防火墙保护自己。

2.

计算机网络按拓扑结构分为三种，分别为总线型、星型和环型网络。

3.

(1) 中继器：中继器的作用是将收到的信号重新整理，使其恢复原来的波形和强度，然后继续传递下去，以实现更远距离的信号传输。

(2) 网桥：网桥是用于两个相似网络连接的设备，并可对网络的数据流进行简单管理，它不但能扩展网络的地理范围，而且可使网络具有一定的可靠性和安全性。

(3) 路由器：路由器是用于连接不同技术网络的网络连接设备，为不同网络之间的用户提供最佳的通信路径 。

(4) 网卡：在计算机网络中，网卡负责计算机之间数据的发送和接收。

4.

Internet 的基本功能有：①网络通信。②计算机远程登录。③文件传输。④网络信息服务。

5.

IP 地址是一个由 4 个字节，共 32 位的二进制数，逻辑上分网络标识和主机标识两个部分。由于 202.204.60.11 的第一组十进制数 202 化为二进制数为：11001010，其前三位为 110，因此本题所给 IP 地址为 C 类 IP 地址。

6.

统一资源定位器（URL）的一般结构为：访问方法：//服务器［：服务端口号］/目录/子目录/文件名。例如：http：//www.ustb.edu.cn/management/html/zhuanye.htm。

7. 参考答案略。

8.

图中的几处错误为：

（1）级连的集线器个数超过了 5 台。

（2）从集线器 A、E 接出的计算机中各有一台网线长度超过 100 米。

（3）集线器 A、B 之间和集线器 C、D 之间的距离都超过了 5 米。

9.

（1）Hub — 集线器

（2）Router — 路由器

（3）Server — 服务器

（4）Repeater — 中继器

（5）Switch — 交换机

（6）Modem —调制解调器

(7) PSTN — 公共交换电话网
(8) ISDN — 综合业务数字网
(9) ADSL — 不对称数字线路
(10) OSI/RM — 开放系统互连参考模型
(11) ISP — Internet 服务商
(12) VPN — 虚拟专用网
(13) TCP/IP —Internet 标准网络协议
(14) FTP — 文件传输协议
(15) HTTP — 超文本传输协议
(16) HTML — 超文本标识语言
(17) URL — 统一资源定位器（网址）
(18) DNS — 域名服务（器）
(19) IIS — Internet 信息服务器
(20) Firewall — 防火墙

## 第三章

1.

计算机应用系统中数据与应用（程序）的分布方式称为企业计算机应用系统的计算模式，也称为企业计算模式。企业计算模式经历了单主机计算模式、客户/服务器（C/S）计算模式、浏览器/服务器（B/S）计算模式三种计算模式。

2.

在单主机——多终端的计算模式中，用户通过终端使用计算机，计算机分时轮流为每个终端用户服务。数据和应用（程序）集中在主机上，是典型的集中式的企业计算模式。

在客户/服务器模式中，计算机被分为服务器和客户机两大类。计算机之间通过网络协同完成数据处理工作。应用程序被分散地安装在每一台客户机上，这些应用程序通过计算机网络访问数据库服务器中的数据。

3.

与“C/S”这种两层的企业计算模式不同，“B/S”模式增加了一个应用层，以“浏览器/Web服务器/数据库服务器”模式架构企业计算机应用系统。应用程序被集中地安装在Web服务器上，用户通过客户机上的浏览器调用Web服务器上的应用程序，实现对数据的访问。

以B/S模式开发的企业管理信息系统，由于在客户端只需一个简单的浏览器，可使任何一台计算机通过计算机网络或互连网访问企业的计算机系统。这不仅方便了企业内用户的应用，也使企业的客户和供应商方便地通过计算机网络与企业进行业务活动，从时空两方面极大地扩大了企业计算机应用系统的功能覆盖范围，从而革命性地改变了计算机应用系统面貌。

4.

在B/S模式中，客户端浏览器通过统一资源定位器（URL）发出运行某个应用程序（被保存在Web服务器上）的请求，通过URL定位、运行相应的应用程序，并解释运行结果。

5.

（1）B/S — 浏览器/服务器

（2）C/S — 客户/服务器

（3）CGI — 公共网关接口

（4）DB — 数据库

（5）API — 应用程序接口

（6）ASP — 动态服务器网页

（7）ODBC — 开放数据库接口

（8）ADO — 动态数据对象

（9）SQL — 结构化的查询语言

6.

C/S模式中，访问本地数据库和访问远程数据库在技术上的差异在于：访问远程数据库时，相应的客户机必须安装数据库的客户端驱动程序，而访问本地数据库时不需安装客户端的数据库驱动程序。

7.

ASP是微软公司推出的Web应用开发技术，主要用于动态网页和Web数据库访问的应用开发，编程灵活、简洁，具有较高的性能。

当浏览器向Web服务器提出对ASP文件（扩展名为asp）的访问请求时（在浏览器的地址栏内键入该ASP文件的URL或通过HTML文件中的某个超级链接指定），一个ASP脚本就开始执行，这时Web服务器调用ASP，把该文件全部读入并执行每一条命令，ASP应用程序通过ADO对象及数据库存取的驱动对数据库进行存取然后将结果以HTML的页面（动态页面）形式送回浏览器。

8. 参考答案略。

## 第四章

1.

系统规划阶段的主要任务有：

(1) 确定管理信息系统的目标及总体功能结构。

(2) 了解企业资源现状，估计管理信息系统的费用，规划开发进度。

(3) 从企业管理全局出发，规划企业运作方式及主要业务流程。

系统规划阶段的具体工作有：

(1) 建立相应的组织机构。

(2) 培训企业主要管理人员。

(3) 确定企业的重要信息及功能需求。

(4) 规划系统的总体功能结构。

(5) 估算项目成本、制定进度计划、确定近期要完成的系统功能。

(6) 与开发组签定合作协议。

2.

管理信息系统规划的方法有：关键成功因素法（CSF）、战略目标集转化法（SST）、企业系统规划法（BSP）、企业流程再造（BPR）。

关键成功因素法的目的是通过企业的关键成功因素，确定企业运营管理的关键信息需求，其具体步骤为：确定企业目标－＞识别关键成功因素－＞确定管理信息系统的关键信息需求。

战略目标集转化法把企业的战略目标看成是一个集合，将企业的目标转变为管理信息系统的目标，进而得到管理信息系统的关键功能需求，其具体步骤为：确定企业目标集合－＞将企业目标集转化为管理信息系统目标集－＞确定管理信息系统的关键功能需求。

企业系统规划法通过企业过程间的数据产生与使用关系，对企业过程进行聚类分析，形成企业管理信息系统的总体功能结构，其具体步骤为：了解企业目标－＞识别企业过程－＞分析企业过程并建立数据类－＞确定管理信息系统的总体功能结构－＞确定各子系统的优先级－＞制定开发进度。

企业流程再造对企业运营从根本重新思考，彻底翻新作业流程，以便在成本、品质、服务和速度上获得戏剧性改善。企业流程再造的目的是从企业管理全局出发，规划企业运作方式及主要业务流程，该方法尚无具体实现步骤。

3.

企业系统规划法通过企业过程间的数据联系（强相关关系）对企业过程进行聚类，形成企业管理信息系统的总体功能结构。

4. 参考答案略。

5.

（1）CSF — 关键成功因素法

（2）BSP — 企业系统规划法

（3）SST — 战略目标集转化法

（4）BPR — 企业流程再造

（5）IPO — 输入 - 处理 - 输出

## 第五章

1.

系统分析的具体工作有：

（1）对现行系统详细调查

（2）描述组织机构及各部门的业务

（3）描述现有系统的业务流程

（4）描述现有系统的数据需求

（5）依据业务及数据的逻辑关系，分析现有系统的业务流程及数据类

（6）建立新系统的逻辑方案

2.

① TFD 和 DFD 都是描述业务数据处理过程的图形工具。② TFD 强调业务过程中每一项处理活动和具体业务部门的关系。而 DFD 更注重描述业务内数据间的关系及业务的“系统”特征，标识业务通过外部实体与其环境交换信息。③ 从使用者的角度来看，用 TFD 描述企业各项业务的数据处理过程更容易

与用户进行交流。DFD 较 TFD 抽象，描述的是业务处理过程的数据处理模式，但难于描述系统的控制流。

3.

一致性和完备性检查是指通过比较每一个调查表所填写的内容，检查所填内容是否正确，是否完全描述了所调查部门的机构任务、信息等方面的情况。这要求调查表格在设计时，对于关键问题要以不同形式、不同层次在两个或两个以上表中出现。业务需求调查的填表方法一般要设计三张表格，即：组织机构调查表、目标功能调查表、信息需求调查表。

4.

系统分析报告的内容包括：

(1) 组织结构、目的及任务

(2) 全部数据流程图及业务流程图

(3) 全部数据字典

(4) 新系统的功能结构

(5) 新系统拟采用的管理方法和模型

5.

功能/数据分析利用功能与数据间的使用与生成的逻辑关系对企业业务进行系统化分析。

功能/数据分析的目的在于检查系统调研及描述工作中的疏漏及现有系统中的数据处理存在的逻辑问题和不足，以便优化企业业务流程并给出新系统的逻辑方案。

6.

“图书借阅”业务的业务流程图：

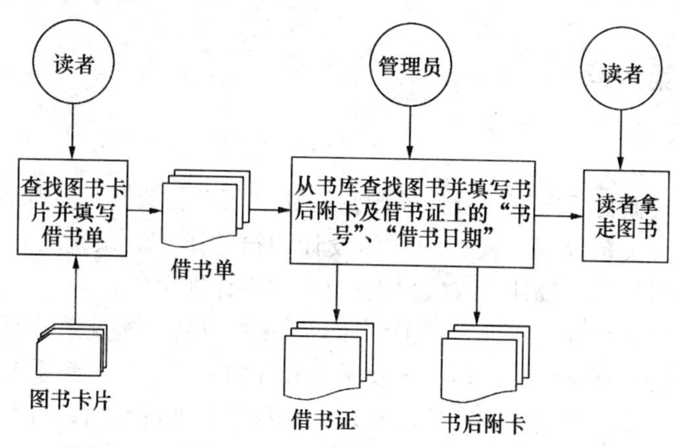


“图书借阅”业务的数据流图：

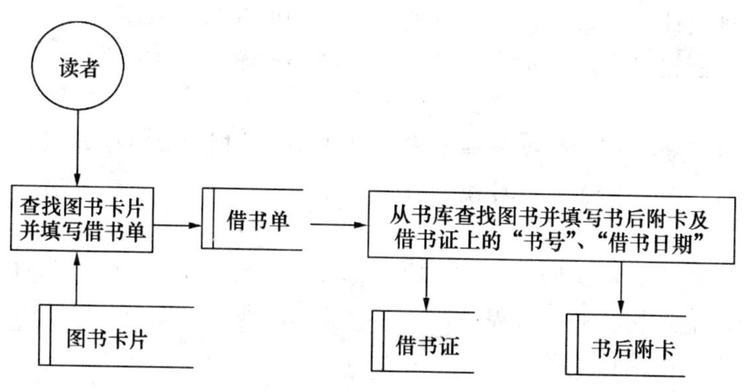


图书卡片、借书单、书后附卡、借书证四个数据类的数据字典略。

## 第六章

1.

遵循自顶向下的设计原则，首先进行总体设计，逐层深入，直至完成系统每一模块的详细设计和描述工作。系统设计细分为：(1) 总体设计（或概要设计）；(2) 详细设计。

总体设计工作内容：①设计新系统的硬件结构及系统软件结构。②根据选定的硬件平台及系统软件的特点，设计新系统的数据处理流程及数据类。③由新系统的数据处理流程确定新系统的应用软件结构。④依据数据类完成新系统的数据库设计及共享编码的设计。

详细设计又称物理模型设计，真正回答新系统如何做的问题。详细设计的对象为构成系统的每一个功能模块，其主要工作为：①功能模块的处理过程设计。②功能模块的输入、输出设计。

2.

依据系统的数据处理方式、要处理的数据量及数据处理的功能要求来决定企业计算模式。

3.

应用软件结构设计工作的主要依据是系统分析阶段得到的系统功能结构、业务流程描述（数据流图和业务流程图）以及未来计算机应用相关考虑。

4. 参考答案略。

5.

详细设计中描述模块处理过程的工具有程序框图和 PDL 语言两种。

6.

系统设计报告一般包括以下内容：

（1）系统硬件结构图及设备技术参数和报价表。

（2）系统软件结构及其报价表。

（3）系统应用软件结构图。

（4）新系统的数据流图及数据字典。

（5）数据库设计及共享编码设计结果。

（6）每一个功能模块的处理流程描述及输入、输出描述。

7. 参考答案略。

8. 参考答案略。

## 第七章

1.

管理信息系统系统实施阶段的主要工作有：① 建立计算机网络环境和系统软件环境。② 设计计算机应用程序。③ 调试和测试系统。④ 培训各类人员。⑤切换系统并将系统控制权交给用户。

2.

结构化程序设计应遵循：

① 只采用四种基本的程序结构。② 遵循自顶向下的设计原则。③ 功能调用层次分明。④ 程序书写采用同级缩进（锯齿型）方式。

3.

系统调试是从系统功能的角度对所实现的系统功能及功能间的协调运行进行检验、调整，找出系统中可能存在的问题，并进行更正，以达到系统设计的全部要求。系统调试的过程通常由单个模块调试、模块组装调试和系统联调三个步骤完成。

4.

人员培训的对象为系统使用人员和系统维护人员，包括：系统操作人员、硬件及软件系统维护人员、管理决策人员、档案管理人员四类。培训内容有：

（1）系统总体方案

（2）系统功能结构

（3）计算机操作、汉字输入方法

（4）网络操作

（5）操作系统、数据库系统、开发工具

（6）事务型业务功能的操作与使用

（7）统计分析型功能的操作与使用

（8）系统维护型功能的操作与使用

（9）系统的参数设置

（10）系统运行可能出现的问题及解决方法

（11）系统初始数据输入功能的操作与使用

（12）系统的使用权限与责任

（13）文档管理规范

其中系统操作人员需要培训（1）、（3）、（6）、（11）、（12）方面的内容。系统维护人员需要培训除（3）以外的所有内容。管理决策人员需要培训（1）、（2）、（3）、（7）、（12）方面的内容。档案管理人员需要培训（1）、（13）方面的内容。

## 第八章

1.

管理信息系统硬件系统的维护工作有硬件系统的更新、硬件系统的故障维修两种类型。

2.

应用软件维护中，正确性维护的目的是保证系统功能正确，主要解决系统测试阶段尚未发现的错误、输入检测不完善或键盘屏蔽不全面引起的输入错误、以前未遇到过的数据输入组合或数据量增大引起的错误等。

适应性维护的目的是保证系统性能满足使用和运行的要求。适应性维护主要进行：网络系统、计算机硬件或操作系统的升级、更新，应用软件功能的完善、改进。

应用软件的完善性维护指的是为了改善系统的性能或者扩充应用系统的功能而进行的维护，这些系统的性能或功能要求一般是在先前的功能需求中没有提出的。

3. 参考答案略。

4.

系统评价对已实施的管理信息系统从运行情况、技术性能、经济效益等角度进行分析和评估。

5.

系统维护工作的步骤为：

（1）以书面形式提出系统维护要求。

（2）制定系统维护计划。

（3）实施系统维护工作。

（4）整理系统维护工作的文档。

## 第九章

1.

管理信息系统项目管理涉及人员管理、任务管理和文档管理三个方面的管理工作，包括项目团队的人员配备、任务分配与管理控制、文档的规范化管理等具体内容。

2.

管理信息系统项目组应包括：①项目经理（项目负责人）；②系统分析员；③系统设计员；④数据库系统管理员；⑤系统管

理员；⑥程序设计员；⑦文档管理员；⑧企业业务人员八种类型的人员（角色）。

在上述八类人员中：①项目经理负责管理项目的开发活动和开发方向。②系统分析员负责确定具体的商务需求，并正确地传达给系统设计员和其他开发人员。③系统设计员负责设计如何实现系统分析中提出的业务需求。④数据库系统管理员负责数据库系统的正常使用管理，保证数据库系统的安全性和保密性。⑤系统管理员负责计算机系统的管理，保证计算机系统的安全。⑥程序设计员的工作是进行程序设计，即使用应用开发工具来实现系统设计中给出的系统功能。⑦文档管理员负责项目文档的分类和管理。⑧企业业务人员协调企业与项目组及其他各方之间的关系，从企业业务过程方面协助项目组其他人员工作。

3.

管理信息系统文档规范化的内容有文档书写规范、文档、图表编号规则、文档目录编写标准、文档管理制度四个方面。

# 名词索引

ADC（Advanced Database Connector，先进数据库连接器），第三章　第五节

ADSL（Asymmetrical Digital Subscribe Line，不对称数字线路），第二章　第三节

ARPA 网，Advanced Research Project Agency，第二章　第五节

ISAPI（Internet Server Application Interface，Internet 服务器应用程序接口），第三章　第三节

ASP（Active Server Page，动态服务器页面），第三章　第五节

B/S（Browser/Server，浏览器/服务器计算模式），第三章

BNC，第二章　第一节

BPR（Business Process Reengineering，企业流程再造），第四章　第二节

Bridge（网桥），第二章　第二节

Browser（浏览器），第二章　第五节

BSP（Business System Planning，企业系统规划法），第四章　第二节

C/S（Client/Server，客户机/服务器计算模式），第三章

CGI（Common Gateway Interface，公共网关接口），第二章　第六节

Client（客户），第二章　第二节

CSF（Critical Success Factors，关键成功因素），第四章　第

二节

CSnet（计算机科学网），第二章　第五节

Data Model（数据模型），第六章　第三节

Data Warehouse（数据仓库），第一章　第一节

Database Alias（数据库别名），第三章　第四节

DataWindow（数据窗口），第三章　第四节

DB2 第二章　第六节

DD（Data Dictionary，数据字典），第五章　第三节

DFD（Data Flow Diagram，数据流程图），第五章　第三节

DOS（Disk Operate System，磁盘操作系统），第二章　第二节

Driver（驱动程序），第三章　第四节

DSS（Decision Support System，决策支持系统），第一章　第一节

EDPS（Electronic Data Processing System，电子数据处理系统），第一章　第一节

E.F.Codd 第六章　第三节

E-mail（电子邮件），第二章　第五节

ERP（Enterprise Resource Planning System，企业资源规划系统），第一章　第一节

E-R图（Entity-Relation，实体-联系图），第六章　第三节

Ethernet（以太网），第二章　第五节

Foxpro　第六章　第一节

FTP（File Transfer Protocol，文本传输协议），第二章　第五节

Gopher　第二章　第五节

Host（主机），第二章　第五节

HTML（Hyper Text Markup Language，超文本标识语言），第二章　第五节

HTTP（Hyper Text Transfer Protocol，超文本传输协议），第二章　第五节

Hub（集线器），第二章　第一节

IDC（Internet Database Connector，Internet 数据库连接器），第三章　第五节

Internet　第二章　第五节

Intranet　第二章　第六节

IP（Internet Protocol，网络连接协议），第二章　第五节

IPO 图（输入—处理—输出图），第四章　第二节

ISDN（Integrated Service Digital Network，综合业务数字网），第二章　第三节

ISO（International Standards Organization，国际标准化组织），第二章　第四节

ISP（Internet Service Provider，Internet 服务商），第二章　第三节

LAN（局域网），第二章　第一节

Michael S. Scotl Marton　第一章　第一节

MIS（Management Information System，管理信息系统），第一章　第一节

Modem（调制解调器），第二章　第三节

NSF（美国国家科学基金会），第二章　第五节

ODBC（Open Database Connectivity，开放式数据接口），第三章　第四节

Oracle　第二章　第六节

OSI/RM（Open System Interconnection/Reference Model，开放系统互联参考模型），第二章　第四节

PDL（Procedure Description Language，过程描述语言），第六章　第五节

PSTN（公用电话网），第二章　第三节

PWS（Personal Web Server，个人网页服务器），第三章　第五节

Repeater（中继器），第二章　第一节

RJ45　第二章　第一节

Router（路由器），第二章　第二节

SATnet（卫星网络），第二章　第五节

Segment（网段），第二章　第二节

Server（服务器），第二章　第二节

SMTP（Simple Mail Transfer Protocol，简单邮件传输协议），第二章　第五节

SQL Server　第二章　第六节

SQL * plus（Oracle公司提供的交互式查询工具），第三章　第四节

SST（Strategic Set Transformation，战略目标集转化法），第四章　第二节

STP（Shielded Twisted - Pair，屏蔽双绞线），第二章　第一节

Subnet（子网），第二章　第二节

Switch（交换机），第二章　第二节

Sybase　第二章　第六节

T1线路　第二章　第三节

T3线路　第二章　第三节

TA（终端适配器），第二章　第三节

TCP（Transfer Control Protocol，传输控制协议），第二章　第五节

# 参考文献

1. 黄梯云、李一军：《管理信息系统》，高等教育出版社，2000年7月。

2. 薛华成：《管理信息系统》，清华大学出版社，2000年7月。

3. 姜旭平：《信息系统开发方法——方法、策略、技术、工具与发展》，清华大学出版社，1997年3月。

4. 王行言、余盘祥、汤荷美、黄维通：《计算机信息管理基础》，高等教育出版社，1999年12月。

5. 张金石、钟小平：《无“网”不胜——构建自己的Intranet》，人民邮电出版社，1998年12月。

6. 曾明、李建军：《Internet访问管理与代理服务器》，人民邮电出版社，2000年1月。

7. Mark A. Sportack等著，袁兆山、方德春、张建、苗沛荣等译：《计算机联网技术大全》，机械工业出版社，1998年11月。

8. 刘鲁：《信息系统设计原理与应用》，北京航空航天大学出版社，2000年3月。

9. 曹锦芳：《信息系统分析与设计》，北京航空航天大学出版社，1989年。

10. 李晔、张松芝、朱鹏举：《管理信息系统原理与实践》，电子工业出版社，1990年11月。

11. 朴顺玉、陈禹：《管理信息系统》，中国人民大学出版社，1995年。

12. Michael J. Corey 等：《Oracle 8 数据仓库分析构建实用指南》，机械工业出版社，2000 年 1 月。

13. Stephen Haag, Maeve Cummings, James Dawkins, Management Information Systems for the Information Age，影印版，机械工业出版社，1998 年 7 月。

14. 朱福东：《管理系统设计》，中国人民大学出版社，1995 年 12 月。

15. 冯玉琳、赵保华：《软件工程——方法·工具和实践》，中国科学技术大学出版社，1988 年 2 月。

16. 季延平、郭鸿志：《系统分析与设计——由自动化到企业再造》，华泰书局，1995 年 5 月。

17. 荣泰生：《咨讯管理学》，华泰书局，1999 年 5 月。

18. IBM, Business System Planning——Information System Planning Guide, Third Edition, July 1981.

19. 罗晓沛、侯炳辉：《系统分析员教程》，清华大学出版社，1992 年。

20. 萨师煊、王珊：《数据库系统概论》，高等教育出版社，1991 年。

21. 施伯乐、丁宝康、楼荣生：《数据库系统导论》，高等教育出版社，1994 年。

22. 高洪深：《决策支持系统理论·方法·案例》，清华大学出版社、广西科学技术出版社，1996 年。

23. 张基温：《信息系统开发案例》（第一、二、三集），清华大学出版社，1999 年 5 月～2001 年 2 月。

24. 何培民：《软件开发指南》，清华大学出版社，1991 年 3 月。

25. 马得翔：《PC 网络原理与实际应用》，清华大学出版社，1997 年 10 月。

26. 廖平、陈倩玉、白馨棠、潘郁：《资讯系统与分析——突破暨总整理》，儒林图书公司，1999 年 2 月。

27. 邝孔武、王晓敏：《信息系统分析与设计》，清华大学出版社，1999 年 6 月。

28. 葛世伦、代逸生：《企业管理信息系统开发的理论和方法》，清华大学出版社，1998 年 12 月。

29. J. 佩帕德、P. 罗兰著，高俊山译：《业务流程再造》，中信出版社，1999 年 2 月。

30. 刘志涛：《计算机会计学》，中国人民大学出版社，1994 年 7 月。

31. 徐罕、吴玉新：《网站 ASP 后台解决方案》，人民邮电出版社，2001 年 3 月。

32. A. Russell Jones 著，邱仲潘等译：《Active Server Pages 3 从入门到精通》，电子工业出版社，2000 年 8 月。